MICHAEL LOSCHELDER

Die österreichische Allgemeine Gerichtsordnung von 1781

AF889541

Schriften zur Rechtsgeschichte

Band 18

Die österreichische Allgemeine Gerichtsordnung von 1781

Grundlagen- und Kodifikationsgeschichte

Von

Dr. Michael Loschelder

DUNCKER & HUMBLOT / BERLIN

Alle Rechte vorbehalten
© 1978 Duncker & Humblot, Berlin 41
Gedruckt 1978 bei Buchdruckerei Richard Schröter, Berlin 61
Printed in Germany
ISBN 3 428 04229 8

Vorwort

Die Beschäftigung mit der Geschichte des Prozeßrechts zeigt, daß bei allen Kodifizierungen und Reformbemühungen — auch bei den Novellierungen in jüngster Zeit — bestimmte Argumente stets wiederkehren. Gerade in der Diskussion um eine Änderung der Prozeßrechtsmaximen gibt es offensichtlich eine relativ beschränkte Anzahl von Sachgründen. Häufig geben rechtspolitische Zielsetzungen den Ausschlag.

Wegen dieser unveränderten Aktualität vieler Probleme ist es nicht nur von historischem Interesse, wenn mit der vorliegenden Arbeit der Versuch unternommen wurde, Erfahrungen von Gesetzgebungskommissionen früherer Zeiten aufzuarbeiten und festzuhalten.

Diese Arbeit wurde angeregt von Herrn Professor Dr. Hermann Conrad. Nach seinem plötzlichen Tode im März 1972 übernahm Herr Prof. Dr. Gerd Kleinheyer die weitere Betreuung. Für seine Förderung und seine vielfältigen Anregungen bin ich ihm zu Dank verpflichtet. In den Wiener Archiven und Bibliotheken, insbesondere im Verwaltungsarchiv und im Haus-, Hof- und Staatsarchiv, fand ich stets bereitwillige Unterstützung. Besonders dankbar bin ich hier Frau Dr. Anna Benna, Archivdirektorin am Haus-, Hof- und Staatsarchiv, deren erfahrener Rat mir oftmals die Quellensuche erleichtert hat. Ich sage den Herren Professoren Dr. Rainer Sprung und Dr. Bernhard König Dank, die mir Gelegenheit boten, in ihrem Institut in Innsbruck die Literatur zu ergänzen. Herrn Ministerialrat a. D. Prof. Dr. Johannes Broermann danke ich für die Aufnahme der Arbeit in die „Schriften zur Rechtsgeschichte".

Bonn, den 1 Juli 1978

Michael Loschelder

Inhaltsverzeichnis

III. Kapitel

Holger als Referent der Allgemeinen Gerichtsordnung 44

IV. Kapitel

Froidevo als Referent der Allgemeinen Gerichtsordnung 55

II. Kapitel

III. Kapitel

IV. Kapitel

V. Kapitel

VI. Kapitel

VII. Kapitel

Abkürzungsverzeichnis

Abs.	Absatz
AdvO	Advokatenordnung
AdvO LandmarschG NÖ (1638)	Advocaten-Ordnung bey dem Land-Marschallischen Gericht Niederösterreich v. 1638 (siehe Gesetzesregister)
AdvO Magistrat Wien (1688)	Advocaten-Ordnung bey dem Wiennerischen Stadt-Magistrat v. 1688 (siehe Gesetzesregister)
AdvO St- u. LG Wien (1700)	Advocaten-Ordnung bey dem Wiennerischen Stadt- und Landgericht v. 1700 (siehe Gesetzesregister)
AGO	Allgemeine Gerichtsordnung
a. h.	allerhöchst
AppO	Appellationsordnung
AppO Böhmen (1734)	Appellationsordnung für Böhmen v. 1734 (siehe Gesetzesregister)
AppO Ö. o. d. E. (1760)	Appellationsordnung für Österreich ob der Enns v. 1760 (siehe Gesetzesregister)
AppO Ö. u. d. E. (1760)	Appellationsordnung für alle Gerichte in Österreich unter der Enns v. 1760 (siehe Gesetzesregister)
App- u. AdvO Schlesien (1704)	Appellations- und Advokatenordnung für Schlesien v. 1704 (siehe Gesetzesregister)
Art.	Artikel
Ausg.	Ausgabe
B.	Buch
Bd.	Band
Bischöfliche GO Wien (1677)	Bischöfliche Gerichtsordnung Wien v. 1677 (siehe Gesetzesregister)
Bl.	Blatt
b. ö.	böhmisch-österreichisch
böhm.	böhmisch
Böhm. LO	Böhmische Landesordnung v. 1627 (siehe Gesetzesregister)
Böhm. LO, Novelle Ferdinand III. (1640)	Novellierung der Böhmischen Landesordnung im Jahre 1640 durch Ferdinand III. (siehe Gesetzesregister)
Böhm. StadtR	Die königlichen Stadtrechte im Erbkönigreich Böhmen v. 1586 (siehe Gesetzesregister)
bzw.	beziehungsweise
ca.	circa

CA	Codex Austriacus (siehe Quellen und Literatur unter Codicis Austriaci)
CGO	siehe Preussische CGO
Circ.	Circularien
Codex Juris Bavarici (1753)	siehe Quellen und Literatur
CompCoon	Compilations-Commission: die von Maria Theresia 1753 eingesetzte Kommission zur Kodifizierung des Codex Theresianus
d. h.	das heißt
Entwurf 1726	Entwurf einer Prozeßordnung aus dem Jahre 1726 (siehe Gesetzesregister)
Entwurf 1776	Entwurf der Allgemeinen Gerichtsordnung aus dem Jahre 1776 (siehe Gesetzesregister)
etc.	et cetera
ExO	Exekutionsordnung
ExO Breslau	Der Kayserlichen und Königlichen Stadt Breslaw Exekutions Ordnung v. 1626 (siehe Gesetzesregister)
ExO Ö. u. d. E. (1655)	Executions-Ordnung Ferdinand III. für Österreich unter der Enns v. 1655 (siehe Gesetzesregister)
f., ff.	folgende
Fol.	Folium
FS	Festschrift
Fz.	Faszikel
Gal. GO (1774)	Gerichtsordnung für Galizien und Lodomerien v. 1774 (siehe Gesetzesregister)
gem.	gemäß
Gesamtplan Azzoni	Gesamtplan des Codex Theresianus von Azzoni (siehe Gesetzesregister)
GO	Gerichtsordnung
GO Breslau (1591)	Der Kayserlichen Stadt Breslaw Verneuerte Gerichts-Ordnung v. 1591 (siehe Gesetzesregister)
GO Kärnten (1638)	Gerichts Ordnung des löblichen Erzherzogthumbs Kärnthen v. 1638 (siehe Gesetzesregister)
GO Kärnten (1669)	Gericht- und Landts- Rechts Ordnung des löblichen Erz Hörzugthumbs Kärnthen v. 1669 (siehe Gesetzesregister)
GO NÖ (1758)	Gerichts Ordnung für Niederösterreich v. 1758 (siehe Gesetzesregister)
GO OHofMarsch (1714)	Obrist Hof-Marschallische Gerichts-Ordnung v. 1714 (siehe Gesetzesregister)
GO Ö. u. d. E. (1681)	Gerichtsordnung für Österreich unter der Enns v. 1681 (siehe Gesetzesregister)
GO Steyr (1622)	Des löblichen Fürstenthums Steyer Gerichtsordnung v. 1622 (siehe Gesetzesregister)
G u. TaxO Universität Wien (1724)	Gerichts- und Tax-Ordnung der Wienerischen Universität v. 1724 (siehe Gesetzesregister)

Handlungs- und FallitenO (1758)	Neuverfaßte Handlungs- und Falliten-Ordnung v. 1758 (siehe Gesetzesregister)
HHStA	Haus-, Hof- und Staatsarchiv
i. ö.	innerösterreichisch
I. Ö.	Innerösterreich
JGS	Justizgesetzsammlung, Gesetze und Verordnungen im Justizfach (1780 - 1848)
JRA	Jüngster Reichsabschied v. 1654 (siehe Gesetzesregister)
Jur. Bl.	Juristische Blätter
K.	Karton
K., K. K.	Kaiserlich, Kaiserlich-Königlich
Kap.	Kapitel
LO	Landesordnung
Mähr. LO	Mährische Landesordnung v. 1628 (siehe Gesetzesregister)
Merkantil- u. WechselO IÖ (1722)	Inner-Österreichische Mercantil- und Wechsel-Ordnung v. 1722 (siehe Gesetzesregister)
n. ö.	niederösterreichisch
N. Ö.	Niederösterreich
Nr.	Nummer
NZ	Zeitschrift für das österreichische Notariat, zitiert nach Jahrgang und Seite
o. ä.	oder ähnliche(s)
OHofMarsch	siehe GO OHofMarsch
OJ HC	Oberste Justiz Hofcommission (siehe Quellen und Literatur)
OJ HC, Protoc. B.	Oberste Justiz Hofcommission, Protocoll Buch ..., Protokollbücher der CompCoon und der Deputation (siehe Quellen und Literatur)
OJSt	Oberste Justizstelle
Ö. o. (u.) d. E.	Österreich ob (unter) der Enns
PO	Prozeßordnung
PO Böhmen (1753)	Kayserlich Königliche Pragmatica, die Neue Process-Ordnung betreffend vom 23. Januar 1753 (siehe Gesetzesregister)
PO Mähren (1760)	Prozess-Ordnung für das Marggrafenthum Mähren v. 1760 (siehe Gesetzesregister)
PO Schlesien (1753)	Prozess-Ordnung für Schlesien v. 1753 (siehe Gesetzesregister)
Preussische CGO	Project des Codicis Fridericiani Marchici v. 1748 (siehe Quellen und Literatur)
Protoc.	Protocoll
P u. ExO Wien (1761)	Erneuerte Prozeß- und Executions Ordnung für Wien v. 1761 (siehe Quellen und Literatur)
Res.	Resolution

RevO	Revisionsordnung
RevO Mähren (1712)	Revisions-Ordnung für Mähren v. 1712 (siehe Gesetzesregister)
RevO Ö. u. u. o. d. E. (1669)	Revisions-Ordnung für Österreich unter und ob der Enns v. 1669 (siehe Gesetzesregister)
S.	Seite
Sächs. GO (1724)	Sächsische Prozess- und Gerichts-Ordnung v. 1724 (siehe Gesetzesregister)
sc.	scilicet
sog.	sogenannt(e)
St.	Stück
StadtR	siehe Böhm. StadtR
StR	Staatsrat
StRPr	Staatsratsprotokoll (siehe Quellen und Literatur)
St- u. LG	siehe AdvO St- u. LG Wien (1700)
T.	Titel
Tiroler LO (1573)	Neu reformierte Landesordnung der Fürstlichen Graffschaft Tirol v. 1573 (siehe Quellen und Literatur)
u. a.	unter anderem
usw.	und so weiter
v.	von, vom
Verf.	Verfasser
vgl.	vergleiche
Wechsel GO für Ö. u. d. E.	Wechsel Gerichtsordnung für Niederösterreich v. der Enns v. 1717 (siehe Gesetzesregister)
Wechsel GO, NÖ (1763)	Wechsel Gerichts und Ordnung für Österreich unter 1763 (siehe Gesetzesregister)
z. B.	zum Beispiel
Zusammenstellung Holger	Die Zusammenstellung des österreichischen Rechts durch Holger v. 1753 (siehe Gesetzesregister)
Zusammenstellung Waldstetten	Die Zusammenstellung des mährischen Rechts durch Waldstetten v. 1753 (siehe Gesetzesregister)

Was ungewiß bleibt, habe ich ungewiß berichtet. Lücken ließ ich offen, wie ich sie vorfand. Ich machte mir zum Gesetz, unparteiisch zu sein und alle Ereignisse mit philosophischem Gleichmut zu betrachten, in der Überzeugung, daß wahr zu sein die vornehmste Pflicht des Geschichtsschreibers ist.

Friedrich der Große,
Vorrede zu „Denkwürdigkeiten zur Geschichte des Hauses Brandenburg“, 1751

Einleitung

Bearbeitungsziel und Quellenlage

Zur Kodifizierungsgeschichte der 1781 publizierten österreichischen Allgemeinen Gerichtsordnung (AGO) gehört nicht nur der historische Ablauf der Gesetzgebungsarbeiten (1. Teil). Sie umfaßt ebenso die Entwicklung des Inhalts der gesetzlichen Regelungen, die Herleitung der einzelnen Bestimmungen aus den Länderrechten, ihre Veränderungen während der Beratungen und die hierfür maßgebenden Gründe (2. Teil).

Nach dem Willen der Kaiserin Maria Theresia sollte durch die AGO kein neues Recht geschaffen werden. Die AGO sollte vielmehr aus den einzelnen Ländergesetzen kompiliert werden. Ein Ziel der vorliegenden Arbeit war es daher festzustellen, welches Länderrecht jeweils Vorbild für die prozeßleitenden Grundsätze oder für Einzelregelungen in der AGO war und aus welchen Gründen man diesem Länderrecht den Vorzug vor anderen gegeben hat. Den sehr lückenhaften Gesetzesmaterialien konnte dies aber nur in seltenen Fällen entnommen werden. Viele Akten sind verlorengegangen, die meisten beim Brand des Justizpalastes 1927 vernichtet worden. Auch die geretteten Unterlagen weisen Brandspuren auf, nicht wenige sind unleserlich.

Nur ein Vergleich zwischen der AGO und den vor 1781 in den Ländern geltenden Gesetzen konnte Aufschluß über die von der Gesetzgebungskommission, der sogenannten Kompilationskommission, genutzten Quellen geben.

Aus diesem Grunde beschränkt sich die Arbeit nicht auf die Auswertung der Gesetzgebungsmaterialien. Das vor 1781 in den Erbstaaten geltende Prozeßrecht ist in die Untersuchung mit einbezogen. Die große Rechtszersplitterung — gekennzeichnet durch eine unüberschaubare

Fülle an Gesetzen, Verordnungen, Edikten, Resolutionen und gewohnheitsrechtlichen Regelungen — gebot es, bei der Heranziehung des Länderrechts Schwerpunkte zu setzen.

Ohnehin haben die Prozeßrechte der einzelnen Erbstaaten auf Grund ihrer unterschiedlichen Entwicklung nicht den gleichen Einfluß auf die Kodifizierungsarbeiten ausgeübt. Es dominierten die Rechtssysteme der böhmischen Länder — Böhmen, Mähren, Schlesien — sowie Wiens und Niederösterreichs. Charakteristisch für das Recht Böhmens und Mährens war die auf Grund der Landesordnungen von 1627/1628 bereits weit vorangetriebene Vereinheitlichung. Für die Hauptstadt Wien und das Wien umgebende Niederösterreich gab es dagegen eine sehr viel größere Zahl gesetzlicher Bestimmungen, die zudem in vielen Fällen aus neuerer Zeit, d. h. aus der Regierungszeit Maria Theresias, stammten.

So bildete sich während der Beratungen ein Gegensatz heraus zwischen dem stark vom gemeinen Recht beeinflußten Prozeß der böhmischen und dem weniger verfremdeten, dem alten deutschen Verfahren näher verwandten Prozeß der österreichischen Länder, insbesondere Wiens und Niederösterreichs.

Dieser Gegensatz war nicht auf das Sachliche, den Inhalt der Gesetze, beschränkt. Er trat auch zwischen den Personen auf, die an der Gesetzgebung mitwirkten, den Mitgliedern der Kommissionen und Beamten der Regierungs- und Gerichtsbehörden.

Außerhalb des Zeitraums der Kodifizierung der AGO (1753 - 1782) ist der Entwurf einer Prozeßordnung von 1726 mit berücksichtigt worden. Dieser Entwurf ist von einer böhmisch-mährischen, 1709 eingesetzten Kommission erarbeitet worden und steht somit zur Entwicklungsgeschichte der AGO in keiner unmittelbaren Beziehung. Der sehr ausführlich kommentierte Entwurf gibt aber einen vollständigen Überblick über das Prozeßrecht und seine geplanten Reformen in Böhmen und Mähren im Jahre 1726. Inhaltlich ist dieser Entwurf ein Schritt auf dem Wege zur AGO.

Aus einem weiteren Grund wird dieser Entwurf in der vorliegenden Arbeit — teilweise ausführlich — dargestellt.

Von dem Entwurf fanden sich im Wiener Verwaltungsarchiv nur Einzelteile, die ohne zuordnenden Hinweis in mehreren Faszikeln, Kartons und sogar verschiedenen Beständen (Oberste Justiz Hofcommission und Hofkanzlei) aufbewahrt wurden. Durch ihren Inhalt, die für die Zeit typische Schrift und die vereinzelt noch lesbaren Unterschriften der Kommissionsmitglieder unter den Titeln war es möglich, die Zusammengehörigkeit der Einzelteile festzustellen und den dann fast vollständig vorliegenden Entwurf zu identifizieren. Mit Genehmigung der

Archivleitung wurde er in einem Faszikel zusammengefaßt (Oberste Justiz Hofcommission, Karton 4, Fz. 1 - 1 f/3 a).

Es ist ungewiß, wann der Entwurf auseinandergerissen und ohne inhaltliche Einordnung auf verschiedene Aktenstücke verteilt worden ist. Möglicherweise erklärt dies aber, daß der Entwurf in der Literatur nur selten Erwähnung gefunden hat und eine ausführliche Darstellung seines Inhalts, soweit ersichtlich, fehlt[1].

Da sich die einzelnen Blätter in einem sehr schlechten Erhaltungszustand befinden, viele Seiten nicht oder nur schwer lesbar sind, besteht die Gefahr, daß der Entwurf eines Tages insgesamt verlorengeht. Um seinen Inhalt zu erhalten, wurde dieser Entwurf in die vorliegende Arbeit einbezogen.

Auch ein großer Teil der übrigen Materialien, die sich im wesentlichen in den Beständen der „Obersten Justiz Hofcommission" und der „Hofkanzlei" im Wiener Verwaltungsarchiv befinden, besteht aus sogenannten Brandakten. Nicht selten sind in einem Faszikel oder Karton nur einzelne angekohlte und stark gedunkelte Blätter zusammengefaßt, deren Bestimmung und Entzifferung nur mit großer Mühe möglich war.

Im Gegensatz dazu sind die Protokolle der Kompilations-Kommission, die ab 1779 vorliegen, sehr gut erhalten.

Einen groben Überblick über den Fortgang der Arbeiten geben die Staatsratsprotokolle im Wiener Haus-, Hof- und Staatsarchiv. Allerdings enthalten diese Protokolle nur die Resolutionen und Beschlüsse, die auf die Vorträge der verschiedenen Stellen hin ergangen sind. Die Vorträge selbst, in Sonderheit die der Kompilationskommission, sind nicht mehr erhalten.

Um die Lücken, die in den Beständen der „Obersten Justiz Hofcommission" und der „Hofkanzlei" bestehen, ausfüllen zu können, mußten weitere Bestände in den beiden genannten Archiven systematisch durchgesehen werden.

Ergiebig waren dabei die Koller-Akten. Nur wenig Brauchbares enthielt der Nachlaß Kees, da Kees erst sehr spät an den Kodifizierungsarbeiten zur AGO beteiligt wurde, als sich die Kommission bereits weitgehend mit der Reform der Gerichtsorganisation beschäftigte.

Ergänzend sei auf die Kaunitz-Voten, die Patentsammlungen, die Staatsratsschriften und die Patente und Zirkularien des Staatsrates hingewiesen (sämtlich im Haus-, Hof- und Staatsarchiv). Sie enthalten allerdings nur vereinzelt Unterlagen, die bei der Bearbeitung des vorliegenden Themas verwandt werden konnten.

---

[1] *v. Harrasowsky*, Codification, S. 24, erwähnt nur das Jahr seiner Entstehung; ausführlicher *Ott*, S. 279 ff., insbesondere S. 282 f.

Erster Teil

Die Entstehungsgeschichte der Allgemeinen Gerichtsordnung von 1781

Die österreichische Gerichtsordnung von 1781 war das Werk einer Kompilationskommission[2], die Kaiserin Maria Theresia im Jahre 1753 eingesetzt hatte. Diese Gerichtsordnung trägt den Namen einer „Allgemeinen Gerichtsordnung“, weil in ihr das zivilgerichtliche Verfahren zum ersten Mal einheitlich für alle Erbstaaten geregelt wurde.

Die Aufgabe, die die Kaiserin der CompCoon 1753 gestellt hatte, beschränkte sich nicht auf die Verfassung einer Gerichtsordnung. Es sollte vielmehr ein für alle Erbländer geltendes Zivilgesetzbuch geschaffen werden, in dem das materielle Recht und das Verfahrensrecht enthalten sein sollten. Die später als eigenes Gesetz in Kraft getretene AGO war nach der ursprünglichen Konzeption nur Teil dieses Zivilgesetzbuches.

Aus diesem Grund füllt die Kodifizierungsgeschichte der AGO nicht den gesamten Zeitraum von fast dreißig Jahren zwischen 1753 und 1782 aus. Den größten Teil dieser Zeit widmete die CompCoon den Arbeiten am materiellen Recht. Erst nach 1770 rückte die Beschäftigung mit dem verfahrensrechtlichen Teil in den Vordergrund.

Auf der anderen Seite gab es bereits vor 1753 Versuche, durch Kodifikationen eine größere Rechtsvereinheitlichung zu erreichen. Für die Länder Böhmen und Mähren wurde seit 1709 an einem umfassenden Gesetzeswerk gearbeitet. Der zivilprozessuale Teil wurde im Entwurf fertiggestellt.

Zum besseren Verständnis der Kodifizierungsgeschichte der AGO ist es daher unerläßlich, über die Kodifizierungsbestrebungen vor 1753 einen kurzen Überblick zu geben.

[2] Im folgenden, dem damaligen Gebrauch gemäß und zur Unterscheidung von anderen Kompilationskommissionen, „CompCoon“ abgekürzt.

I. Kapitel

Die Kodifizierungsbemühungen vor 1753

1. Die böhmisch-mährische Gesetzgebungskommission von 1709

Während sich in den Erbstaaten vor 1700 die Bemühungen, neue Gesetze zu verfassen und Rechtsbräuche und Gewohnheitsrecht durch ein geschriebenes Recht abzulösen, im wesentlichen auf einzelne Länder beschränkten, unternahm Kaiser Joseph I. im Jahre 1709 den ersten ernsthaften Versuch, ein einheitliches Recht für mehrere Länder, nämlich für Böhmen und Mähren, zu schaffen[3].

Dem Vorbild der böhmischen und mährischen Landesordnungen von 1627/1628 folgend, sollten in dem neuen Gesetzeswerk alle Rechtsmaterien — öffentliches Recht, Zivil- und Strafrecht, einschließlich Prozeß- und Gerichtsorganisationsrecht — erfaßt werden.

Zu diesem Zweck wurde in Prag und in Brünn je eine Kommission mit der Aufgabe eingesetzt, „eine uniformitas juris statuarii durch Combination der Landesordnungen mit ihren Nachträgen" herbeizuführen[4].

Federführend war die Prager Kommission. Ihr mußten aus Brünn die Ausarbeitungen der dort tätigen Kommission übersandt werden. In Prag wurden dann die Vorlagen an die Hofstelle in Wien vorbereitet.

Protokollführer der Prager Kommission war der Advokat und spätere Professor Wenzel Neumann von Puchholtz. Dieser übte auf die Kodifizierungsarbeiten allgemein, besonders auf die Abfassung des Entwurfs des zivilprozessualen Teils des Gesetzes, großen Einfluß aus.

2. Der Entwurf einer Prozeßordnung von 1726

Nachdem nämlich zunächst für das gesamte Gesetzeswerk nur ein Referent benannt worden war und die Kodifizierungsarbeiten keine Fortschritte machten, ging man im Jahre 1723 dazu über, für jeden Teil des geplanten Gesetzes einen eigenen Referenten zu bestellen. Neu-

---

[3] Vgl. *v. Harrasowsky*, Codification, S. 17 ff.

[4] Zitiert nach *v. Harrasowsky*, Codification, S. 17, dort ohne Quellenangabe.

mann von Puchholtz wurde Referent des dritten Teils über den Zivilprozeß. Unter seiner Führung gelang es, bis zum Jahre 1726 diesen dritten Teil im Entwurf fertigzustellen[5].

a) Der Entwurf gliedert sich in die folgenden 30 Titel[6]:

1. Titel: Von den Ausgeschnittenen Zetteln
2. Titel: Von Caution undt Fürstand ...
3. Titel: Von gütlichen Vergleichen ...
4. Titel: Von Vollmachten ...
5. Titel: Von dem Klag-Libell ...
6. Titel: Von der Beschickung undt wie mittelst derselben der Klag-Libell dem Beklagten zuzustellen seye
7. Titel: Von der Beschickung ex lege diffamari
8. Titel: Von denen Odpors- oder Widerspruchs-Klagen ...
9. Titel: Von Dilationen und Ferien
10. Titel: Von der Exceptionsschrift
11. Titel: Von der Replica
12. Titel: Von der Duplica, Triplica und Quadruplica
13. Titel: Von dem Beweis seu de Probationibus
14. Titel: Von Beweis durch Zeugen ...
15. Titel: Von Termino Probatario zur Zeugenführung ...
16. Titel: Von Publication der Zeugenaussagen und von dem Weisungs-Prozess
17. Titel: Von Beweis durch schriftliche Urkunden
18. Titel: Von Beweis durch Aydts Leistungen
19. Titel: De Jure Interventionis
20. Titel: Von der Inrotulatione der Prozessakten
21. Titel: Von Urtheln und Rechtssprüchen
22. Titel: Von erstandenen Recht
23. Titel: Von Revisionibus und belehrungen
24. Titel: De Restitionibus in integrum
25. Titel: Von Real Executions-Process ...
26. Titel: Von der Realexecution vermöge einer hypothekarischen Schuldverschreibung ...
27. Titel: Von der Personalexecution ...
28. Titel: Von Zusprüchen, Verbothen, Kummer und Arrest ...
29. Titel: Von summarischem Process ...

---

[5] Diese Jahreszahl wird bei *v. Harrasowsky*, Codification, S. 24, genannt. In Teil 3, Titel 25, Bl. 4 des Entwurfs (OJ HC K. 4, Fz. 1/1f - 3 a; Blattangaben stammen vom Verfasser) wird auf das „gegenwärtige 1725. Jahr" Bezug genommen. Möglicherweise stammt daher der Entwurf bereits aus dem Jahre 1725. Diese Jahreszahl nennt auch *Ott*, S. 282.

[6] Ausführliche Wiedergabe bei *Ott*, S. 282 f., Fn. 19.

30. Titel: Von Cridaprocess, oblatio bonorum, Ausmessung der Priorität unter den creditoribus

Der Aufbau jedes Titels folgt denselben Regeln. Zu Beginn werden jeweils die Gesetzesstellen in den Landesordnungen, Novellen und Stadtrechten genannt, unter denen die in diesem Titel vorkommende Materie behandelt ist.

Es folgt dann, aufgeteilt in einzelne Probleme bzw. sachlich zusammengehörende Fragen, die Darstellung der Rechtsmaterie, die unter dem jeweiligen Titel geregelt werden soll. Zunächst wird der Rechtszustand geschildert, wie er nach den bis dahin gültigen Gesetzen oder Gewohnheiten herrschte. Hieran schließen sich eine kritische Auseinandersetzung mit dem geltenden Recht und eine Aufzählung seiner Vor- und Nachteile an. Den Abschluß jedes Problems bildet ein ausdrücklich als solcher gekennzeichneter Vorschlag der Kommission für eine zukünftige Regelung.

Es fehlt jeder Versuch einer Formulierung oder der Abfassung eines Gesetzestextes. Damit folgte die Kommission einer Anweisung, nach der jede Textierung zu unterbleiben hatte[7].

Jeder Titel endet mit einem Gliederungsvorschlag. Auch hierbei folgte die Kommission dem Vorbild der böhmischen Landesordnung. Die Numerierung der einzelnen Unterabschnitte erfolgte mit großen lateinischen Buchstaben und römischen Ziffern. Der Entwurf des dritten Teils beginnt bei F I und endet bei K XXXV.

Die Titel sind von den einzelnen Kommissionsmitgliedern unterschrieben, wobei Neumann seinem Namen die Bezeichnung „Referent" beigefügt hat.

Zu einzelnen Titeln gibt es jeweils einen Anhang, in dem die Dekrete und Instruktionen im Wortlaut aufgeführt sind, auf die in den vorstehenden Erörterungen Bezug genommen wird.

b) Die Bedeutung des Entwurfs von 1726 besteht zum einen darin, daß er eine ausführliche Darstellung des Zivilprozeßrechts und der gerichtlichen Praxis in Böhmen und Mähren im 17. und zu Beginn des 18. Jahrhunderts enthält. Zudem stellt der Entwurf mehr dar als eine bloße Kompilation des bestehenden Rechts. Die Kommission hat eigenständig Vorstellungen entwickelt und Reformpläne vorgeschlagen, die einen interessanten Vergleich mit den Arbeiten der fast 50 Jahre später tätigen CompCoon gestatten. Außerdem ist es der einzige Entwurf einer Zivilprozeßordnung in den Erbstaaten — zumindest des 18. Jahrhunderts —, der jeden Neuvorschlag sorgfältig begründet. Selbst der voll-

[7] *v. Harrasowsky*, Codification, S. 19.

ständig erhaltene Entwurf der AGO von 1776, der im wesentlichen als eine Arbeit Froidevos angesehen wird, enthält nur den Gesetzestext. Die Begründung der darin vorgeschlagenen Regelungen läßt sich nur mühsam und nicht immer vollständig den noch vorhandenen Kommissionsprotokollen entnehmen.

3. Die weitere Tätigkeit der Kommission bis 1753

Neben diesem dritten Teil über den Zivilprozeß wurden von der Kommission noch der erste Teil mit dem öffentlichen Recht und der sechste Teil zum Erbrecht beendet. Bei diesen vorläufigen Ergebnissen blieb es in den Jahren und Jahrzehnten nach 1726. Eine Ausarbeitung der vorhandenen Entwürfe zu formulierten Gesetzesvorschlägen wurde nicht in Angriff genommen.

1748, bereits unter der Regierung Maria Theresias, wurde die Kommission in Prag, 1751 die in Brünn neu zusammengestellt. Mitglied der Prager Kommission wurde der Prager Advokat Joseph Azzoni, später auch Mitglied der CompCoon.

Aber auch diese Neubesetzung führte zu keinen wesentlichen Fortschritten in der Gesetzgebungsarbeit. Schließlich wurden beide Kommissionen aufgelöst[8].

1751 erhielt eine weitere Kommission den Auftrag, den „Tractatus de juribus incorporabilibus“[9] zu revidieren. Mitglied dieser Kommission war der Hofrat Holger, der — wie Azzoni — später der CompCoon angehören sollte. Holger war zudem Mitglied einer Kommission, die in den Jahren 1751/1752 eine böhmische Prozeßordnung erarbeitete, die 1753 in Kraft trat. Diese war Vorbild für die ebenfalls 1753 in Schlesien und 1760 in Mähren erlassenen Prozeßordnungen[10].

Dies zeigt, daß die Einberufung der CompCoon 1753 im Zuge einer Entwicklung erfolgte, deren Anfänge weit zurücklagen. Die Vorgeschichte beweist aber auch, daß nicht nur eine thematische, sondern auch eine personale Verflechtung zwischen den Kommissionen vor 1753 und der CompCoon bestand.

---

[8] *v. Harrasowsky*, Codification, S. 31.

[9] Gesetz vom 13. März 1679 (CA I, Littera J, S. 581), das u. a. die Rechte der einzelnen Stände, Geistlichkeit, Grundobrigkeit usw. regelte, aber auch zivil-, straf- und steuerrechtliche Vorschriften enthielt.

[10] *v. Maasburg*, PO Böhmen, S. 2 ff.

II. Kapitel

Die Einsetzung der Kompilationskommission 1753

1. Vorbereitende Schritte zur Einberufung der CompCoon und die Benennung der Mitglieder

a) Ungeklärt ist, wer den Anstoß gegeben hat, 1753 dieses neue umfassende Gesetzesvorhaben zu beginnen. Harrasowsky[1] hält es für denkbar, daß die an sich unbedeutende Denkschrift eines innerösterreichischen Appellationsrates Anlaß genug gewesen sei. Die Zeit sei einfach reif gewesen, die seit langem versuchte Vereinheitlichung des Rechts energisch voranzutreiben.

Außerdem hatte sich die Stellung der Kaiserin so weit gefestigt, daß sie sich den inneren Angelegenheiten ihrer Länder zuwenden konnte.

Der Vizepräsident der Obersten Justizstelle, Frankenberg, erhielt von der Kaiserin den Auftrag, sich zur Schaffung eines einheitlichen Rechts gutachtlich zu äußern.

Frankenberg legte am 3. Februar 1753 der Kaiserin seine Stellungnahme vor. Sein Gutachten trug den bemerkenswerten Titel: „Vorläufiger ohnmassgebiger Entwurf, wie nach der a. h. k. Intention zu Verfassung einer neuen Gerichtsordnung oder eines sogenannten codicis theresiani etc. festgesetzet werden könnte[2].“

Der Titel darf nicht dazu verleiten anzunehmen, es sei die wichtigste Aufgabe der Kommission gewesen, eine neue Gerichtsordnung zu verfassen; die Beschäftigung mit dem materiellen Recht habe demgegenüber an zweiter Stelle gestanden. Der Titel dieses Gutachtens ist aber ein erster deutlicher Hinweis darauf, daß die Kodifizierungsarbeit allein unter dem Gesichtspunkt ihrer Nützlichkeit für die praktische Rechtsanwendung gesehen wurde. Eine Trennung von materiellem und prozessualem Recht wurde nicht erwogen. Beides bildete in der allgemeinen Vorstellung eine Einheit.

Frankenberg befürwortete in seinem Gutachten den Plan, für alle Erbstaaten ein einheitliches Gesetzbuch zu schaffen. Daraufhin gab auch die Kaiserin ihre Zustimmung.

---

[1] *v. Harrasowsky*, Codification, S. 38.
[2] Zitiert nach *v. Harrasowsky*, Codification, S. 39, dort Fn. 2.

Am 14. Februar 1753 wies der oberste Kanzler Haugwitz die Oberste Justizstelle an, zur Ausarbeitung des „Codex Theresianus"[3] eine Kommission einzusetzen[4].

b) Die Kaiserin legte in einem Schreiben an die Länderregierungen vom 22. Februar 1753 fest[5], es solle ein „Universal Recht" geschaffen werden, „nach welchem sich sowohl die obere, als untere Justiz-Stellen zu betragen haben sollen". Ziele der Reform waren die Vereinheitlichung der Rechtsprechung und die Erneuerung der Gerichtspraxis. Hierzu bedurfte es eines neuen Zivil- und Zivilprozeßrechtes. Beides sollte nach dem ursprünglichen Plan der Codex Theresianus enthalten.

Die Zusammenfassung von materiellem Recht und Prozeßrecht stellte keine von der Kaiserin oder ihren Ratgebern veranlaßte Besonderheit dar. Eine Trennung beider Bereiche war in den Gesetzeswerken des 17. und 18. Jahrhunderts nicht üblich. Auch die Kommission von 1709 hatte den Auftrag, ein umfassendes Gesetzbuch zu verfassen, in dem unter anderem das Verfahrensrecht geregelt sein sollte.

Als dann im Jahre 1768 beschlossen wurde, die AGO als selbständiges Gesetz zu verfassen und zu publizieren, kam es zu einer Reihe von Streitigkeiten zwischen den einzelnen Beratungsgremien, da die Meinungen darüber, was dem materiellen und was dem prozessualen Recht zuzuordnen sei, auseinandergingen. In der ursprünglich als selbstverständlich empfundenen Einheit beider Rechtsmaterien ist die Wurzel für diese späteren Unstimmigkeiten zu sehen.

c) Noch im Februar 1753 wurden die Kommissionsmitglieder benannt[6]. Erster Präsident sollte Frankenberg werden. Da dieser jedoch noch vor dem ersten Zusammentreten der CompCoon starb, wurde an seiner Stelle der Präsident der Repräsentation und Kammer in Brünn, Blümegen[7], benannt.

---

[3] Wie die Halsgerichtsordnung von 1768 — die „constitutio criminalis Theresiania" — nach der Kaiserin benannt.

[4] *v. Harrasowsky*, Codification, S. 40.

[5] OJ HC, K. 43, Entwurf 1753, Bl. 121: Dieses Schreiben ist das früheste noch erhaltene Dokument der Kodifizierungsgeschichte der AGO. Es ist an die niederösterreichische Regierung gerichtet. Wahrscheinlich hat es gleichlautende Schreiben an alle Länderregierungen gegeben.

[6] In dem Schreiben vom 22. Februar 1753 ist nur der Name *Frankenberg* noch lesbar. Im Entwurf von 1753, dem dieses Schreiben beigeheftet ist, findet sich eine kurze Zusammenfassung der anfänglichen Tätigkeit der Kommission. Unter Nr. 2 dieser Zusammenfassung sind die Namen aller Beisitzer aufgeführt (OJ HC, K. 43, Entwurf 1753, Bl. 147).

[7] Zur Ernennung Blümegens als Nachfolger Frankenbergs findet sich kein Hinweis in den Originalunterlagen. Vgl. hierzu *v. Harrasowsky*, Codification, S. 45. Der Name Blümegens erscheint in den Unterlagen zum ersten Mal in der Anwesenheitsliste der Sitzung vom 4. Juni 1753, geschrieben: *Blümögen* (OJ HC, K. 17, Fz. 10/9).

Dem Präsidenten wurden sechs Beisitzer zugeordnet, von denen jeder einen Landesteil repräsentierte. Diese Besetzung der Kommission deutete bereits auf den Charakter des Gesetzes als einer Kompilierung des bestehenden Rechts hin. Drei Beisitzer oder Kompilatoren, wie sie — ihrem Auftrag entsprechend — auch genannt wurden, stammten aus den böhmischen Ländern: Azzoni aus Böhmen, Waldstetten aus Mähren und Burmeister aus Schlesien. Für die österreichischen Länder wurden Holger als Repräsentant Niederösterreichs, Thinnefeld für Innerösterreich und Hormayr für Tirol und Vorderösterreich berufen.

Nach dem Willen der Kaiserin sollten die Kompilatoren „in denen Rechten, Gewohnheiten und Gerichts-Praxi ihres Vatterlands vollkommen erfahren(e)" Männer sein[8]. Auch diese Formulierung zeigt, daß die Bedeutung des neuen Gesetzes allein in seinem Nutzen für die Praxis gesehen wurde.

2. Die Arbeiten der CompCoon bis zum Juni 1753

a) Die CompCoon wurde zunächst nach Wien einberufen. Die Eröffnungssitzung fand am 3. Mai 1753 statt[9]. Zum ständigen Tagungsort wurde jedoch mit Rücksicht auf den neuen Präsidenten Brünn bestimmt[10].

Man beschloß zunächst, einen Gesamtplan zu entwerfen, und übertrug diese Arbeit dem Abgeordneten Böhmens, Azzoni[11]. Bereits Anfang Juni lag dessen Arbeit der CompCoon vor[12].

---

[8] Schreiben v. 22. Februar 1753, OJ HC, K. 43, Entwurf 1753, Bl. 121.

[9] OJ HC, K. 43, Entwurf 1753, Bl. 147: In der kurzen Zusammenfassung der anfänglichen Tätigkeit der CompCoon (vgl. 1. Teil, II. Kap., Fn. 6) wird das Datum der Eröffnungssitzung unter 3.) erwähnt.

[10] Diese Begründung gibt *v. Harrasowsky*, Codification, S. 45. Die Kommissionsmitglieder hatten sich gegen Brünn als Tagungsort ausgesprochen, da Wien wegen der Nähe der Bibliotheken und Archive vorzuziehen sei. So die CompCoon in ihrer Sitzung v. 4. Juni 1753 (OJ HC, K. 17, Fz. 10/9).

[11] Azzoni wird bei *v. Harrasowsky*, Codification, S. 46, als Verfasser des Gesamtplanes genannt. In dem Exemplar dieses Gesamtplanes, das Holger zur weiteren Bearbeitung benutzt hat und das noch erhalten ist, findet sich in der Inhaltsangabe, dem sogenannten „Zeiger", unter 3.) die Bemerkung: „Der von denen Beysitzern seit dem 7. 5. bis 4. 6. 1753 verabgeredet — zusammengetragen, und allerhöchsten Orte überreichte Plan, oder Entwurf des Codicis Theresiani" (OJ HC, K. 43). Daraus kann geschlossen werden, daß die übrigen Beisitzer Azzoni bei seiner Arbeit unterstützt haben.

[12] Den Auftrag, zunächst einen Gesamtplan zu entwerfen, erhielt die CompCoon durch kaiserliches Dekret v. 14. Mai 1753 (OJ HC, K. 17, Fz. 10/8). In diesem Dekret wurde festgelegt, daß das Zivilrecht in drei Teile zu unterteilen sei, „quod personas, res et obligationes" und daß die weitere Unterteilung der CompCoon überlassen bleibe.

Dieser Gesamtplan[13] stellt eine sehr ausführlich kommentierte Gliederung des Codex Theresianus dar. Er umfaßt 240 Seiten und besteht aus vier Teilen. In den ersten drei Teilen ist das materielle Recht behandelt. Der vierte Teil ist überschrieben: „Ordnung gerichtlichen Verfahrs". Dieser vierte Teil umfaßt mehr als ein Drittel der gesamten Arbeit. Jeder Teil ist in Abhandlungen, jede Abhandlung in Abschnitte unterteilt.

Der vierte Teil besteht aus 22 Abhandlungen[14]. Die erste Abhandlung enthält Bestimmungen zur Zuständigkeit der Gerichte. Die zweite bis vierte Abhandlung beschäftigt sich mit den am Verfahren beteiligten Personen. Die fünfte und sechste Abhandlung ist besonderen Verfahrensarten gewidmet. Dazu zählen ein Vorverfahren, mit dem eine vergleichsweise Regelung angestrebt werden sollte, ein Verfahren bei Besitzstreitigkeiten und eines für Streitigkeiten in Bausachen, aber auch das mündliche Verfahren, das unter dem Einfluß des böhmischen Rechts zunächst als besonderes Verfahren angesehen wurde.

In der 7. bis 18. Abhandlung folgt dann die Regelung des ordentlichen Verfahrens, der Klage, des Beweisverfahrens, des Urteils, der Rechtsmittel und der Vollstreckung.

Die 20. Abhandlung enthält die Regelung des vorläufigen Rechtsschutzes, die 21. das Konkursverfahren, und den Schluß bildet die 22. Abhandlung mit den sogenannten außerordentlichen Rechtsverfahren, der Nullitätsklage, der Beschwerde und der „Leuterung".

In seiner Schlußbemerkung[15] betont Azzoni den vorbereitenden und vorläufigen Charakter seines Entwurfs. Er habe keine Vorabfassung des Gesetzes schaffen wollen. Er habe nur die einzelnen Teile in eine natürliche Ordnung und einen Zusammenhang gebracht, um so die Ausarbeitung zu beschleunigen.

Der Entwurf wurde sowohl von der CompCoon als auch bei seiner Vorlage in Wien mit großem Lob aufgenommen[16].

Nur in einem Punkt wurden Bedenken geäußert. Die CompCoon hatte in dem Vorwort zum Entwurf[17] ihre Absicht bekundet, die Rege-

---

[13] OJ HC, K. 43, Entwurf 1753.

Die Überschriften dieses ersten Entwurfs der CompCoon sind abgedruckt bei *Höslinger*, S. 72 ff.

[14] OJ HC, K. 43, Entwurf 1753, Bl. 76 ff.

[15] OJ HC, K. 43, Entwurf 1753, Bl. 120.

[16] OJ HC, K. 17, Fz. 10/9: Protokoll einer von Haugwitz geleiteten Sitzung vom 9. Juni 1753. An dieser Sitzung nahmen neben den Mitgliedern der CompCoon Vertreter verschiedener staatlicher Stellen teil. Das Sitzungsprotokoll ist in Form eines Briefes an die Kaiserin gehalten.

[17] OJ HC, K. 43, Entwurf 1753, Bl. 5 ff.

lungen des Codex als ausschließlich zu betrachten und die Anwendung des „Jus Romanum Commune“ daneben nicht zuzulassen. Man befürchtete nun[18], hierdurch eine allgemeine, auch auswärtige Kritik herauszufordern, da das römische Recht die gemeinsame rechtliche Grundlage der Erbländer und der deutschen Staaten sei. Zudem sei es besser, wenn die oberen Gerichte und vor allem die Oberste Justizstelle auf das römische Recht zurückgreifen könnten, wenn Fälle zu entscheiden seien, die in dem neuen Gesetzbuch keine Regelung gefunden hätten.

Die Kaiserin stimmte dem zu und ordnete in einem Dekret vom 18. Juni 1753 an, daß[19] „... dieselbe (sc. die CompCoon) statt des diesem Entwurff vorangesetzten Eingangs in dem verfassenden Codice beyläufig nur so viel“ als Einleitung dem Entwurf vorausstellen solle, „daß Ihre k. k. Maj. a. h. Meynung seye ..., dero gesamten teutschen Erblanden ... ein gewisses, beständiges gleiches Gesetz zu geben, an welches jedermänniglich gebunden seyn solle, ... auch von dem Jure romano, ohne dasselbe ausdrücklich auszuschlissen, oder selbes in andere Weege zu berühren, gäntzlich abstrahiren, überhaupt aber den Bedacht besonders darauf nehmen, damit in dem errichtenden Codice die Gesätze recht klar, und so viel nur immer möglich, kurtz gefasset werden“.

b) In ihrer ersten Arbeitssitzung am 4. Juni 1753[20] beriet die CompCoon über die Grundsätze und Methoden, die bei der Kodifizierung zu befolgen wären.

Den Ausgangspunkt der Überlegung bildete ein Dekret der Kaiserin vom 14. Mai 1753[21]. In diesem Dekret hatte die Kaiserin betont, daß aus den bestehenden Landesgesetzen ein neues einheitliches Gesetz kompiliert werden sollte, ohne jedoch einem Land den Vorzug zu geben. Man solle sich vielmehr „allen Vorurtheils für diese, oder jene biesherige Länder-Gesätze ... entschlagen“.

Die Kaiserin setzte der Kommission für ihre Arbeit folgende Grenzen: Ziel der Reform sei ein einheitliches Recht ohne Änderung der bestehenden Gerichtsstellen. Ebenso gehöre nicht in den Codex Theresianus, „was das Jus, seu Statum publicum, oder die politische Verfassung ein und des anderen Erblandes betrifft ...“[22].

---

[18] OJ HC, K. 17, Fz. 10/9: Protokoll der Sitzung vom 9. Juni 1753.

[19] OJ HC, K. 17, Fz. 10/10: Dekret an die Brünner Kommission v. 18. Juni 1753.

[20] Daß es sich zumindest um die erste Zusammenkunft in Brünn handelte, ist den einleitenden Worten des Sitzungsprotokolles zu entnehmen: „Zu Eingang der heute erstmalig abgehaltenen Coon ...“ (OJ HC, K. 17, Fz. 10/9: Protokoll der Sitzung vom 4. Juni 1753).

[21] OJ HC, K. 17, Fz. 10/8, vgl. 1. Teil, II. Kap., Fn. 12.

[22] OJ HC, K. 17, Fz. 10/8: Dekret an die Brünner Kommission v. 14. Mai 1753.

Diese Beschränkung sollte sich in den folgenden Jahren und Jahrzehnten, gerade bei der Beratung der AGO, als sehr hinderlich erweisen.

Trotz dieser eindeutigen kaiserlichen Anweisung warf die CompCoon zunächst die Frage auf, ob ein Gesetz, das sich nicht an den bestehenden Ländergesetzen orientiere, sondern ohne Vorbild neu geschaffen werde, nicht einer bloßen Kompilation vorzuziehen sei[23]. Diese Frage wurde jedoch einstimmig verneint. Es entspreche nicht nur dem Willen der Kaiserin, sondern sei insgesamt vorteilhafter, die bestehenden Ländergesetze zur Grundlage des neuen Gesetzes zu machen. Zum einen bildeten die Gesetze, die die Kaiserin während ihrer Regierungszeit erlassen habe, eine gute, allen Erbstaaten gemeinsame Grundlage. Zudem sei es durch nichts gerechtfertigt, die bestehenden Ländergesetze völlig zu übergehen. Es sei vielmehr besser, wenn jedes Land als Opfer einer allgemeinen Gleichförmigkeit nur seine speziellen Besonderheiten aufgebe. Dies werde bei Einführung des neuen Gesetzes auch in der Praxis Erleichterungen mit sich bringen, da immer auf Vorhandenem aufgebaut werden könne. Ein völlig neues Gesetz lasse sich ohnehin nicht schaffen. Es sei in jedem Fall erforderlich, sich an bestehenden Regelungen zu orientieren. Wenn man sich aber ohnehin eines solchen Leitfadens bedienen müsse, so sei es das beste, sich auf das eigene erbländische Recht zu stützen.

Dieser nun endgültige Beschluß der CompCoon, aus den bestehenden Ländergesetzen und Gewohnheiten ein einheitliches Gesetz zu kompilieren und etwa bestehende Lücken „nach Leitung der gesunden Vernunft, und des allgemeinen Natur- und Völcker-Rechts" zu ergänzen[24], machte es erforderlich, zunächst einmal die Bestimmungen der einzelnen Länder zusammenzutragen, um so die Grundlage für die weitere Arbeit zu schaffen. Zu diesem Zweck sollte jeder Beisitzer in sein Land reisen, um dort an Ort und Stelle die bestehenden Gesetze und Gerichtsgebräuche zu sammeln.

Dabei hatte der Entwurf Azzonis als Vorlage und Gliederung zu dienen. In eben dieser Anordnung war von jedem Beisitzer das Recht seines Landes zusammenzustellen. Jeder Beisitzer sollte zur Durchführung dieser Arbeit vier bis sechs Monate Zeit erhalten. Danach wollte man zur nächsten Sitzung zusammenkommen.

Dieser Plan wurde von der Kaiserin genehmigt. Als nächster Sitzungstag wurde der 1. Oktober 1753 festgesetzt[25]. Die Länderstellen

[23] OJ HC, K. 17, Fz. 10/9: Protokoll der Sitzung v. 4. Juni 1753.

[24] OJ HC, K. 17, Fz. 10/9: Protokoll der Sitzung v. 4. Juni 1753.

[25] OJ HC, K. 17, Fz. 10/10: Dekret an die Brünner Kommission v. 18. Juni 1753.

wurden angewiesen, den Kompilatoren bei ihrer Arbeit behilflich zu sein[26].

Ehe die CompCoon auseinanderging, legte sie noch die folgenden Prinzipien für die Arbeit der Kompilatoren in den Ländern und die weitere Tätigkeit der Kommission nach Wiederaufnahme der Beratungen fest[27].

1. Jeder Beisitzer müsse die einzelnen Länderbestimmungen nicht nur zusammenstellen, sondern auch selbst kommentieren und Vorschläge für die spätere Abfassung des Gesetzes unterbreiten.
2. Die Verfassung des gesamten Werkes solle einem Hauptreferenten übertragen werden. Bei den Sitzungen habe dieser jeweils einen Abschnitt vorzutragen. Die Beisitzer, die sich ebenfalls auf dasselbe Rechtsgebiet vorzubereiten hätten, müßten dann aus ihrer Kenntnis der eigenen Ländergesetze ihre Änderungsvorschläge unterbreiten. Nach eingehender Beratung sei es dann Aufgabe des Referenten, nach Maßgabe der gefaßten Beschlüsse bis zur nächsten Sitzung den Gesetzestext auszuarbeiten. In der nächsten Sitzung solle dieser Gesetzestext beraten und in seiner endgültigen Fassung beschlossen werden.

Mit diesem Vorschlag wich die CompCoon nicht nur von der Anweisung der Kaiserin ab, die gesamte Materie unter die einzelnen Beisitzer aufzuteilen[28]. Sie legte sich mit diesen Grundsätzen auf ein Verfahren fest, wie es noch nach 1770, als die AGO beraten wurde, beibehalten wurde. Der Referent verfaßte die Vorlagen und schlug auch den Gesetzestext vor. Die Kommission beriet die Vorschläge des Referenten und beschloß die Abfassung des Gesetzestextes, der der Kaiserin zur Entscheidung vorgelegt wurde.

3. Die Beisitzer sollten zu jeder zur Beratung anstehenden Rechtsmaterie die entsprechenden Parallelstellen aus dem römischen Recht sowie die Ansichten der Rechtsgelehrten zur Ergänzung vortragen.

Die Kaiserin erklärte sich, in Abänderung ihrer zunächst geäußerten Meinung, mit der Bestellung eines Hauptreferenten einverstanden. Die Auswahl sollte der Präsident der Kommission treffen[29].

---

[26] Zwei dieser Anweisungsschreiben sind noch erhalten: 1. Schreiben an den mährischen Oberlandrichter Schrattenbach; 2. Schreiben an den Oberburggrafen in Prag Kollowrath; beide Schreiben datieren vom 21. Juli 1753 (OJ HC, K. 17, Fz. 10/11). Die zusagende Antwort Schrattenbachs an Haugwitz ist ebenfalls — mit dem Datum 26. Juli 1753 — noch erhalten (OJ HC, K. 17, Fz. 10/12).

[27] OJ HC, K. 17, Fz. 10/9: Sitzungsprotokoll v. 4. Juni 1753.

[28] OJ HC, K. 17, Fz. 10/8: Dekret v. 14. Mai 1753.

[29] OJ HC, K. 17, Fz. 10/10: Dekret an die Brünner Kommission v. 18. Juni 1753.

3. Die von den Kompilatoren zusammengestellten Länderrechte

a) Die CompCoon ging im Juni 1753 auseinander. Die nächste Sitzung fand dann aber nicht, wie geplant, am 1. Oktober 1753, sondern erst am 5. November 1753 statt[30].

Zu diesem Zeitpunkt waren noch nicht sämtliche Arbeiten der Kompilatoren fertiggestellt. Es fehlten die Zusammenstellungen des böhmischen Rechts durch Azzoni und des Rechts von Tirol und Vorderösterreich durch Hormayr[31]. Die Arbeit Burmeisters, des Repräsentanten Schlesiens, wurde im Sitzungsprotokoll nicht erwähnt. Möglicherweise war eine Zusammenstellung des schlesischen Rechts gar nicht geplant. Ein Hinweis fehlt allerdings in den Unterlagen.

Drei Zusammenstellungen von Länderrechten lagen vor:

1. Die Ausarbeitung Holgers über das Landesrecht Niederösterreichs mit dem Titel: „Inwieweit das Land Recht des Erzherzogthums Österreich von gemeinen Recht unterschieden seye[32]."
2. Die Zusammenstellung des innerösterreichischen Rechts von Thinnfeld mit dem Titel: „Sammlung deren sonderbaren geschriebenen Gesätzen, dann eingeführten Gewohnheiten und Gerichts-Gebräuchen deren k. k. innerösterreichischen Erblanden Steyr, Kärnthen, Görtz, Gradisca, Triest und Fiume[33]."
3. Die Sammlung des mährischen Rechts von Waldstetten unter dem Titel: „Auszüge der hauptsächlichen Abfällen des Mährischen von dem allgemeinen Römischen Recht[34]."

Von diesen drei Rechtssammlungen finden sich in den Akten nur noch die Arbeiten Holgers[35] und Waldstettens[36].

Holger hatte noch eine weitere Zusammenstellung verfaßt, die sich in ihrer Gliederung ebenfalls am Gesamtplan Azzonis orientierte. Sie trug den Titel: „Systema Codicis Theresiani combinatum cum titulis juris communis"[37], ergänzte also die anderen Arbeiten, die nur die vom ge-

---

[30] OJ HC, K. 17, Fz. 10/13: Protokoll der Sitzung v. 5. November 1753.

[31] OJ HC, K. 17, Fz. 10/13: Protokoll der Sitzung v. 5. November 1753.

[32] OJ HC, K. 17, Fz. 10/13. Wie der Titel der Zusammenstellung zeigt, ist der damals übliche Begriff „Niederösterreich" nicht mit dem heutigen Bundesland identisch. Hiermit waren die Gebiete Österreichs unter und ob der Enns gemeint.

[33] OJ HC, K. 17, Fz. 10/13.

[34] OJ HC, K. 17, Fz. 10/13.

[35] OJ HC, K. 17, Fz. 10/13.

[36] OJ HC, K. 3, Fz. Mährisches Recht.

[37] OJ HC, K. 17, Fz. 10/13: mit dem Hinweis, daß es sich um eine Arbeit Holgers vom 20. September 1753 handele.

meinen Recht abweichenden Regelungen aufführten. Der Untertitel gibt Aufschluß über die von Holger verwandten Quellen: „seu conspectus in quo omnes Tituli Institutionum Imperialium, Digestorum, Codicis, Novellarum, et Juris canonici ad Systema Codicis nostri Theresiani eo fine reducti exhibentur, et uno quasi obtutu dispici valeat, quae Jurium argumenta ad rubricam quamlibet, tamquam ad sedem suam congruam deducenda veniant.“

Dieser Untertitel läßt zugleich den Zweck der Arbeit erkennen: sie sollte ein wissenschaftlicher Behelf bei der Kodifizierung sein[38].

Um beide Arbeiten fertigzustellen, benötigte Holger einen Zeitraum von einem Monat[39]. Bedenkt man, daß die Zusammenstellung des niederösterreichischen Rechts ca. 200 Blatt umfaßt und daß es hierzu einer umfänglichen Sucharbeit bedurfte, da es nur wenige und keine vollständigen Gesetzessammlungen gab, so muß hierin eine bewundernswerte wissenschaftliche Leistung gesehen werden.

b) In der Einleitung zu der Zusammenstellung des niederösterreichischen Rechts gab Holger einen kurzen Überblick über die rechtliche Situation in Österreich[40].

Vor der Wiederentdeckung des römischen und justinianischen Rechts hätten im deutschen Reich die eigenen Sitten und Gewohnheiten das Leben bestimmt. Dann sei das römische Recht gelehrt und bei den Gerichten eingeführt worden. Auf das gerichtliche Verfahren habe besonders das kanonische Recht Einfluß ausgeübt. Im Laufe der Zeit sei dann eine Fülle von Dekreten, Patenten und Gesetzen hinzugekommen. Auch einzelne Gerichtsentscheidungen seien für die weitere Entwicklung bestimmend gewesen. Mit Gesetzes- und Entscheidungssammlungen sei eine gewisse Vereinheitlichung versucht worden. Dies habe aber eine Gesetzesreform nicht ersetzen können, so daß heute an fast jeder Gerichtsstelle eine andere Gerichtsordnung Geltung besitze. An einem sicheren Landrecht fehle es ohnehin weitgehend. Im Ergebnis rühre ein großer Teil der Rechtsstreitigkeiten nur daher, daß die Rechtslage auch für die Advokaten völlig unklar sei.

Holger stellt dann zu jedem Punkt des Gesamtplanes die niederösterreichischen Rechtsverhältnisse dar. Im Gegensatz zu Waldstetten bezieht sich Holger nur vereinzelt auf geltende Gesetze. Das hat seine Ursache darin, daß es in Böhmen und Mähren die im wesentlichen gleichlautenden Landesordnungen von 1627/1628 gab, in denen alle

---

[38] Vgl. hierzu *Höslinger*, S. 72 f.

[39] Holger hat an den Anfang dieser Zusammenstellung geschrieben: „Habe diese Anmerkung den 14. 8. angefangen und den 14. 9. 1753 geendet“ (OJ HC, K. 43, Entwurf 1753).

[40] OJ HC, K. 17, Fz. 10/13, Bl. 1 f. (Blattangaben vom Verfasser).

wichtigen Rechtsgebiete landeseinheitlich geregelt waren. Waldstetten konnte demgemäß zu jedem Abschnitt des Gesamtplanes die entsprechenden Artikel der Landesordnung und der Stadtrechte hinzufügen und diese mit den späteren Novellierungen und Reskripten ergänzen. Die Zusammenstellung Waldstettens ist dadurch übersichtlicher, aber auch von geringerer rechtsgeschichtlicher Bedeutung, da man einen Überblick über das mährische Recht verhältnismäßig einfach mit Hilfe der erlassenen und schriftlich vorliegenden Gesetze gewinnt.

Gerade am Beispiel des vierten Teils des Codex läßt sich der Unterschied zwischen dem mährischen und dem niederösterreichischen Recht deutlich zeigen. Der mährische Prozeß für die Adelsgerichte war in der Landesordnung, der für die Stadtgerichte in den Stadtrechten geregelt. Die Patrimonialgerichte, für die oft kein geschriebenes Recht bestand, waren daneben von geringerer Bedeutung.

In Niederösterreich gab es demgegenüber eine Fülle von Gerichtsordnungen, die teilweise nur an einzelnen Gerichten galten. Die Gerichtsordnungen wurden ergänzt durch Appellationsordnungen, Revisionsordnungen, Exekutionsordnungen, Advokatenordnungen oder Wechselgerichtsordnungen. Alle diese unterschiedlichen Gesetze mußte Holger erfassen und auf Abweichungen hinweisen. Seine Darstellung wurde abgerundet durch Literaturstellen aus den Werken Suttingers, Finsterwalders, Schwarzenthalers und anderer.

Die Zusammenstellung Holgers gibt einen vollständigen Überblick über das Zivil- und Zivilprozeßrecht Niederösterreichs in der Mitte des 18. Jahrhunderts. Nach Auffassung Voltelinis hat Holger durch die zusätzliche Erarbeitung des gemeinen Rechts dem Codex und damit auch der AGO den „breiten Strom des gemeinen Rechts“[41] zugeführt.

4. Die Arbeit der CompCoon von November 1753 bis Anfang 1754

a) Auf der Sitzung vom 5. November 1753 wurde Azzoni zum Hauptreferenten ernannt[42].

Dies stellte keine Überraschung dar. Bereits in den auf der Sitzung vom 4. Juni beschlossenen Grundsätzen hatte es unter 5. und 7. geheißen[43], die Durcharbeitung des von Azzoni vorgelegten Gesamtplanes habe bewiesen, wie vorteilhaft es wäre, einen Referenten zu ernennen. In Zukunft müsse jeder Beisitzer dem Referenten besonders dann helfen, wenn es um Rechtsmaterien gehe, die in Böhmen nicht so geläufig seien. Da Azzoni der Vertreter Böhmens war, hatte man demnach bereits zu diesem Zeitpunkt damit gerechnet, daß Azzoni Referent wurde.

---

[41] *Voltelini*, S. 38.

[42] OJ HC, K. 17, Fz. 10/13: Protokoll der Sitzung v. 5. November 1753.

[43] OJ HC, K. 17, Fz. 10/9: Protokoll v. 4. Juni 1753.

b) Da somit die Hauptarbeitslast bei einem Mitglied der Kommission, nämlich dem Referenten, lag, mußten die Aufgaben der übrigen Beisitzer als Zuarbeiter des Referenten sinnvoll eingeteilt werden. So hielt man es nicht für zweckmäßig, wenn der Referent die Ergebnisse seiner Arbeit erst auf der gemeinsamen Sitzung den Beisitzern vortrüge. Da diese unvorbereitet hiermit konfrontiert würden, könnte man von ihnen keine fundierte und begründete Stellungnahme erwarten.

Daher sollten die Beisitzer ohne den Referenten vorbereitende Sitzungen abhalten. Auf diesen sogenannten „Antecommissionalsitzungen" waren die zuvor vom Referenten schriftlich verfaßten Vorschläge zu beraten und gegebenenfalls Alternativen zu erarbeiten.

c) Diese Antecommissionalsitzungen begannen am 13. November 1753[44]. Bis zum Jahresende folgten drei weitere Sitzungen[45].

Man begann aber immer noch nicht mit den Arbeiten am Codex, sondern beschäftigte sich erneut mit allgemeinen methodischen Fragen. Das Ergebnis dieser Beratungen waren 37 Grundsätze[46], durch die man festlegen wollte, welche von mehreren kollidierenden Rechtsnormen in das neue Gesetzbuch übernommen werden sollte und an welche Leitlinien man sich bei der Schaffung neuer Rechtsnormen zu halten hatte[47]. Im einzelnen wurde folgendes beschlossen:

Stimmen die Länderrechte in Bezug auf eine bestimmte Regelung inhaltlich überein, so ist der Auftrag der CompCoon als erfüllt anzusehen, da die angestrebte Einheitlichkeit bereits erreicht ist. Bestehen jedoch Unterschiede, so muß zunächst untersucht werden, ob die differierenden Bestimmungen auf ein gemeinsames Grundprinzip zurückgeführt werden können. Findet sich ein solches Grundprinzip, so ist dieses zur Grundlage der neuen Norm zu machen (Grundsatz I).

Läßt sich ein gemeinsames Grundprinzip nicht finden, bleiben die Unterschiede also bestehen, so ist nach dem Grund hierfür zu fragen. Für die weitere Behandlung dieser Fälle kommt es darauf an, ob die abweichende Norm vom Landesfürsten erlassen oder bestätigt ist, ob eine Aufhebung dieser Norm in die Landesverfassung eingreift oder ob die Abweichung lediglich auf einem Gerichtsgebrauch beruht (Grundsätze IV und V). Vom Landesfürsten bestätigtes Recht ist wie geschriebenes Recht zu behandeln.

---

[44] OJ HC, K. 17, Fz. 10/14.

[45] Am 20. November, 7. und 10. Dezember 1753 (OJ HC, K. 17, Fz. 10/14).

[46] OJ HC, K. 17, Fz. 10/15, beschlossen am 20. November 1753.

[47] Diese Leitsätze spiegeln wider, was im damaligen aufgeklärten Absolutismus über den Zweck und die Durchführung von Kodifikationen gedacht wurde. Vgl. hierzu *Conrad*, Staatsgedanke und Staatspraxis, S. 45 f.

Bestehen Abweichungen innerhalb des geschriebenen Rechts, so ist zunächst auf den Wortlaut, dann auf den Sinn des Gesetzes und schließlich auf den Willen des Gesetzgebers und den mit dem Gesetz verfolgten Endzweck abzustellen (Grundsatz VI).

Besteht die Abweichung nur im Wortlaut, so ist der Sinn maßgebend. Liegt der Unterschied auch im Sinn, so ist nach dem Zweck des Gesetzes und dem Willen des Gesetzgebers zu fragen (Grundsatz VII).

Wird mit Bestimmungen unterschiedlichen Sinns derselbe Zweck verfolgt, so ist die Bestimmung in das neue Gesetz aufzunehmen, die schneller und leichter zum Ziel führt. Ist aber auch der verfolgte Zweck ein anderer, so hängt die Entscheidung, welches Gesetz vorzuziehen ist, vom Charakter des Gesetzes ab. Handelt es sich um bloß „arbitrarische" Gesetze, die ihr Entstehen also allein der Willkür des Gesetzgebers verdanken, so kann man unter den bestehenden Gesetzen auswählen oder auch ein neues vorschlagen (Grundsatz IX).

Besteht aber zwischen den verschiedenen Gesetzen und den einzelnen Länderverfassungen ein Zusammenhang, so daß die Heraushebung einer Norm zur allgemein gültigen Norm die anderen Länderverfassungen tangiert, so muß mit Rücksicht auf die Länderverfassungen der Unterschied auch in dem neuen Gesetz beibehalten werden (Grundsatz X). Eine Ausnahme für die einzelnen Länder ist in dem neuen Gesetz dann ausdrücklich vorzusehen.

Bloße Gewohnheiten ohne landesfürstliche Bestätigung stehen hinter geschriebenem Recht zurück (Grundsätze XIII und XIV).

Bei Gewohnheiten und Gerichtsgebräuchen ist aber darauf zu achten, ob die Rechtsgewohnheit bei allen Gerichten besteht oder nur bei einzelnen, ob es sich um eine bloße Formalität oder um materielles Recht handelt (Grundsatz XXI).

Ist der Gebrauch allgemein, so ist er wie eine Instruktion „pro lege" zu achten. Das gilt vor allem bei materiellem Recht (Grundsatz XXII).

Besteht die Rechtsgewohnheit aber nicht bei allen Gerichten, ist sie nicht landesfürstlich bestätigt und handelt es sich vor allem um eine Bestimmung formellen Gehalts, so ist weiter zu untersuchen, ob hierdurch ein Mißbrauch eingeführt worden ist (Grundsatz XXIII).

Ein Mißbrauch ist sofort abzuschaffen. Eine gute Regelung, auch wenn sie ein bloßer Gerichtsgebrauch ist, kann in das neue Gesetz übernommen werden, da es bei Schaffung des neuen Gesetzes hauptsächlich darauf ankommt, daß die neuen Bestimmungen möglichst wenig subtil sind, wenig Aufwand verursachen und zur Beschleunigung der Prozesse beitragen (Grundsatz XXIV).

Weisen die Ländergesetze Lücken auf, fehlen an sich notwendige Bestimmungen, so muß neues Recht geschaffen werden. Hierbei dienen das „Natürliche" und das „Völkerrecht"[48] als Richtschnur (Grundsatz XXV).

So ist die natürliche Freiheit nur so weit einzuschränken, wie es das gemeine Wohl erfordert. Aus diesem Prinzip leitet sich beispielsweise ab, daß der wahre Eigentümer seine Sachen übertragen darf, daß jeder Mensch in seinen letztwilligen Verfügungen frei ist und daß grundsätzlich Vertragsfreiheit herrscht (Grundsatz XXVIII).

Weiterhin darf nur eine solche Regelung Gesetz werden, die dem einen nutzt, ohne dem anderen zu schaden (Grundsatz XXIX). Daraus folgt als Gegenschluß, daß eine Regelung nicht Gesetz werden darf, nach der sich jemand auf Kosten eines anderen bereichert. Aus diesem Grundsatz folgt, daß etwas zurückgegeben werden muß, das unter bestimmten Voraussetzungen gewährt worden ist, wenn diese nicht eintreten (Grundsatz XXX).

Ferner ist nur das für nützlich zu halten, das eine gemeinnützige Absicht fördert, und das für schädlich, das diese Absicht behindert (Grundsatz XXXIII).

Als Hilfe bei der Abfassung eines neuen Gesetzes dient in erster Linie das „arbitrium viri boni", der von allen Vorurteilen freie Vernunftschluß (Grundsatz XXXIV).

Auch das gemeine römische Recht ist zu berücksichtigen, jedoch nicht „die leges positiv(ae) ..., sondern der in den römischen Gesetzen ... vorblickenden natürlichen Billigkeit (ist) Platz zu geben ..." (Grundsatz XXXV).

Ebenso sind ausländisches Recht (Grundsatz XXXVI) und die Ansichten der Rechtsgelehrten zu Rate zu ziehen (Grundsatz XXXVII).

Diese abstrakten und nur aus der Theorie geborenen Leitsätze übten auf die praktische Arbeit der Kommission nur geringen Einfluß aus. Sie spiegeln aber die Zuversicht wider, mit der man sich an die umfangreiche Aufgabe machte, und zeigen, wie sehr man die Widerstände und Schwierigkeiten auf dem Wege zu einem einheitlichen Recht unterschätzte. Harrasowsky[49] sieht in diesen Thesen eine für die Zeit typische Bestrebung, Planungen zu machen, deren Undurchführbarkeit bei der ersten sachlichen Erörterung der Materie hätte klar werden müssen.

---

[48] Nicht mit dem heutigen Begriff „Völkerrecht" identisch. Gemeint ist das Naturrecht als das allen Völkern gemeinsame, auf Vernunft gegründete Recht.

[49] *v. Harrasowsky*, Codification, S. 62.

Das Jahr 1753 war auf diese Weise mit allgemeinen Vorbereitungen angefüllt. 1754 wandte sich die CompCoon der eigentlichen Kodifizierungsarbeit zu. Man begann mit den ersten drei Büchern des Codex, dem materiellen Zivilrecht. Die Vorschriften des vierten Teils wurden zunächst zurückgestellt. Niemand ahnte jedoch, daß sich die CompCoon erst nach fünfzehn Jahren mit dem Prozeßrecht beschäftigen sollte.

III. Kapitel

Holger als Referent der AGO

1. Pläne zur Reform der Gerichtsorganisation

a) Bis zum Jahre 1766 befaßte sich die CompCoon, die seit 1756 in Wien tagte[1], ausschließlich mit den ersten drei Büchern des Codex Theresianus. Ein Vortrag der Obersten Justizstelle vom 2. August 1766 über die Neufestsetzung der Gerichtstaxen beim Königlich Obersten Burggrafenamt in Prag gab dann den Anstoß, die CompCoon mit Fragen der Gerichtsorganisation zu beschäftigen und damit die Aufmerksamkeit auf die Kodifizierung des vierten Teils des Codex Theresianus, die Prozeßordnung, zu lenken[2].

Aufgrund des Vortrages der Obersten Justizstelle wurde der CompCoon aufgetragen, im Zusammenhang mit der Verfassung einer neuen Gerichtsordnung die Gerichtsinstanzen in den einzelnen Ländern daraufhin zu überprüfen, inwieweit einzelne Instanzen überflüssig seien und zusammengezogen werden könnten[3]. Sie sollte die neue Arbeit jedoch erst in Angriff nehmen, wenn „der Codex Theresianus gänzlich zu Stande gebracht" wäre, womit offensichtlich aber nur die ersten drei Bücher des Codex gemeint waren.

Ende des Jahres 1766 wurde der Entwurf dieser drei Bücher der Kaiserin übergeben[4], und bereits im Dezember 1766 lag dem Staatsrat ein Vortrag der CompCoon „über den Vorschlag wegen der Zusammenziehung mehrerer Gerichts Instanzen, Entwerfung einer gleichen Gerichtsordnung und Regulierung des Taxwesens in denen Erblanden" vor[5]. In der auf diesen Vortrag hin erlassenen kaiserlichen Resolution wurde als erster konkreter Schritt auf dem Wege zur Kodifizierung

[1] *v. Canstein*, Erster Band, § 13, S. 164.

[2] Der Vortrag der Obersten Justizstelle ist nicht erhalten, wohl die daraufhin ergangene Resolution: StRPr 2075/1766 v. 8. August.

[3] StRPr 2075/1766: Resolution v. 8. August 1766.

[4] *v. Harrasowsky*, Codification, S. 97. Zum weiteren Verlauf der zivilrechtlichen Kodifikation vgl. *Conrad*, Deutsche Rechtsgeschichte, Bd. II, S. 391 f.

[5] StRPr 3260/1766 v. 22. Dezember.

der Gerichtsordnung Holger zum Referenten für den vierten Teil des Codex bestellt[6].

Der CompCoon wurde aufgetragen, eine Zusammenstellung sämtlicher Gerichtsstellen in den Erblanden zu fertigen und ihre „Aktivität und Abhängigkeit, auch in was für einer Zeit nur jede zu sitzen pfleget?, anzuzeigen, folglich gutachtlich an Hand zu lassen, welche von diesen Gerichts-Stellen unumgänglich nöthig sind, oder allenfalls nach meiner schon ertheilten Willensmeinung zusammengezogen werden können?“[7]. Außerdem sollte die CompCoon ein Gutachten darüber erstellen, ob es ratsam sei, die Anzahl der Instanzen in allen Ländern auf zwei zu beschränken und die Oberste Justizstelle in Wien einheitlich zur dritten Instanz für alle Erbstaaten zu machen. Dabei sollte die CompCoon ferner beraten, ob man die Revision zur Obersten Justizstelle nicht auf die Fälle beschränken sollte, in denen das zweitinstanzliche Urteil das erstinstanzliche nicht bestätigte, ob demnach die Revision bei zwei gleichlautenden Urteilen unzulässig sein sollte[8]. Diese letzte Frage der Zulässigkeit der Revision nach zwei gleichförmigen Urteilen betraf nicht allein die Gerichtsorganisation, sondern beschäftigte die CompCoon erstmals mit einem verfahrensrechtlichen Problem.

b) Am 23. August 1768 legte die CompCoon das ihr aufgetragene Gutachten vor[9]. Während ansonsten die Vorträge der CompCoon zu prozeßrechtlichen Fragen nicht mehr oder nur fragmentarisch erhalten sind, liegt dieses Gutachten vollständig und in gutem Erhaltungszustand vor[10].

Der Vortrag, in Form eines Schreibens an die Kaiserin gehalten, gibt zunächst einmal Aufschluß über die Zusammensetzung der CompCoon im Jahre 1768. Von den im Jahre 1753 ernannten Kompilatoren war allein Holger noch Kommissionsmitglied. Vorsitzender war seit 1760 Althann, der Vizepräsident der Obersten Justizstelle. Weitere

[6] StRPr 3260/1766 v. 22. Dezember. Joseph Ferdinand Holger, geb. 27. Februar 1706 zu Landshut, 1736 Professor des römischen Rechts an der Wiener Universität, 1759 Hofrat bei der OJSt, gest. zu Wien 6. Februar 1783. Seit 1751 war Holger mit unermüdlichem Einsatz in verschiedenen Gesetzgebungskommissionen tätig, seit 1761 u. a. auch als Referent der Kriminalrechtskommission (*v. Maasburg*, Oberste Justizstelle, S. 133 f.).

[7] StRPr 3260/1766 v. 22. Dezember.

[8] Die Stellungnahme in diesem letzten Punkt war der CompCoon durch Handbillett der Kaiserin vom 4. April 1768 aufgetragen worden. Der Inhalt dieses Handbilletts ist wiedergegeben in dem daraufhin abgefaßten Vortrag der CompCoon v. 23. August 1768 (OJ HC, K. 75, Bl. 1, Blattangaben vom Verfasser).

[9] OJ HC, K. 75.

[10] Soweit ersichtlich, ist es in der Literatur unberücksichtigt, da es erst 1937 aus dem Nachlaß des Generalkonsuls Ernst von Kwiatkowsky ins Wiener Staatsarchiv gekommen ist.

Mitglieder waren die böhmischen Appellationsräte Zenker und Nell und die Hofräte Pelser, Hartig, Goldegg, Curti und Bourgignon[11].

Den Kern des Gutachtens bildet auftragsgemäß eine Aufstellung sämtlicher Gerichtsstellen in den Erblanden mit Ausnahme der Grundgerichtsbarkeiten. Bei jeder Gerichtsstelle sind ihre Zuständigkeit, die ihr übergeordneten und unterstellten Gerichte und der Turnus ihrer Gerichtssitzungen vermerkt[12]. Dieser letzte Punkt, ob ganzjährig oder nur zu bestimmten Perioden Gerichtssitzungen abgehalten wurden, spielte bei den späteren Beratungen zur AGO noch eine wesentliche Rolle. Insbesondere die Ausgestaltung des Prozesses als schriftliches oder mündliches Verfahren war von den Sitzungsgepflogenheiten der Gerichte abhängig. So bedienten sich die Befürworter des in Böhmen üblichen schriftlichen Verfahrens des Arguments, daß an den zahlreichen Gerichten Böhmens und Mährens, an denen nicht ständig getagt wurde, nur die Einführung eines schriftlichen Verfahrens möglich war.

Zu Beginn ihres Berichtes stellte die CompCoon klar, daß eine Abänderung der bestehenden Gerichtsorganisation nicht wünschenswert sei[13]. Die zur Begründung dieser Ansicht vorgetragenen Argumente lassen drei verschiedene Gesichtspunkte erkennen.

1. Die Gerichtsorganisation in den einzelnen Erbstaaten wurzele überwiegend in den alten Landesverfassungen und gründe sich auf besondere Verleihungen und Freiheiten[14]. Somit zöge eine Änderung der Gerichtsorganisation eine Änderung der Landesverfassungen nach sich. Dies verstoße aber nicht nur gegen das Verbot der Kaiserin, bei der Kodifizierung des Codex Theresianus in die Landesrechte einzugreifen[15]. Es müßten zudem viele Verträge und Konkordate gebrochen werden. Das gelte vor allem für

[11] Der spätere Vorsitzende der CompCoon, Sinzendorf, erklärt in einem Schreiben an den Kaiser vom 25. Januar 1781 (OJ HC, K. 231, NÖ, Fz. 105/1 a), in dem er einen zusammenfassenden Bericht über die Arbeit der CompCoon gibt, nach welchen Grundsätzen die Mitglieder der CompCoon von Anfang an zusammengestellt worden seien. Zwei Mitglieder seien Hofräte der Böhmisch-Österreichischen Hofkanzlei gewesen, einer von böhmischer, einer von österreichischer Seite. Vier seien Hofräte der Obersten Justizstelle gewesen, ebenfalls zwei vom böhmischen, zwei vom österreichischen Senat. Der Zweck der CompCoon, „nämlich die Verfertigung neuer Gesätze für die böhmischen und österreichischen Erblande“ habe „auch in Ansehung beiderseitiger Lande de(n) Einfluss sowohl der obristen politischen, als Justizstelle notwendig“ gemacht.

[12] OJ HC, K. 75, Bl. 2 - 30.

[13] OJ HC, K. 75, Bl. 7.

[14] OJ HC, K. 75, Bl. 1.

[15] OJ HC, K. 75, Bl. 10; vgl. 1. Teil, II. Kap., Fn. 22. Dekret der Kaiserin v. 14. Mai 1753.

die Länder, in denen es bisher vier Instanzen gebe, eine Instanz also aufgelöst werden müßte[16].

Besondere Schwierigkeiten würde eine solche Änderung in Vorderösterreich bereiten. Dort seien einige Reichsfürsten, auf „Immedietät" bedacht, derzeit an die Revision nach Innsbruck gewöhnt oder auch vertraglich dorthin gewiesen[17]. Eine Änderung des Revisionszuges könne leicht „unliebsame Bedenklichkeiten circa territorium" wecken. Anderen Reichsfürsten sei die Wahl zwischen dem Innsbrucker Revisionsgericht und dem Reichshofrat überlassen[18]. Auch diese könnten nicht gezwungen werden, ihre Revision in Wien einzulegen.

2. Eine Änderung der Gerichtsorganisation würde erhebliche Kosten verursachen[19], das insbesondere in den Ländern, in denen bisher wie beispielsweise in Böhmen für den Adel unter der Revisionsstelle nur eine Instanz bestehe. In diesen Ländern müßte eine Instanz hinzugeschaffen werden. Dies würde deshalb besonders teuer, weil die Adelsgerichte bisher mit ehrenamtlichen Richtern besetzt seien[20]. Bei Gerichten, die das ganze Jahr tagten, müßten aber besoldete Richter eingestellt werden. Diese Mehrkosten fielen der Staatskasse zur Last.

3. Die Schaffung neuer Instanzen fördere weder die Rechtssicherheit noch die Beschleunigung der Prozesse.

   Die Oberste Justizstelle und ebenso die anderen Revisionsgerichte seien mit so guten Richtern besetzt, daß ihre Entscheidungen in jedem Fall zuverlässig seien, auch wenn sie als zweite Instanz tätig würden[21]. Auf Grund der räumlichen, finanziellen und sprachlichen Nachteile, die mit einer Zentralisierung aller Revisionsfälle in Wien verbunden seien, müsse mit erheblichen Verzögerungen gerechnet werden[22].

Für die Schaffung einer allgemeinen Gerichtsordnung sei vor allem wichtig, daß alle Gerichte nach demselben materiellen und prozessualen Recht urteilten. Die sachliche und funktionelle Zuständigkeit, auf Grund derer die einzelnen Gerichte tätig würden, sei für die Durchführung einer Rechtsvereinheitlichung ohne Bedeutung.

---

[16] OJ HC, K. 75, Bl. 36 ff.

[17] OJ HC, K. 75, Bl. 31.

[18] OJ HC, K. 75, Bl. 32.

[19] OJ HC, K. 75, Bl. 7.

[20] OJ HC, K. 75, Bl. 7 f.

[21] OJ HC, K. 75, Bl. 7 unter 3.).

[22] OJ HC, K. 75, Bl. 31.

Die Vorschläge der CompCoon wurden von der Kaiserin in allen Punkten genehmigt[23]. Für den weiteren Fortgang der Arbeiten an der AGO war dies verhängnisvoll, wie sich später zeigen sollte.

Unter Joseph II. wurde die Neuordnung der Gerichte dann so durchgeführt, wie es die Kaiserin der CompCoon zur Begutachtung vorgeschlagen hatte: einheitlicher Dreiinstanzenaufbau mit zentraler Revisionsstelle in Wien.

2. Die ersten Arbeiten der CompCoon an der AGO

a) Obwohl mit dieser Entscheidung der Kaiserin das Problem der Gerichtsorganisation zwar nicht gelöst, bis auf weiteres aber aus dem Wege geräumt war und die CompCoon sich nun der Abfassung des vierten Teils des Codex Theresianus hätte zuwenden können, wurde der Beginn der Beratungen bis zum Frühjahr 1772 verschoben. Außer einem Billett der Kaiserin an Breuner, den Präsidenten der Obersten Justizstelle, aus dem Jahre 1770, in dem an die Erledigung des „rückständigen“ vierten Teils des Codex erinnert wird[24], findet sich in den Akten während dieser Zeit keine Erwähnung der Gerichtsordnung.

Diese Verzögerung hatte ihren Grund mit großer Wahrscheinlichkeit darin, daß die ersten drei Teile des Codex Theresianus, die 1766 fertiggestellt worden waren, nicht die Billigung des Staatsrats gefunden hatten[25]. Die Arbeit der CompCoon wurde als zu lehrbuchhaft und zu umständlich heftig kritisiert und eine Umarbeitung und Verkürzung angeordnet. Zum neuen Referenten wurde Horten[26] bestimmt. Im November 1771 legte dieser den neu verfaßten ersten Teil des Codex wiederum dem Staatsrat vor.

Obwohl damit die ersten drei Bücher noch nicht als Gesetzentwurf vorlagen, begann die CompCoon Anfang 1772 mit der Beratung des vierten Teils, der Prozeßordnung[27], ohne daß deshalb die Arbeiten an den ersten drei Teilen unterbrochen wurden[28].

---

[23] StRPr 2079/1768 v. 31. August.

[24] StRPr 4177/1770: Billett v. 28. November 1770.

[25] Vgl. hierzu *v. Harrasowsky*, Codification, S. 121 ff.

[26] *v. Harrasowsky*, Codification, S. 125.

[27] Der genaue Zeitpunkt, zu dem mit den Arbeiten am 4. Teil begonnen wurde, läßt sich den Akten nicht entnehmen. Sitzungsprotokolle aus dieser Zeit sind nicht mehr vorhanden. Aus dem Schreiben Sinzendorfs vom 25. Januar 1781 (OJ HC, K. 231, NÖ, Fz. 105/1 a, vgl. 1. Teil, III. Kap., Fn. 11) ergibt sich, daß bei seiner Übernahme des Vorsitzes in der Kommission im Februar 1772 „noch nichts wesentlicher geschehen“ (Bl. 2, Blattangabe vom Verf.) war. Im Juli 1772 wurde eine erste Gliederung vorgelegt. Aus diesen Angaben läßt sich der Beginn der Beratungen auf den genannten Zeitraum festlegen.

[28] Mit welcher Intensität diese Arbeiten fortgeführt wurden, ergibt sich aus den einzelnen Vorträgen und Berichten; vgl. beispielsweise nur den Inhalt von OJ HC, K. 38, Fz. 32/1 - 18.

b) Zur gleichen Zeit hatte es einen Wechsel an der Spitze der CompCoon gegeben. Am 8. Oktober 1771 hatte Sinzendorf[29] Althann im Amt des Vizepräsidenten der Obersten Justizstelle abgelöst[30]. Am 14. Februar 1772 wurde er auch sein Nachfolger als Vorsitzender der CompCoon[31].

Auch Holger hatte um seine Ablösung als Referent gebeten. Dies war ihm jedoch von der Kaiserin verweigert worden. Er wurde im Gegenteil ausdrücklich in seinem Auftrag bestätigt und ermahnt, das Werk bald zu beenden[32].

c) Am 22. Juli 1772 wurde dem Staatsrat eine erste von Holger verfaßte Gliederung des vierten Teils vorgelegt. Sie umfaßte 24 Abhandlungen, die in Absätze unterteilt waren. Obwohl diese Gliederung nicht mehr erhalten ist, kann aus der unterschiedlichen Zahl der Absätze geschlossen werden, daß diese Gliederung nicht mit dem Entwurf Azzonis übereinstimmte[33]. Zugleich bat die CompCoon darum, bei der Ausarbeitung nicht in der Reihenfolge der Gliederung vorgehen zu müssen. Man wolle einzelne Materien in der Beratung vorziehen. Das wurde ihr von der Kaiserin genehmigt[34].

Die CompCoon begann ihre Arbeiten am vierten Teil des Codex mit dem Exekutionsrecht. Außer mit dem Exekutionsrecht beschäftigte sich die Kommission, solange Holger Referent war, nur noch mit dem Recht der vorläufigen Sicherung der Gläubiger. Über diese beiden Materien gelangte sie nicht hinaus.

---

[29] Franz Wenzel Graf v. Sinzendorf, unter dessen Vorsitz die CompCoon die AGO erarbeitete, war seit 1759 Hofrat bei der Obersten Justizstelle. Er stammte aus einem altösterreichischen Geschlecht mit Grundbesitz in Böhmen. Er war Assessor in Prag und gehörte dem böhmischen Senat der Obersten Justizstelle an. 1782 wurde er Präsident des nach den Plänen der CompCoon neu geschaffenen niederösterreichischen Appellationsgerichts (Biographische Angaben: OJ NÖ, K. 1, Personalia, Fz. 1, sowie *v. Maasburg*, Oberste Justizstelle, S. 91).

[30] StRPr 3435/1771 vom 8. Oktober.

[31] OJ HC, K. 7, Fz. 4/4: Handschreiben der Kaiserin vom 14. Februar 1772.

[32] Daß Holger um seine Ablösung gebeten hatte, ergibt sich aus dem Titel eines Vortrags der CompCoon im Staatsrat v. 9. Februar 1772 (StRPr 338/1772). Nach *v. Canstein*, Erster Band, § 13, S. 165, hat Holger zur Begründung auf sein Alter (66 Jahre) und seine Beschäftigung mit dem Codex Criminalis verwiesen. Mit kaiserlichem Handschreiben v. 14. Februar 1772 (OJ HC, K. 7, Fz. 4/4) wurde Holger von allen seinen Aufgaben im Zusammenhang mit dem Codex Criminalis freigestellt.

[33] Der hierauf bezügliche Titel des Vortrags der CompCoon findet sich im Staatsratsprotokoll v. 11. August 1772 (StRPr 1988/1772); die Einzelheiten zu dieser Gliederung, die nicht mehr erhalten ist, sind *v. Canstein*, Erster Band, § 13, S. 165, entnommen.

[34] StRPr 1988/1772 v. 11. August.

Bei der Abfassung des Kapitels über die Exekution verfolgte Holger kein bestimmtes Schema. Er legte der Kommission eine Reihe sogenannter Vorfragen zur Beratung vor, in denen er bestimmte Einzelprobleme darstellte, ihre Regelung in den Länderrechten miteinander verglich und vorschlug, welcher Lösung in dem neuen Gesetz gefolgt werden sollte. Die Vorfragen wurden in der Kommission beraten, darüber abgestimmt und die Ergebnisse in Form schriftlicher Vorträge den verschiedenen staatlichen Institutionen, wie Staatsrat oder Hofkanzlei, zur Beurteilung zugeleitet[35].

Diese Methode, jeweils nur einzelne Vorfragen zu beraten, erwies sich als äußerst schwerfällig. In den fast zwei Jahren bis zur Ablösung Holgers als Referent wurden auf diese Weise etwa 30 Vorfragen aus den Kapiteln über die Exekution und die vorläufige Sicherung beraten und entschieden.

d) Im November 1773 beriet der Staatsrat diese beiden Kapitel aus dem vierten Teil des Codex[36]. In der äußeren Darstellung war die CompCoon von der bis dahin üblichen Form, die sich bei der Abfassung der drei ersten Bücher des Codex herausgebildet hatte, abgewichen, indem sie an den Anfang deutsche Summarien und an den Rand lateinische Marginalien gesetzt hatte. Die CompCoon nahm diese an sich unbedeutende Änderung der Form zum Anlaß, der Kaiserin vorzuschlagen, den vierten Teil des Codex in Zukunft als selbständiges Gesetz zu behandeln[37]. Die Kaiserin stimmte dem zu[38] und schuf so die Voraussetzung dafür, daß der vierte Teil des Codex als AGO lange vor dem Zivilgesetzbuch in Kraft treten konnte.

---

[35] Der Inhalt der einzelnen Vorfragen wird noch im zweiten Teil der Arbeit dargestellt werden. Die geschliderte Verfahrensart läßt sich einzelnen noch erhaltenen Akten entnehmen: z. B. Vortrag der Hofkanzlei v. 9. September 1772 zu den Vorfragen 1 - 7 (Hofkanzlei, K. 1889, Böhmen bis 1788). Die an der Sitzung der Hofkanzlei teilnehmenden Mitglieder waren teilweise zugleich Mitglieder der CompCoon, wie z. B. Zenker und Curti. Die übrigen Mitglieder waren: Blümegen als Vorsitzender, Pergenstein als Referent, Koch, Stupan, Riegger, Heinke, Müller, Krisch. Eine vollständige Zusammenstellung aller Vorfragen findet sich bei *v. Canstein*, Erster Band, § 13, S. 165.

[36] StRPr 2422/1773 v. 17. November 1773 über einen Vortrag der CompCoon vom 5. Oktober 1773. Außerdem *v. Canstein*, Erster Band, § 13, S. 166.

[37] Es ist nur noch die Resolution der Kaiserin erhalten, aus der hervorgeht, daß der Vorschlag, den vierten Teil nunmehr als eigenes Gesetz zu behandeln, von der CompCoon ausgegangen ist (StPRr 2422/1773). Ob die formale Änderung wirklich der Grund hierfür gewesen ist, läßt sich nicht mehr feststellen (so aber *v. Canstein*, Erster Band, § 13, S. 166). Der wirkliche Grund scheint mir darin bestanden zu haben, daß man offensichtlich und auch zu Recht darauf vertraute, diesen Teil des Codex eher fertigstellen zu können als die ersten drei Teile.

[38] StRPr 2442/1773 v. 17. November.

3. Die Ablösung Holgers als Referent

a) In einem Billett an Breuner vom März 1773 hatte die Kaiserin die Fertigstellung des Codex, einschließlich des vierten Teils, innerhalb der nächsten eineinhalb bis zwei Jahre angeordnet[39]. Im November 1773, nachdem bereits acht Monate dieser Frist verstrichen waren, beschäftigte sich die Kommission immer noch mit Fragen des Exekutionsrechtes, dem Kapitel also, mit dem sie ihre Beratungen zwei Jahre zuvor begonnen hatte.

Dieser geringe Fortschritt in der Bearbeitung der AGO mag Veranlassung dazu gegeben haben, daß die Kaiserin Breuner aufforderte, nach Rücksprache mit Sinzendorf seine Meinung darüber zu äußern, ob nicht eine Ablösung Holgers durch den niederösterreichischen Regierungsrat Froidevo dem Fortgang des Werks zuträglich wäre[40].

b) Was konkret diese Entscheidung der Kaiserin veranlaßt haben mag und wieso gerade Froidevo, der 1771 von der niederösterreichischen Regierung zur Hofkammer gekommen und gerade zur niederösterreichischen Regierung zurückgekehrt war[41], die Nachfolge Holgers antreten sollte, kann den Materialien nicht mit Gewißheit entnommen werden.

Nach Canstein[42] ging die Initiative zum Wechsel im Amt von Holger selbst aus. Holger habe in einem Promemoria vom 12. Februar 1774 Sinzendorf um die Bestellung eines anderen Referenten ersucht. Wahrscheinlich aber habe er die Kaiserin bereits früher um die Enthebung von diesem Amt gebeten. Denn diese habe mit Schreiben vom 11. Februar 1774 den Präsidenten der Obersten Justizstelle, Breuner, aufgefordert, sich zu der Frage zu äußern, ob Froidevo als Nachfolger Holgers geeignet sei.

Diese Ansicht Cansteins findet in den vorliegenden Unterlagen keine Stütze. Weder das Promemoria Holgers, noch die Stellungnahmen Sin-

---

[39] StRPr 739/1773, Datum nicht genau feststellbar.

[40] OJ HC, K. 231, NÖ, Fz. 105/1 a: das Billett der Kaiserin an Breuner befindet sich nicht mehr in den Akten; das oben zitierte Faszikel enthält aber das Antwortschreiben Breuners, in dem dieses Billett erwähnt und der darin gegebene Auftrag wiedergegeben ist.

[41] Die Verleihung der Prokuratorstelle bei der Hofkammer erfolgte am 29. Januar 1771 (StRPr 350/1771 v. 29. Januar). In der Resolution, mit der diese Ernennung ausgesprochen wurde, heißt es: „Den Froidevo habe wegen seiner mir besonders angerühmten Fähigkeit benannt, wobey es auch fortan belassen haben will ...“ Froidevo war also damals bereits bei Hof als tüchtig bekannt. Daß Froidevo zur niederösterreichischen Regierung zurückgekehrt war, kann dem Schreiben Sinzendorfs an Breuner entnommen werden (OJ HC, K. 231, NÖ, Fz. 105/1 a).

[42] *v. Canstein*, Erster Band, § 13, S. 166 f.

zendorfs und Breuners lassen ein Einverständnis mit einem Wechsel im Amt des Referenten erkennen.

Auf das bei Canstein angeführte kaiserliche Schreiben an Breuner hatte offensichtlich dieser Sinzendorf und Sinzendorf daraufhin Holger um Stellungnahme ersucht. Die Antwortschreiben Holgers an Sinzendorf, Sinzendorfs an Breuner und der Bericht Breuners an die Kaiserin sind — wenn auch in schlechtem Zustand — erhalten.

Holger beginnt sein Promemoria mit dem Satz[43]: „Euer Excellenz haben die Frage an mich gestellet, zu was zeit ich den Codicem Judiciarium, oder die allgemeine Gerichtsordnung zu beenden mir *getraue*[44]." Dieser einleitende Satz stellt bereits klar, daß Holger nicht aus eigenem Antrieb dieses Promemoria verfaßt hat. Holger nimmt dann Bezug auf eine Unterredung mit Sinzendorf, deren Ergebnis er schriftlich bestätigen wolle. Er hoffe, das Gesetz bis Mitte 1775 fertigstellen zu können. Zwar besitze er mit beinahe 70 Jahren nicht mehr die Kräfte, die es ihm früher erlaubt hätten, bis in die späte Nacht hinein zu arbeiten, doch befinde er sich noch „bey solch guter Beschaffenheit des Geistes", daß er das Werk zur Zufriedenheit auszuführen gedenke. Sollte jedoch zur schnelleren Vollendung ein anderer Referent ausgesucht werden, der jünger wäre und daher angespannter arbeiten könnte, so erbitte er sich die Gnade, daß die Amtsenthebung seinem guten Ruf nicht nachteilig sei. Holger erwähnt dann seine Verdienste bei Aufstellung einer „Cridakommission"[45], der Reformierung des „Tractatus de juribus incorporabilibus" und als Verfasser der „Theresianisch-peinlichen Gerichtsordnung". Zum Schluß erbietet er sich, im Falle seiner Ablösung dem Nachfolger zur Hand zu gehen.

Holger räumt in seinem Schreiben ein, ein anderer könne die Arbeit des Referenten möglicherweise schneller bewältigen. Man glaubt, den Worten Holgers eine gewisse Erleichterung entnehmen zu können, von der Bürde des Referentenamtes befreit zu werden, wenn durch diese Ablösung sein wohl erworbener Ruf als befähigter Jurist nicht leidet. Jedenfalls widersetzt er sich den Plänen seiner Ablösung weit weniger energisch als dies Sinzendorf und Breuner in ihren Berichten tun. Dennoch kann man dem Schreiben Holgers nicht, wie Canstein es tut, entnehmen, daß „er wiederholt um Bestellung eines anderen Referenten" angesucht habe[46].

---

[43] OJ HC, K. 231, NÖ, Fz. 105/1 a.

[44] Kursiv Gedrucktes vom Verfasser ergänzt, da nicht mehr lesbar.

[45] Diese beschäftigte sich mit Konkursrecht.

[46] *v. Canstein,* Erster Band, § 13, S. 167.

Auch Sinzendorf, der Empfänger dieses Briefes, hat dies nicht so aufgefaßt. Er nimmt in seinem Schreiben[47] an Breuner Bezug auf das Promemoria Holgers und erklärt, er zweifele nicht daran, daß Holger das Gesetz in der ihm gesetzten Frist zustandebringen werde. Der wichtigste Teil sei fast ausgearbeitet. Bisher sei auch keine Sitzung deshalb ausgefallen, weil es am Vortrag des Referenten gefehlt habe. Zu Froidevo könne er sich nicht äußern, da er noch keine Gelegenheit gehabt habe, sich von dessen Fähigkeiten zu überzeugen. Er glaube aber, daß dieser unter der Anleitung Martinis[48] und der Kommission der Arbeit gewachsen sei. Sinzendorf wiederholt dann die Bitte Holgers, daß seine Ablösung in einer Form geschehen solle, die seinen Verdiensten gerecht werde.

Breuner[49] teilt die Ansicht Sinzendorfs der Kaiserin mit, wobei er die Stellungnahme Sinzendorfs häufig im Wortlaut übernimmt. Auch schließt er sich der Ansicht Sinzendorfs an, daß Holger Referent bleiben solle.

Allen drei Schreiben ist somit gemeinsam, daß man die Fähigkeiten Froidevos zwar nicht bezweifelte, einen Wechsel im Amt des Referenten aber nicht begrüßte.

Verwirrend und möglicherweise zu falschen Schlüssen verleitend sind nur die Daten auf den einzelnen Briefen. Das Schreiben, das nach seinem Inhalt das erste sein müßte, nämlich das Promemoria Holgers, trägt das Datum vom 12. Februar 1774. Das Schreiben Sinzendorfs ist ohne Datum, während das Schreiben Breuners an die Kaiserin bereits am 11. Februar 1774 abgefaßt ist. Diese scheinbare Unstimmigkeit der Daten findet ihre Erklärung mit einiger Gewißheit darin, daß Holger seine Meinung im nachhinein in einem Protokoll zusammengefaßt hat, wie der Name „Promemoria" bereits sagt. Eine Unterredung Sinzendorfs mit Holger war vorausgegangen, und Breuner hatte bereits vor dem 12. Februar 1774 Kenntnis von den Ansichten Sinzendorfs und Holgers.

c) Der Kaiserin wurde das Schreiben Breuners am 21. Februar 1774 übergeben[50]. Trotz der eher abratenden Stellungnahme ordnete sie

---

[47] OJ HC, K. 231, NÖ, Fz. 105/1 a: ohne Datum, sehr schlechter Erhaltungszustand.

[48] Karl Anton Freiherr von Martini (1726 - 1800) war am 4. Juni 1773 an Stelle von Goldegg Mitglied der CompCoon geworden, StRPr 1163/1773 v. 25. März und 1278/1773 v. 3. Juni, sowie Stellungnahme zu diesem Wechsel von Breuner oder Sinzendorf (Unterschrift nicht mehr lesbar) in einem Vortrag v. 3. Juni 1773 (OJ HC, K. 7, Fz. 4/5). Zu seinem Einfluß auf die Kodifikationen in Österreich vgl. *Kleinheyer / Schröder*, S. 172 f.

[49] OJ HC, K. 231, NÖ, Fz. 105/1 a: Schreiben vom 11. Februar 1774.

[50] Vermerk auf dem Schreiben Breuners (OJ HC, K. 231, NÖ, Fz. 105/1 a).

bereits am 22. Februar 1774 an, daß Holger sein Amt an einen jüngeren Referenten abtreten solle[51]. Zur Begründung führte die Kaiserin an, daß sie die Fertigstellung des Gesetzes nach Möglichkeit beschleunigt wissen wolle und Holger selbst darauf verwiesen habe, daß ihm die Arbeit wegen seines hohen Alters beschwerlich falle. Als Nachfolger gedenke sie „den mehrmalen mir belobten Froidevous auszuwählen". Jedoch solle Sinzendorf ihn erst dazu hören und feststellen, ob er die nötigen Eigenschaften zu dieser Tätigkeit besitze.

Holger sei „alsdann die angezohene Ursache dieser Abänderung in gnädigen Ausdrücken jedoch zu erklären, und ihme über seine bisherige eifrig so langjährige Verwendung meine gnädigste Zufriedenheit zu erkennen zu geben". Diese Verfügung wurde Holger und Froidevo am 12. März 1774 übermittelt[52].

[51] Diese Anordnung findet sich einmal als Randnotiz auf dem Brief Breuners und als Resolution in den Staatsratsprotokollen (StRPr 461/1774 vom 22. Februar).

[52] Vermerk auf dem Schreiben Breuners (OJ HC, K. 231, NÖ, Fz. 105/1 a); außerdem in einem weiteren Schreiben in demselben Faszikel, in dem im einzelnen angeordnet wird, in welcher Form Holger diese Mitteilung zu machen ist.

IV. Kapitel

Froidevo als Referent der AGO

1. Zur Person Froidevos

Obwohl Froidevo für die Kodifizierung der AGO die entscheidende Persönlichkeit wurde, ist über ihn nur wenig bekannt. Es soll daher in einem kurzen biographischen Abschnitt all das zur Darstellung gelangen, was über die Person Froidevos herausgefunden werden konnte, auch wenn es für seine Arbeit in der CompCoon nicht unmittelbar von Bedeutung ist.

Joseph Hyazinth Froidevo[1] wurde am 15. August 1735 in Arlesheim in der Schweiz geboren[2]. Er studierte Rechtswissenschaften in Wien und wurde 1760 promoviert. Zunächst entschied er sich für den Beruf des Advokaten. 1764 trat er als niederösterreichischer Fiskaladjunkt in den Staatsdienst[3]. 1768 wurde er niederösterreichischer Regierungsrat. Nebenbei hielt er öffentliche Vorlesungen an der Wiener Universität über österreichisches Provinzialrecht[4]. Diese Tätigkeit erklärt, daß Froidevo bereits früher als Jurist bekannt war, als dies seine berufliche Stellung erwarten ließ. Von 1771 bis 1774 war Froidevo Prokurator bei der Hofkammer, kehrte dann aber zur niederösterreichischen Regierung zurück. In diese Zeit fällt seine Berufung als Referent der CompCoon. Außer bei der AGO und den nachfolgenden Beratungen über die Gerichtsorganisation hat Froidevo auch bei der Revision des Josephinischen Zivilgesetzbuches mitgewirkt[5].

Er gehörte der Gesetzgebungskommission von 1774 bis 1796 an.

---

[1] Es gibt verschiedene Schreibweisen dieses Namens. Die hier gewählte Schreibart stimmt überein mit a) den Protokollen, b) dem amtlichen Vermerk der Nobilierung und vor allen Dingen c) mit der eigenen Unterschrift Froidevos, mit der Schreibweise also, die er selbst verwandte. Häufig findet sich in den Unterlagen auch die Form *Froidevaux*, die insoweit korrekter ist, als der Name französischen Ursprungs ist. In dieser Form ist er noch heutzutage in Frankreich anzutreffen (vgl. *v. Maasburg*, Oberste Justizstelle, S. 165).

[2] *v. Wurzbach*, 4. Teil (1858), S. 381 f.

[3] *v. Maasburg*, Oberste Justizstelle, S. 165.

[4] *v. Maasburg*, Oberste Justizstelle, S. 165; Österreichische National-Encyklopädie, 2. Bd., S. 235.

[5] *v. Maasburg*, Oberste Justizstelle, S. 165.

1782 wurde Froidevo zum Rat beim niederösterreichischen Appellationsgericht und schon einen Monat später zum Hofrat bei der Obersten Justizstelle befördert[6]. Dort arbeitete er bis 1811 und wurde dann mit 75 Jahren auf eigene Bitte „mit dem vollen Gehalt"[7] in den Ruhestand versetzt. 1785 war Froidevo in den Ritterstand erhoben worden. Er starb am 15. August 1811 in Weidling bei Wien[8].

Nach allgemeiner Beurteilung zeichneten Froidevo Scharfsinn und Kenntnisreichtum aus. Bei Verfassung des Entwurfs der AGO kam ihm seine Fähigkeit, klar und im Ausdruck präzis zu formulieren, zustatten[9].

Daß Froidevo neben seiner juristischen Tätigkeit, die er mit großem Erfolg bis wenige Monate vor seinem Tode ausübte, noch Zeit für andere Dinge fand, zeigen seine Freizeitbeschäftigungen. In der Wiener Vorstadt Rossau besaß er einen Garten, in dem er eine Seidenkultur betrieb. Außerdem gehörte ihm ein Weingarten in Grinzing, in dem er Rebsorten aus den südlichen Teilen der Monarchie anpflanzte und veredelte[10].

2. Die Arbeiten der CompCoon bis zur Fertigstellung des ersten Entwurfs

Der Wechsel im Amt des Referenten führte in der Arbeit der Kommission zu keinem Bruch. Froidevo schuf keineswegs ein völlig neues Gesetz unter Nichtbeachtung alles vorher Geleisteten, wie die Würdigung seines Werkes in der Literatur manchmal vermuten läßt[11]. Er setzte seine Arbeit vielmehr beim Exekutionsrecht fort und baute auf den Vorarbeiten Holgers auf.

Aus der Zeit, während der Froidevo Referent war, existieren keine Kommissionsprotokolle. Auch Vorträge, wie sie üblicherweise dem Staatsrat vorgelegt wurden, befinden sich nicht in den Unterlagen[12].

---

[6] *v. Maasburg*, Oberste Justizstelle, S. 165; Österreichische National-Encyklopädie, 2. Bd., S. 235.

[7] Österreichische National-Encyklopädie, 2. Bd., S. 235.

[8] *Hampeis*, Erster Band, S. 64.

[9] Urteile über die Fähigkeiten Froidevos: *v. Maasburg*, Oberste Justizstelle, S. 165; *v. Zeiller*, Beitrag zur Gesetzeskunde IV, S. 8; *Protabevera*, Materialien I, S. 302.

[10] Österreichische National-Encyklopädie, 2. Bd., S. 235; außerdem besaß Froidevo von 1783 bis 1789 ein Gut in Oberrohrbach bei Korneuburg (*Kamshoff*, S. 52).

[11] So z. B. *v. Domin-Petrushevecz*, S. 49; *Klein-Bruckschwaiger*, Jur. Bl., 1967, 192, 194.

[12] *v. Canstein*, Erster Band, § 13, S. 167, ist der Auffassung, die CompCoon habe kein Protokoll geführt. Er schließt dies aus der Tatsache, daß Froidevo

Der Fortgang der Arbeiten läßt sich somit nur an Hand der Staatsratsprotokolle verfolgen.

Die Zusammensetzung der CompCoon hatte sich seit 1768 geändert. Vorsitzender war — wie erwähnt — Sinzendorf. Holger, Pelser, Zenker und Curti waren Mitglieder geblieben. Neu hinzugekommen waren die Hofräte Stampach und Martini[13] und Froidevo als Referent.

a) In der Zeit zwischen dem 19. April 1774[14], als Froidevo sein erstes Referat vor der CompCoon hielt, und dem 5. September 1775, als der erste Gesetzesentwurf der AGO dem Staatsrat zur Begutachtung vorgelegt wurde, trug die CompCoon nur zehnmal zu einzelnen Themen aus der AGO dem Staatsrat vor.

Bedenkt man, daß die AGO mehr als 400 Paragraphen umfaßt und Holger zum Exekutionsrecht allein mehr als 30 Vorlagen für den Staatsrat vorbereitet hatte, so ist dies eine verschwindend geringe Zahl.

Man kann daraus nur schließen, daß in der CompCoon in den wesentlichen Fragen Einigkeit bestand. Da eine solche Übereinstimmung aber nicht erreicht worden wäre, wenn die Vorschriften im Detail in der CompCoon beraten worden wären, liegt die Vermutung nahe, daß Froidevo seine Vorlagen weitgehend selbständig und mit bis in die Einzelheiten gehenden Regelungen ausgearbeitet hat, der Kommission also fertige Teile des Gesetzes zur Beratung und Abstimmung vorlegte, mit denen er sich weitgehend auch durchsetzte[15].

Die oft geäußerte Meinung dürfte richtig sein, daß Froidevo den Entwurf von 1775, der sich von der später als Gesetz verabschiedeten AGO nicht sehr wesentlich unterscheidet, weitgehend selbst verfaßt und formuliert hat, daß Froidevo der eigentliche Verfasser der AGO ist. Diese Leistung muß um so mehr bewundert werden, als die Berufung Froidevos zum Referenten, wie dargestellt, nicht unumstritten war und er mit nur 38 Jahren Holger ablösen mußte, der als Jurist angesehen und seit Jahrzehnten in Gesetzgebungskommissionen tätig war.

---

bei den Deputationsberatungen 1779 hinzugezogen wurde, um mit seinen Stellungnahmen das fehlende Protokoll zu ersetzen. *v. Chorinsky*, S. 104, meint dagegen, das Protokoll sei verlorengegangen. Ich halte die Auffassung Cansteins für richtig. Die Begründung der Teilnahme Froidevos an den Deputationsberatungen erscheint einleuchtend. Vor allen Dingen ist es sehr unwahrscheinlich, daß sämtliche Protokolle verlorengegangen sind, auch wenn es sich bei den Beständen großenteils um Brandakten handelt. Wie bei anderen Protokollen wären Reste oder Hinweise noch auffindbar.

[13] Vgl. 1. Teil, III. Kap., Fn. 48.

[14] Zum Datum vgl. *v. Canstein*, Erster Band, § 13, S. 167.

[15] Nach *Beidtel*, Erster Band, S. 25 f., Fn. 8, hat Froidevo zunächst die gesamte Gerichtsordnung entworfen und dann insgesamt der CompCoon vorgetragen.

Nach Abschluß der Arbeiten am Exekutionsrecht beschäftigte sich die CompCoon mit dem Beweisverfahren[16]. Bereits im November 1774 folgte ein Vortrag über die Rechte und Pflichten der Advokaten[17].

Es erstaunt, daß über die grundlegenden Probleme der Prozeßordnung, wie z. B. über die Grundsätze der Schriftlichkeit oder Mündlichkeit des Verfahrens oder über die Einführung der Untersuchungs- oder Verhandlungsmaxime, keine Vorlagen zum Staatsrat erfolgten. In den späteren Beratungen bildete beispielsweise die Frage der Schriftlichkeit oder Mündlichkeit des Verfahrens einen Schwerpunkt der Diskussion und führte, da man sich nicht einigen konnte, zu nicht unerheblichen Verzögerungen.

Froidevo und mit ihm die Kommission begnügten sich nicht damit, erbländisches Recht zur Grundlage des neuen Gesetzes zu machen. Gesetze anderer Staaten und zahlreiche Literatur wurden herangezogen. Das läßt sich allerdings den sehr spärlichen Quellen dieser Zeit nicht entnehmen. Canstein[18], dem noch vollständige Unterlagen zur Verfügung standen, berichtet, daß Froidevo sich auf französisches, sardinisches und dänisches Recht berufen habe und in den Vorträgen die entsprechenden Gesetzes- oder Literaturstellen zitiert gewesen seien.

b) Für die umsichtige Arbeitsweise und vielseitige Erkundigung ist aber nicht nur die Verwendung anderer als der erbländischen Rechtsquellen charakteristisch. Auch die Zusammenarbeit mit anderen staatlichen Stellen und den Ständen ist hierfür ein Beweis. Für zwei Fälle einer solchen Beteiligung anderer Institutionen gibt es noch Belege in den Akten. Sie sollen als Beispiele zur Veranschaulichung der Arbeitsweise der Kommission dienen.

---

[16] Vortrag der CompCoon vom 6. September 1774 (StRPr 2431/1774 v. 20. September) über den Zeugeneid; Vortrag der CompCoon v. 25. Oktober 1774 (StRPr 2977/1774 v. 22. November) über Erfüllungs- und Ablehnungseid; Vortrag der CompCoon vom 29. November 1774 (StRPr 3115/1774 v. 6. Dezember) über den Beweis durch Handlungsbücher.

[17] Vortrag der CompCoon v. 29. November 1774 (StRPr 3170/1774 v. 13. Dezember).

[18] *v. Canstein*, Erster Band, § 13, S. 169, unter Berufung auf die nicht mehr vorhandenen Vorträge der Kommission im Staatsrat. Außerdem erwähnt er (S. 182) einen Hilfsapparat, der bei der Verfassung der AGO benutzt worden sein soll. Das Verzeichnis mit dem Titel: „Autores, qui in compilando codice judiciario consuli possunt" habe 115 Werke der Gesetzgebung und Literatur umfaßt. Als Beispiele sind aufgeführt: Die Landesordnungen Böhmens, Mährens und Tirols, die Landrechts- und Gerichtsordnungen Österreichs ob und unter der Enns, Steiermarks, Kärntens und Krains, sowie die Stadtrechte Böhmens, der Landrechtsentwurf Österreichs unter der Enns, der Gerichtsordnungsentwurf von Peetz und der Entwurf Azzonis, die Werke von Schwarzenthaler, Suttinger, Thasser, Greneck, Weingärtler, Finsterwalder, Kyblin, Prosskowski, Weingarten, Serponte, Feigl und ein Collegium practicum von Azzoni, das bayrische, württembergische und pfälzische Landrecht, die Ge-

aa) Am 6. September 1774[19] hatte die Kommission im Staatsrat den Vorschlag gemacht, den Ständen das Privileg zu nehmen, ihre Zeugenaussagen schriftlich und ohne Ablegung eines Zeugeneides machen zu dürfen. Die Befreiung des Adels vom Zeugeneid war ein sehr altes Privileg, das durch Kaiser Ferdinand II. 1627 schriftlich bestätigt worden war, das aber schon lange vorher, gewohnheitsrechtlich anerkannt, bestanden hatte. Auch Maria Theresia hatte es 1755 erneuert[20].

Die CompCoon begründete ihren Antrag, das Privileg aufzuheben, damit, daß es für den Adel ohne jeden Nutzen sei, die allgemeine Glaubhaftigkeit und Beweiskraft von Zeugenaussagen aber mindere[21]. Dieses Privileg sei in doppelter Hinsicht ungerechtfertigt. Die Bevorzugung der Stände stelle einmal eine Benachteiligung anderer Personen mit gleichem Verdienst dar. Zum anderen gelte es für den Adel nur im Zivilprozeß und auch hier nur mit Ausnahmen. Im peinlichen Gerichtsverfahren müsse auch der Adel schwören. Es sei aber kein Grund ersichtlich, warum der Adel vor demselben Gericht in dem einen Verfahren zum Eid verpflichtet sei, in dem anderen sich dieser Pflicht unter Hinweis auf sein Privileg entziehen könne.

Die Kaiserin gab der Hofkanzlei auf, zu dieser Frage Stellung zu nehmen. Das Gutachten der Hofkanzlei vom 14. Oktober 1774[22] beschränkte sich darauf, die rechtlichen Möglichkeiten eines Privilegienentzuges zu prüfen.

Bei dem Eidesprivileg handele es sich um eine die Stände „in corpore" betreffende Angelegenheit. Zudem sei das Privileg in den Gesetzen und Länderverfassungen begründet. Eine Aufhebung des Privileges sei daher nur aus drei Gründen möglich. Entweder müsse ein Mißbrauch durch die Stände vorliegen — ein solcher Mißbrauch könne aber nicht festgestellt werden —, oder das Privileg müsse für den Staat nachteilig sein. Auch das sei nicht erweislich. So bleibe nur die Möglichkeit, daß die Stände in die Aufhebung einwilligten. Die Hofkanzlei schlug daher vor, die Stände zu befragen.

Auf Anordnung der Kaiserin erging am 28. Oktober 1774 ein Schreiben an sämtliche Landesregierungen, in dem ihnen aufgetragen wurde,

---

richtsordnungen von Sachsen, Holstein, Hamburg, Passau, das Projekt des preussischen Codex Fridericianus, die Werke des sächsischen Prozesses von König, Rothchitz, Termineus und des gemeinen deutschen Prozesses von Gaill, Rosbach, Wehner, Brunnemann, Struve, Stryck und Ludovici.

[19] StRPr 2431/1774 v. 20. September.

[20] Hofkanzlei, K. 1889: so angegeben im Schreiben der Landeshauptmannschaft Österreichs o. d. E. v. 22. November 1774.

[21] Die Begründung der CompCoon ist wiedergegeben in einem Schreiben der Hofkanzlei an die Kaiserin v. 14. Oktober 1774 (Hofkanzlei, K. 1889).

[22] Hofkanzlei, K. 1889.

die Stellungnahme der Stände zum Vorschlag der CompCoon einzuholen[23].

Mit Ausnahme der schlesischen Stände waren die Antworten durchweg ablehnend[24]. Als Begründung wurde angeführt, daß der Nutzen nicht im Tatsächlichen, sondern im Moralischen zu suchen sei. Eine Aufhebung des Privileges sei der Ehre des Adels um so nachteiliger, als allgemein der Eindruck entstehen müsse, die Entziehung habe ihren Grund in einem Mißbrauch des Privileges durch die Stände. Denn gerade als eine Belohnung für Redlichkeit und Treue sei dieses Privileg angesehen worden.

Die Hofkanzlei faßte das Ergebnis der Befragung in einem Vortrag zusammen und schloß sich der Meinung des Adels an, das Privileg beizubehalten[25].

Dem folgte die Kaiserin in ihrer Resolution vom 19. Mai 1775[26]. Der CompCoon wurde jedoch befohlen, den Paragraphen über die Eidespflicht allgemein abzufassen, ohne das Privileg des Adels zu erwähnen. Diese kaiserliche Weisung wurde in § 155 des Entwurfs befolgt[27], in dem es heißt: „Jeder Zeuge soll ... einen Eid ablegen." Allerdings wurde in § 161 der AGO, der § 155 des Entwurfs entspricht, das Privileg wieder ausdrücklich aufgenommen.

bb) Ein weiteres Beispiel für die Hinzuziehung anderer Institutionen, zumal wenn diese von den neuen Regelungen selbst betroffen wurden, war die Befragung des Kommerzienhofrates in Wien[28].

Es ging dabei um Umfang und Dauer der Beweiskraft von Handelsbüchern vor Gericht. Nachdem zusätzlich von der Kommerzienhauptintendanz und der Kaufmannsbörse in Triest, von dem Merkantil- und Wechselgericht in Wien und von der niederösterreichischen Regierung Gutachten hierzu eingeholt worden waren, entschied sich die Kaiserin ausdrücklich für die Meinung des Kommerzienhofrates, den Handelsbüchern unter Kaufleuten unbeschränkte Beweisdauer einzuräumen[29].

---

[23] Hofkanzlei, K. 1889.

[24] Hofkanzlei, K. 1889: In diesem Karton befinden sich die Antworten der Stände aus Österreich ob der Enns, Innerösterreich, Kärnten, Krain, Schlesien, Görtz, Gradisca und Böhmen. Die Schreiben sind in der Form, dem Stil der Zeit entsprechend, durchweg untertänig, in der Sache aber sehr bestimmt.

[25] Hofkanzlei, K. 1889: Vortrag vom 13. Mai 1775.

[26] StRPr 2431/1774 v. 20. September und 1311/1775 v. 13. Mai; außerdem in: Hofkanzlei, K. 1889, als Vermerk auf den Vortrag der Hofkanzlei geschrieben.

[27] OJ HC, Protoc. B. 207, S. 6.

[28] OJ HC, Protoc. B. 81, S. 25: Dieser Protokollstelle kann auch entnommen werden, daß bei den Beratungen über das mündliche Verfahren bei den Regimentsgerichten der Hofkriegsrat Schnelte anwesend war.

[29] StRPr 3115/1774 vom 6. Dezember.

c) Am 5. September 1775, knapp 18 Monate nach dem Amtsantritt Froidevos, wurde der Kaiserin der vollständige Entwurf der Gerichtsordnung vorgelegt. In dem diesen Entwurf begleitenden Vortrag hob die Kommission hervor[30], daß man sich um eine kurze und deutliche Schreibart bemüht habe. Die Motive zu den einzelnen Vorschriften seien nicht in das Gesetz aufgenommen worden. Dies war bei den ersten drei Büchern des Codex so gehandhabt und heftig kritisiert worden[31].

Folgende Prinzipien, auf deren Verwirklichung bei der Kodifizierung besonders geachtet worden sei, hob die Kommission in ihrem Vortrag hervor:

— mit der AGO sei jeder Verfahrensunterschied, ob er sich aus dem Streitgegenstand oder dem Stand der Person ergeben habe, beseitigt worden;
— um die Kabinettsjustiz abzuschaffen, habe man insbesondere auf die Bewilligung der Restitution im Gnadenweg durch den Hof verzichtet;
— die dilatorischen Fristen und Termine seien eingeschränkt worden;
— man habe den Exekutivprozeß[32] abgeschafft, damit gegen niemanden mehr vollstreckt werden könne, ohne ihn vorher zu hören;
— die Exekution könne nun zügiger durchgeführt werden, da die zahlreichen Möglichkeiten, die Vollstreckung zu behindern, weggefallen seien;
— die Gerichtstaxen richteten sich in Zukunft nach dem Wert des Streitgegenstandes und nicht mehr — wie bisher — nach der Art der vom Richter oder dem Gerichtspersonal vorgenommenen Tätigkeit.

Viele von der Kommission als Erfolg hervorgehobene Neuerungen sollten später Anlaß zu Auseinandersetzungen und erneuten Beratungen sein. Die im Entwurf getroffenen Entscheidungen wurden vielfach rückgängig gemacht oder verwässert. Das Kapitel über die Gerichtstaxen wurde aus der AGO fortgelassen und die Entscheidung hierüber auf einen späteren Zeitpunkt verschoben.

d) Der Entwurf umfaßte 446 Paragraphen, aufgeteilt in 41 Kapitel. Er wurde zunächst den Mitgliedern des Staatsrates zur Stellungnahme überlassen. Auf einer gemeinsamen Sitzung des Staatsrates und der CompCoon sollten nach dem Willen der Kaiserin die von den Staats-

---

[30] Dieser Vortrag ist nicht mehr erhalten; vgl. *v. Canstein*, Erster Band, § 13, S. 170.

[31] Vgl. 1. Teil, III. Kap., Fn. 25.

[32] Im Exekutivprozeß konnte der Gläubiger, der seinen Anspruch mit Urkunden belegte, auf Antrag in das Vermögen des Schuldners vollstrecken, ohne daß dieser zuvor gehört worden war.

räten vorgebrachten Bedenken und Änderungswünsche erörtert werden[33]. Der Staatsrat teilte Sinzendorf den Entschluß der Kaiserin mit und bestimmte den 24. November 1775 als Beratungstag. Von der CompCoon nahmen Froidevo, Holger und Stampach teil[34].

Das Ergebnis dieser gemeinsamen Sitzung ist in der Resolution vom 19. Dezember 1775 festgehalten[35].

Es wurden zunächst acht Änderungen des Gesetzes — davon keine grundsätzlicher Natur — angeordnet. Vier Änderungen betrafen Fragen der Fristgewährung und Fristverlängerung im schriftlichen Verfahren. In zwei Punkten wurden redaktionelle Versehen berichtigt.

Lediglich zwei Änderungen waren von größerer Bedeutung. Das 24. Kapitel „Von den Urtheilen" wurde völlig umgestellt. Die an sich vorgesehenen zehn Paragraphen wurden auf fünf verkürzt. Es fielen die Bestimmungen fort, die die Beschlußfassung durch die Gerichte regelten. Diese sollten einer eigenen Gerichtsinstruktion vorbehalten bleiben. In diesem Zusammenhang erteilte der Staatsrat der CompCoon den Auftrag, ein Gutachten über die Beschlußfassung der Gerichte, insbesondere über die Frage zu erteilen, ob der Vorsitzende an das Abstimmungsergebnis des Rates gebunden sein sollte.

Die zweite wichtige Änderung betraf das Appellationsverfahren. Nach Auffassung des Staatsrates sollte die in der Appellation siegreiche Partei einen Anspruch auf Schadenersatz haben, wenn sie auf Verlangen des Gegners vor Einlegung des Rechtsmittels eine Sicherheitsleistung hatte erbringen müssen.

e) In der Resolution vom 19. Dezember 1775 wurde der weitere Gang des Gesetzgebungsverfahrens festgelegt[36].

aa) Als erstes sollten die Länderstellen zum 41. Kapitel der AGO, also zur Regelung der Taxen, befragt werden[37]. Die Umstellung in der Berechnung der Taxen nach dem jeweiligen Streitwert ließ befürchten, daß die Einnahmen der Gerichte erheblich zurückgingen, zumindest bei einzelnen Gerichten Verluste auftreten konnten. Da aber viele Gerichtsbeamte aus den Taxen ihr Einkommen bezogen, waren durch die ge-

---

[33] StRPr 2327/1775 v. 19. September: Billett der Kaiserin an Hatzfeld.

[34] *v. Canstein*, Erster Band, § 13, S. 170.

[35] Das Datum ist *v. Canstein*, Erster Band, § 13, S. 171, entnommen. In dem StRPr (2327/1775 v. 19. September) findet sich eine Resolution, die inhaltlich der entspricht, die *v. Canstein* zitiert. Das scheinbar falsche Datum im StRPr — 19. September — erklärt sich daraus, daß Resolutionen o. ä. sehr häufig unter ein Protokoll mit früherem Datum gesetzt wurden, wenn sie inhaltlich zu diesem Protokoll gehörten.

[36] StRPr 2327/1775 v. 19. September 1775. Zu dem Datum vgl. 1. Teil, IV. Kap., Fn. 35.

plante Neuregelung nicht nur die Interessen dieser Beamten betroffen. Auch für die Staatskasse befürchtete man Einbußen, da etwaige Verluste der Gerichtsbeamten ausgeglichen werden mußten.

Am 2. Januar 1776 wurde der Obersten Justizstelle aufgetragen, gutachtliche Äußerungen zu dieser Frage bei den Länderstellen einzuholen[38]. Es wurde eine Frist bis zum 31. März 1776 gesetzt.

Lediglich Niederösterreich und das Banat antworteten bis zu diesem Termin. Innerösterreich bat um Fristverlängerung. Die anderen Länderstellen reagierten überhaupt nicht[39]. Sinzendorf schlug daher vor[40], das Kapitel über die Taxen, das mit den übrigen Kapiteln der AGO ohnehin nicht in einem notwendigen Zusammenhang stehe, fortzulassen und die Gerichtsordnung ohne das 41. Kapitel zu veröffentlichen. Der Vorschlag wurde genehmigt[41]. Die damit vollzogene Trennung der Taxordnung von der AGO wurde auch bei Inkrafttreten der AGO mehr als fünf Jahre später beibehalten. Die Taxordnung wurde wenige Monate nach der AGO als selbständiges Gesetz publiziert. Von einer Berechnung der Gerichtstaxen nach dem Streitwert hatte man allerdings abgesehen[42].

bb) Da die AGO auch an den Merkantilgerichten gelten sollte, wurde der Kommission aufgetragen, den Handelsstand über das neue Gesetz zu informieren[43]. Eine solche Absprache sei dem „Credit" nützlich und nehme „de(m) Handelsstand den Vorwand, als ob man ihme in Wechselsachen eine Gerichts Ordnung ohne dessen vorläufiger Einvernehmung zugemuthet . . ." habe.

Eine gemeinsame Sitzung der CompCoon mit den Vertretern des Merkantil- und Wechselgerichtes und des Kommerzienhofrates, Hackher und Raab, wurde am 13. Februar 1776 abgehalten[44] und eine Abän-

---

[37] StRPr 2327/1775 v. 19. September, Bl. 4.

[38] OJ HC, K. 231, NÖ, Fz. 105/1 a: Nota v. 2. Januar 1776.

[39] Dies kann einem Schreiben Sinzendorfs (ohne Datum, wahrscheinlich von Anfang April 1776) entnommen werden (Hofkanzlei, K. 1889).

[40] Hofkanzlei, K. 1889, das bereits zitierte Schreiben ohne Datum, wahrscheinlich Anfang April 1776 (vgl. 1. Teil, IV. Kap., Fn. 39).

[41] Hofkanzlei, K. 1889: Resolution v. 9. April 1776, an den Rand des Briefes von Sinzendorf geschrieben.

[42] Patent v. 1. November 1781 (JGS Nr. 28) mit Ergänzung v. 5. April 1782 (JGS Nr. 39).

[43] StRPr 2327/1775 v. 19. September, Bl. 5, 6.

[44] *v. Canstein*, Erster Band, § 13, S. 171.

[45] StRPr 530/1776 v. 5. März.

[46] StRPr 2327/1775 v. 19. September, Bl. 5.

[47] Hofkanzlei, K. 1889; vgl. 1. Teil, IV. Kap., Fn. 39.

derung einzelner Bestimmungen beschlossen, damit die Wechselinhaber die Vorzüge behielten, die ihnen das Wechselrecht gewährte[45].

cc) Weiterhin wurde der CompCoon aufgetragen, sich zu der Frage zu äußern, in welchem zeitlichen Abstand zu der Publizierung die AGO in Kraft treten könne[46]. In dem bereits zitierten Schreiben Sinzendorfs von April 1776[47] schlug er eine Frist von sechs Monaten vor und beantragte gleichzeitig, mit der Übersetzung der AGO ins Lateinische, Böhmische und Italienische beginnen zu dürfen. Beiden Vorschlägen stimmte die Kaiserin zu[48].

dd) Die letzte Anweisung war die schwerwiegendste. Sie trug zum vorläufigen Scheitern der AGO bei.

In der genannten Resolution vom 19. Dezember 1775[49] wies die Kaiserin auf einige „Dispositiva" in dem Entwurf hin, die mit einzelnen Gesetzen in den Ländern nicht übereinstimmten.

Damit waren die Bestimmungen gemeint, die auf materielles Recht Bezug nahmen, wie z. B. die Regelung über die Urkunden. Trat hier ein Widerspruch zu Bestimmungen in den Ländergesetzen auf, so bestand nach Ansicht der Kaiserin die Gefahr, daß diese indirekte Einflußnahme zu der Unsicherheit führte, ob das speziellere Ländergesetz weiterhin galt oder durch die AGO aufgehoben war.

Es sei daher notwendig, die betreffenden Ländergesetze durch besondere Verordnungen aufzuheben oder zu ändern. Die CompCoon habe daher den Entwurf nochmals zu überprüfen und entsprechende Verordnungen vorzubereiten.

Sinzendorf nannte in seinem Schreiben von April 1776[50] zwölf Bestimmungen, die in einem Gegensatz zu ländergesetzlichen Regelungen stehen könnten, z. B. die §§ 112 - 116 des Entwurfs über die Handels- und Handwerksbücher[51], § 263 des Entwurfs über die Gültigkeit des Vergleichs[52], einige Bestimmungen über die Forderungspfändung und bestimmte Paragraphen in den Kapiteln 32 bis 35 über die Moratorien, Schuldner- und Gläubigerrechte zur Abwendung des Konkurses und über die „restitutio in integrum".

Sinzendorf sprach sich gegen den Plan der Kaiserin aus, die ländergesetzlichen Regelungen in besonderen Verordnungen aufzuheben. Die

---

48 Hofkanzlei, K. 1889: Resolution v. 9. April 1776, auf den Brief Sinzendorfs geschrieben.

49 StRPr 2327/1775 v. 19. September, Bl. 5.

50 Hofkanzlei, K. 1889.

51 OJ HC, Protoc. B. 81, S. 180 - 185.

52 OJ HC, Protoc. B. 207, S. 94.

Bestimmungen der AGO seien so präzise gefaßt, daß Unsicherheiten nicht entstehen könnten. Zudem würden die landesrechtlichen Gesetze in vielen Fällen durch die AGO nicht aufgehoben, sondern nur präzisiert und inhaltlich klargestellt. Schließlich enthalte die AGO weitgehend nur prozessuale Regelungen. Materielles Recht sei, wie beispielsweise im Beweisverfahren, nur insoweit erfaßt, als es für den Prozeß, nicht aber außerhalb des Prozesses von Bedeutung sei.

Besondere Aufhebungsverordnungen halte er nur bezüglich der Bestimmungen über die Handels- und Handwerksbücher und speziell für Böhmen über den Realarrest für erforderlich. Zwar seien auch diese Bestimmungen der AGO in ihrem Inhalt nicht zweifelhaft. Viele Leute, für die die Regelungen über die Handelsbücher sehr wichtig seien, würden sich aber einen Text der AGO nicht beschaffen, so daß es auf diese Weise zu Unwissenheit und Irrtümern kommen könne.

Auch diese Vorschläge Sinzendorfs wurden durch die kaiserliche Resolution gebilligt[53].

f) Am 8. Juli 1776 wurde der Entwurf der AGO sanktioniert, seine Drucklegung und Übersetzung wurden angeordnet[54]. Die Publizierung war für den 31. Oktober 1776 vorgesehen[55]. Am 1. Mai 1777 hätte die AGO nach dem Vorschlag Sinzendorfs in Kraft treten können.

Am 13. August 1776 übersandte die CompCoon den Entwurf und das Publikationspatent an die Hofkanzlei mit der Bitte, den Druck zu veranlassen[56]. Zugleich wurden auch die Verordnungen mitgeschickt, durch die einzelne Gesetze in den Ländern aufgehoben werden sollten[57].

Da Ihre Majestät, so teilte Sinzendorf der Hofkanzlei mit, die besondere Kundmachung dieser Gesetze genehmigt und befohlen habe, solle die Hofkanzlei wegen der hierfür erforderlichen Patente das Notwendige veranlassen[58].

Mit einer Note vom 7. September 1776 bestätigte die Hofkanzlei der CompCoon, alles zur Publizierung der AGO Notwendige in die Wege

---

[53] Hofkanzlei, K. 1889: Resolution vom 9. April 1776, auf den Brief Sinzendorfs geschrieben.

[54] *v. Canstein*, Erster Band, § 13, S. 172.

[55] Im folgenden wird dieser Entwurf als Entwurf von 1776 oder Entwurf 1776 bezeichnet, da in diesem Jahr seine Sanktionierung erfolgte.

[56] Hofkanzlei, K. 1889: Nota des Sinzendorf v. 13. August 1776.

[57] Das Publikationspatent und die Verordnungen sind nicht erhalten. Sie werden in den Schreiben Sinzendorfs aber als beigefügt erwähnt (Hofkanzlei, K. 1889: Schreiben des Sinzendorf v. 13. August 1776).

[58] Hofkanzlei, K. 1889: „... zumalen Ihre Majestät ... zu begnehmigen, und anzubefehlen geruhet, daß vorstehende Gesätze (vorher hatte er die einzelnen Änderungsgesetze aufgezählt) besonders kund gemacht werden sollen; als wird auch über diese zu erlassende Patenten Einer Löbl. k. k. b. ö. Hofkanzley die beliebsame Verfügung überlassen ...“.

geleitet zu haben[59]. Im letzten Satz dieses Schreibens bat die Hofkanzlei, „annoch die beliebige Mittheilung des Aufsatzes von dem Patente über die nach Inhalt des allergnädigst begnehmigten Hof-Coon-Antrags besondern kund zu machende Gegenstände nebst dessen darüber eingeholter A. h. approbation“ zu übersenden, damit auch diese Gesetze — gemeint waren die Verordnungen, durch die einzelne gesetzliche Bestimmungen in den Ländern aufgehoben werden sollten — gedruckt und publiziert werden könnten. Ohne kaiserliche Genehmigung dürfe nämlich kein „im allerhöchsten Namen ergehende(s) Patent“ publiziert werden.

Am 16. Dezember 1776 beantragte die CompCoon bei der Hofkanzlei, den Druck zu sistieren. Die Hofkanzlei antwortete, ohne das fehlende Patent hätte der Druck ohnehin nicht veranlaßt werden können[60].

---

[59] Hofkanzlei, K. 1889: Nota der Hofkanzlei vom 7. September 1776.

[60] *v. Canstein*, Erster Band, § 13, S. 172, meint, das Kundmachungspatent zur AGO habe noch gefehlt. Nach dem oben wiedergegebenen Schreiben der Hofkanzlei vom 7. September 1776 fehlte aber das Kundmachungspatent zu den Änderungsgesetzen, die gleichzeitig mit der AGO in Kraft treten sollten.

V. Kapitel

Das Scheitern des Entwurfs von 1776

Vom Herbst 1776 an wurde die AGO wieder als Entwurf behandelt. Die Gründe des Scheiterns sind unklar.

1. In der Literatur vertretene Meinungen

a) Harrasowsky[1] sieht den Grund in dem zunehmenden Widerstand einflußreicher Kreise gegen eine einheitliche, in allen Erbstaaten geltende Gesetzgebung. Er zitiert zwei Vorträge aus dem Jahre 1780, in denen sich Seilern, der Nachfolger Breuners als Präsident der Obersten Justizstelle, gegen einheitliche Gesetze für alle Erbstaaten ausspricht. Beide Vorträge sind noch erhalten[2]. Ihnen mag auch eine bestimmte, damals bei Hof vorherrschende Stimmung gegen eine Universalisierung der Gesetze entnommen werden können. Über die konkreten Vorgänge im Herbst 1776, auf Grund derer die Publizierung der AGO unterblieb, können sie nichts aussagen.

b) Canstein[3] glaubt wie Harrasowsky, daß die zunehmende Gegnerschaft gegen eine einheitliche Gesetzgebung, vor allem bei der Obersten Justizstelle, die Publizierung der AGO verhindert hat.

c) Voltelini[4] sieht die Gründe des Scheiterns in der konservativen Grundhaltung des österreichischen Senats der Obersten Justizstelle und damit auch einiger Mitglieder der CompCoon. Er zitiert einen Vortrag Bourgignons[5], in dem dieser die Vorzüge des geltenden Rechts in Galizien, das 1772 zu Österreich gekommen war, preist. Voltelini zitiert Äußerungen Sinzendorfs, Holgers, Zenkers und Goldeggs[6], denen sich entnehmen lasse, daß man der Kodifizierung eines allgemeinen Geset-

---

[1] *v. Harrasowsky*, Codification, S. 140 ff.

[2] OJ HC, K. 7, Fz. 4/6: Vortrag Seilerns v. 30. März 1780: in diesem Vortrag äußerte sich Seilern zu einigen preussischen Verordnungen, insbesondere zu ihrer Anwendbarkeit für Österreich. OJ HC, K. 7, Fz. 4/7: Dieser zweite Vortrag v. 13. Juni 1776 ist von der Obersten Justizstelle unter dem Vorsitz Seilerns verfaßt. Referent war Kees.

[3] *v. Canstein*, Erster Band, § 13, S. 172.

[4] *v. Voltelini*, S. 51 ff.

[5] *v. Voltelini*, S. 52.

[6] *v. Voltelini*, S. 52.

zes am liebsten dann zugestimmt hätte, wenn in ihm das Fortbestehen aller ländergesetzlichen Unterschiede bestätigt worden wäre.

2. Stellungnahme

Die in der Literatur geäußerten Ansichten mögen zutreffend sein. Sie sind aber zu allgemein, um die Entwicklung im Herbst 1776 zu erklären. Wesentliche Fakten bleiben unberücksichtigt.

a) Es wurde bereits darauf hingewiesen, daß das Patent zu den Änderungsgesetzen noch fehlte[7]. Es besteht daher die Vermutung, daß für den Widerstand gegen das Inkrafttreten der AGO Länderinteressen ausschlaggebend waren.

b) In diesem Zusammenhang ist es interessant, daß ein weiteres Vorhaben der CompCoon im Herbst 1776 scheiterte, das ebenfalls in die Rechte der Länder eingegriffen hätte.

aa) Die CompCoon hatte dem Staatsrat am 28. November 1775 einen Plan überreicht, in dem eine Neuordnung der Gerichtsorganisation in Niederösterreich vorgeschlagen wurde. Die Reformversuche des Jahres 1768[8] waren wieder aufgenommen worden[9]. Hierüber sollten nun die Hofkanzlei und die Oberste Justizstelle nach Anhören der Länderbehörden ein gemeinschaftliches Gutachten erstellen.

Der Plan der CompCoon selbst ist nicht erhalten. Seine Grundzüge lassen sich jedoch den gutachtlichen Äußerungen über ihn entnehmen.

Die vorhandenen Gerichtsstellen sollten mit Ausnahme einiger kleinerer Gerichte beibehalten werden[10]. Jedoch wollte man die Zuständigkeiten so verteilen, daß allgemein ein Gerichtsaufbau mit drei Instanzen geschaffen wurde, von dessen Bestehen der Entwurf der AGO ausging. Der Adel sollte sich in erster Instanz an das Landrecht wenden. Für die übrigen Einwohner waren die bürgerlichen Gerichte und die Ortsgerichte als unterste Instanz zuständig.

Dieser Plan wurde allgemein als „unnütz, unnötig und ... schädlich"[11] abgelehnt. Mit Blick auf die AGO wurde bemerkt, daß sich diese als Verfahrensgesetz nach den bestehenden Jurisdiktionsverhältnissen zu richten habe und daß nicht umgekehrt die Gerichtsorganisation der AGO angepaßt werden dürfe[12].

---

[7] Vgl. 1. Teil, IV. Kap., Fn. 60.

[8] Vgl. 1. Teil, III. Kapitel, 1 b).

[9] OJ HC, K. 231, NÖ, Fz. 105/1 a: das Gutachten selbst ist nicht erhalten, wohl aber das Begleitschreiben, mit dem dieses an die Hofkanzlei zur Stellungnahme geschickt worden war.

[10] OJ HC, K. 231, NÖ, Fz. 105/1 a: Gutachten der OJSt v. 1. April 1776.

[11] So die Hofkanzlei, Zitat aus dem Gutachten der OJSt, OJ HC, K. 231, NÖ, Fz. 105/1 a, Bl. 1 (Blattangaben vom Verfasser).

Den vorhandenen Akten kann nicht entnommen werden, wie diese allgemeine Ablehnung einer Neuordnung der Gerichtsorganisation bei Hof aufgenommen worden ist. Da die Reform der Gerichte erst in den Jahren nach 1780 erfolgte, zwischenzeitlich hierüber aber wiederholt beraten wurde, steht fest, daß sich die Gegner einer Neuordnung 1776 durchgesetzt haben.

Eine kurze Randnotiz der Kaiserin vom 11. September 1776 stellt den zeitlichen Zusammenhang zwischen der Ablehnung einer Neuorganisation der Gerichte und dem Scheitern der AGO her[13]. Maria Theresia waren die Akten zur Neuorganisation der Gerichte überreicht worden. Sie bestimmte, daß sie Kaiser Joseph vorgelegt werden sollten, wobei sie mutmaßte, daß es „nicht leicht zu Abänderung deren Stellen jemahl" kommen würde „wegen der grossen Confusion, was in allen Kanzleys verursacht als auch deren grossen Kosten".

So kam es im Herbst 1776 weder zur Publikation der AGO noch zur Neuorganisation der Gerichte[14].

Das bedeutete aber keineswegs eine endgültige Erledigung des Problems. In den folgenden Jahren war diese Frage immer wieder Gegenstand von Gutachten, Beratungen und Resolutionen, bis die Reform schließlich nach 1780 begonnen und auch durchgeführt wurde[15].

---

[12] OJ HC, K. 231, NÖ, Fz. 105/1 a: Gutachten der OJSt, Bl. 10. Nur das Gutachten der Obersten Justizstelle ist noch vollständig erhalten. Zu seinen Verfassern zählten auch Mitglieder der CompCoon, nämlich Hartig, Pelser und Goldegg. Referent war Haan, der später noch als Kritiker am Entwurf der AGO hervortreten sollte.

[13] Koller-Akten 1, Nr. 44: Randvermerk unter einer Nota v. 11. September 1776.

[14] Es fehlt zwar ein schriftlicher Beleg über die ausdrückliche Ablehnung der Neuorganisation. Durch die später folgenden Reformversuche wird dies aber eindeutig bewiesen.

[15] Es sollen aus den Jahren 1777 bis Anfang 1780 nur einige Beispiele genannt werden: Nota ohne Datum aus dem Jahre 1777 über den Plan der CompCoon zur Gerichtsreform (Koller-Akten 1, Nr. 44).

Nota Kaiser Josephs als Mitregent an seine Mutter vom 13. Februar 1778 (Koller-Akten 1, Nr. 44): Es sei nach seiner Ansicht an der Zeit, „dass die schon so lange im ungewissen obschwebende Justizreform hier in Niederoesterreich einmal behoben und zur Rechte gebracht werde". In sechs Grundsätzen formuliert er sodann die wichtigsten Forderungen, die an eine Reform zu stellen wären, wobei er unter Bezugnahme auf die „so wohl verfasste Gerichtsordnung" einen Dreiinstanzenaufbau vorschlägt. Auch die übrigen Grundsätze stimmen inhaltlich mit dem Gutachten der CompCoon vom November 1775 überein (vgl. 1. Teil, V. Kap., Fn. 9). Die Nota enthält auch Vorschläge über die personelle Besetzung der leitenden Stellen. Seilern sollte Präsident der OJSt werden, Sinzendorf Präsident des Appellationsgerichtes in Niederösterreich. Beide erhielten diese Posten 1779, bzw. 1782. Für Froidevo war eine Stelle als Stadtanwalt vorgesehen.

Nota des Staatssekretärs Koller an die Kaiserin v. 22. April 1780 (Koller-Akten 1, Nr. 44) über ein Gespräch mit Froidevo zur Gerichtsreform.

bb) Sicher ist es kein Zufall, daß die CompCoon, die den Entwurf der AGO verfaßt hatte, auch Vorschläge zur Neuorganisation des Gerichtswesens unterbreitete, daß beides — Entwurf und Reformvorschläge — im Herbst 1776 scheiterte und daß die AGO endlich doch zur selben Zeit wie die Bestimmungen über die Gerichtsreform in Kraft trat. Dieser Zusammenhang hat seinen Grund darin, daß die AGO an den 1776 bestehenden Gerichten gar nicht hätte eingeführt werden können.

An zwei Beispielen wird dies deutlich:

1. Der Entwurf von 1776 unterschied — wie auch später die AGO — zwischen einem schriftlichen und einem mündlichen Verfahren. Das mündliche Verfahren sollte nur auf dem Lande, bei geringen Streitwerten und sogenannten liquiden Klagen[16] Anwendung finden. Im übrigen sollte schriftlich verfahren werden. Bei den für das schriftliche Verfahren vorgesehenen Fristen war keine Rücksicht darauf genommen worden, daß z. B. in Böhmen viele Gerichte nur zu bestimmten Zeiten im Jahr zusammentraten (sog. judicia temporanea). An diesen Gerichten hätten die in der AGO vorgeschriebenen Fristen nicht eingehalten werden können.
2. Die AGO setzte, worauf bereits hingewiesen wurde, einen dreiinstanzlichen Gerichtsaufbau voraus. Da es in einzelnen Ländern vier, in anderen nur zwei Instanzen gab, hätten die Vorschriften über die Rechtsmittel ohne Änderung der Gerichtsorganisation nicht zur Anwendung kommen können.

Wegen dieses notwendigen Zusammenhangs zwischen Gerichtsorganisation und Gerichtsverfahren kann mit Bestimmtheit davon ausgegangen werden, daß die AGO im Jahre 1776 zumindest auch aus dem Grunde nicht publiziert worden ist, weil die Pläne zur Reform der Gerichtsorganisation sich nicht verwirklichen ließen. Ob daneben die in der Literatur angeführten Gründe zusätzlich gegeben waren, läßt sich nicht ausschließen, findet aber in den Materialien des Jahres 1776 keine Stütze[17].

Es bleibt festzuhalten, daß die geplante Änderung der Gerichtsorganisation ebenso wie die geplante Aufhebung einzelner Ländergesetze, die beide zur Vorbereitung der AGO notwendig waren, in die Rechte der Länder eingriffen. Obwohl sich hierzu aus den Akten nichts ergibt,

---

[16] Wenn der geltend gemachte Anspruch mit schriftlichen Urkunden belegt werden konnte, vgl. 1. Teil, IV. Kap., Fn. 32 zum Exekutivprozeß.

[17] In dem bereits zitierten Schreiben Sinzendorfs v. 25. Januar 1781 (vgl. 1. Teil, III. Kap., Fn. 11) heißt es zu der Unterbrechung des Jahres 1776: „... dass aber selbe (sc. die AGO) hernach bey veränderten a. h. Gesinnungen durch einige Jahre erliegen geblieben, ...". Dies ist die einzige — aus der damaligen Zeit noch erhaltene — persönliche Stellungnahme zu der Sistierung des Kodifizierungsverfahrens. Sie verrät über die Gründe nur so viel, daß die Publizierung auf kaiserliche Anordnung hin unterblieb.

steht zu vermuten, daß der Widerstand gegen ein Inkrafttreten der AGO aus den Ländern bzw. aus Kreisen kam, die an einer größeren Eigenständigkeit der Länder interessiert waren.

Insoweit stimmt das Ergebnis dieser Untersuchung mit den in der Literatur geäußerten Ansichten überein.

c) Ein weiterer Umstand mag zur Verzögerung in der Behandlung der AGO beigetragen haben. Am 16. Januar 1777 starb der Präsident der Obersten Justizstelle Breuner[18]. Erst im Jahre 1779 trat Seilern, der Sohn des ersten Präsidenten der Obersten Justizstelle, die Nachfolge Breuners an. In der Zwischenzeit führte Sinzendorf, der seit 1771 Vizepräsident der Obersten Justizstelle war[19], das Amt des Präsidenten interimistisch. Diese zusätzliche Arbeitsbelastung mag auch ein Grund dafür gewesen sein, daß Sinzendorf sein Amt als Vorsitzender der CompCoon nicht in dem gewohnten Umfang hat wahrnehmen können.

---

[18] *v. Maasburg*, Oberste Justizstelle, S. 91.

[19] *v. Maasburg*, Oberste Justizstelle, S. 91.

VI. Kapitel

Erneute Überprüfungen des Entwurfs von 1776

Der Entwurf von 1776 wurde in den folgenden Jahren erneut begutachtet und überprüft.

1. Die Anmerkungen von vier italienischen Rechtsgelehrten

Der bereits ins Italienische übersetzte Entwurf wurde vier italienischen Rechtsgelehrten zur Stellungnahme vorgelegt. Es waren dies der Florentiner Auditor[1] Guiliano Tosi, der Auditor aus Siena Popeo da Musappo Signorini, der Auditor aus Pisa Bartolomeo Martini[2] und der Professor an der Universität Pisa Guadagno[3].

Jeder überprüfte den Entwurf unabhängig von den anderen[4]. Das Ergebnis war kein umfassendes Gutachten, sondern eine Reihe kritischer Anmerkungen zu einzelnen Paragraphen. Tosi unterbreitete 29, Signorini 12, Martini 11 und Guadagno 6 Änderungsvorschläge[5]. Dies war im Verhältnis zu den über 400 Paragraphen des Entwurfs ein für die CompCoon sehr günstiges Ergebnis[6].

Keine der Anmerkungen stellte einen Angriff auf die Grundsätze des Entwurfs dar. Es blieb bei einer Kritik an Einzelregelungen. Jeder dieser Vorschläge wurde zudem in einer Stellungnahme, die wahr-

---

[1] In Italien zur damaligen Zeit übliche Bezeichnung für Mitglieder höherer Gerichtshöfe.

[2] Nicht zu verwechseln mit Karl Anton Freiherr von Martini, vgl. 1. Teil, III. Kap., Fn. 48.

[3] OJ HC, K. 231, NÖ, Fz. 105: Promemoria ohne Datum und Unterschrift; vgl. außerdem *v. Canstein*, Erster Band, § 13, S. 172 f. Nach *Beidtel*, Erster Band, S. 26, Fn. 8, wurde diesen vier Gelehrten der „geheime Auftrag" erteilt, über den Entwurf ein Gutachten abzugeben.

[4] Das ergibt sich aus dem genannten Promemoria (1. Teil, VI. Kap., Fn. 3), OJ HC, K. 231, NÖ, Fz. 105.

[5] Diese Anmerkungen sind, wenn auch in kaum lesbarem Zustand, noch erhalten (OJ HC, K. 231, NÖ, Fz. 105/1 a).

[6] Darauf verweist der Verfasser des erwähnten Promemorias (1. Teil, VI. Kap., Fn. 3) mit sichtlichem Stolz (OJ HC, K. 231, NÖ, Fz. 105): „Überhaupt haben sich erst bemeldete Rechtsgelehrten ohne sich mit einander ... abreden zu können, doch einmüthig ... kennet, dass obgedachte Gerichts Ordnung aus den reinsten Quellen der Rechts-Wissenschaft geschöpfet ... alle ... lichkeit und Kürze verfasset ..." (Die ausgelassenen Stellen sind nicht mehr lesbar).

scheinlich von der CompCoon erarbeitet worden war, zurückgewiesen und die im Entwurf vorgesehene Regelung ausdrücklich verteidigt[7].

In der 1781 publizierten Fassung der AGO sind neun dieser Anmerkungen berücksichtigt. In jedem dieser Fälle war freilich dieselbe Kritik auch von anderer Seite vorgebracht worden, so daß nicht einmal feststeht, ob die Anmerkungen der vier Gutachter für die vorgenommenen Änderungen ursächlich waren.

Im Ergebnis blieb die Arbeit der italienischen Juristen ohne Einfluß auf die AGO.

2. Das Gutachten Haans

Weitergehend und an die Grundsätze der AGO rührend war dagegen ein Gutachten des Hofrates Haan[8], das dieser auf Anordnung der Kaiserin zum Entwurf der AGO und den vier Arbeiten der italienischen Gelehrten fertigte.

Anfang 1779 legte Haan seine Stellungnahme der Kaiserin vor, die in dem Begleitschreiben des Sekretärs des Staatsrates Koller vom 1. April 1779 als mit „vieler Einsicht und Gründlichkeit abgefaßt" bezeichnet wurde[9].

In einem Schreiben an die Kaiserin[10] nennt Haan die Schwerpunkte seiner Kritik an der AGO: es dürfe nicht fast ausschließlich das schriftliche Verfahren gelten; um die „restitutio in integrum" müsse wie bisher bei der Revisionsstelle nachgesucht werden, der Antrag an den erstinstanzlichen Richter sei nur der Beginn eines neuen langen Prozesses; der Exekutivprozeß müsse erhalten bleiben; ein Beweisinterlokut führe zu einer Verdoppelung der Prozesse[11]; vor allem solle die AGO nur das Verfahren regeln, weder neues Recht schaffen, noch bestehendes Recht abändern. Jede materiellrechtliche Bestimmung müsse aus der AGO entfernt werden[12].

---

[7] OJ HC, K. 231, NÖ, Fz. 105/1 a: ebenfalls sehr schlechter Erhaltungszustand.

[8] Koller-Akten 5, Nr. 314 (1779).

[9] Koller-Akten 5, Nr. 314: Nota v. 1. April 1779.

[10] Koller-Akten 5, Nr. 314: Schreiben ohne Datum.

[11] Bei einem Beweisinterlokut wird das streitige Verfahren durch ein Beweisurteil, das ein bedingtes Endurteil ist, abgeschlossen. Danach werden die Beweise erhoben und nach Abschluß des Beweisverfahrens das Beweisurteil bestätigt oder aufgehoben. Streitiges Verfahren und Beweisverfahren sind also durch ein Urteil getrennt.

[12] Unter „materiellem Recht" verstand Haan alle Bestimmungen, die über eine reine Verfahrensordnung hinausgingen. So durfte nach Haans Ansicht geregelt werden, wie Beweise zu erheben waren. Welcher Beweiswert ihnen zukam, war dagegen bereits materielles Recht.

Haan schlug vor, aus den beiden Senaten der Obersten Justizstelle, dem österreichischen und dem böhmischen Senat, eine Deputation aus „unverfangenen“[13] Räten zu bilden und dieser Deputation eine Überprüfung der AGO mit sämtlichen Anmerkungen und Änderungsvorschlägen aufzutragen.

3. Die Überprüfung des Entwurfs durch die Deputation

Die Kaiserin folgte dem Vorschlag Haans. In einem Billett an die Oberste Justizstelle ordnete sie am 20. April 1779[14] an, unter dem Vorsitz des Hofrates Cavriani eine Deputation zu bilden, die den Entwurf der AGO mit den hierzu vorliegenden kritischen Äußerungen erneut begutachten sollte.

a) Am 9. Juni 1779 begann die Deputation ihre Beratungen[15]. Zur Deputation gehörten außer dem Vorsitzenden Cavriani die Hofräte Haan, Pelser und Kees vom österreichischen Senat, Pregent, Kronenfels und Wiesenthal vom böhmischen Senat[16]. Später kam Goldegg als Kenner ober- und niederösterreichischen Rechts hinzu[17]. Referent der Deputation war Kees[18]. Auf Anordnung der Kaiserin hatte auch Froidevo als Referent der CompCoon an den Sitzungen teilzunehmen[19].

Zu Beginn der ersten Sitzung wurde hervorgehoben — was erneut den Zusammenhang zwischen der AGO und der Reform der Gerichtsorganisation beweist —, daß eine allgemeine Gerichtsordnung nur schwerlich in Kraft treten könne, solange die Unterschiede in den Länderverfassungen und der Gerichtsorganisation bestünden[20]. Diese Frage wurde aber nicht zur Diskussion gestellt, da die Aufgabe dieser Depu-

---

[13] Koller-Akten 5, Nr. 314: Schreiben Haans ohne Datum.

[14] StRPr 604/1779 v. 20. April.

[15] Nach *v. Canstein*, Erster Band, § 13, S. 174, hatte bereits am 26. April 1779 eine Sitzung stattgefunden, auf der aber das Gesetz noch nicht beraten wurde. Das Protokoll, das vollständig erhalten ist (OJ HC, Protoc. B. 81), beginnt aber erst am 9. Juni 1779.

[16] OJ HC, Protoc. B. 81, S. 3, Sitzung v. 9. Juni 1779.

[17] Erstmalig in der Sitzung vom 14. Februar 1780 (OJ HC, Protoc. B. 81, S. 329). Ursprünglich sollte für Innerösterreich der aus Graz stammende Rechtsrat Heiliger zugezogen werden. Obwohl seine „Liefergelder“ bereits bewilligt waren, wurde diese Anordnung später zurückgenommen. Vgl. hierzu: Koller-Akten 7, Nr. 524: Nota des Koller v. 13. Dezember 1779; OJ HC, K. 231, NÖ, Fz. 105/1 a: Nota des Kollowrath, Präsident der Hofkammer, v. 24. Dezember 1779, durch die die innerösterreichische Regierung zur Zahlung von 300 Gulden angewiesen wurde.

[18] Franz Georg Ritter von Kees (1747 - 1799), Hofrat bei der OJSt (vgl. hierzu *Kleinheyer / Schröder*, S. 328).

[19] StRPr 604/1779 v. 20. April.

[20] OJ HC, Protoc. B. 81, S. 3, Sitzung v. 9. Juni 1779.

tation lediglich darin bestehe, den Entwurf der AGO, so wie er sei, kritisch zu prüfen und nicht seine praktische Durchführbarkeit zu untersuchen.

Die Deputation beriet in der Folgezeit jede Vorschrift des Entwurfs, verglich sie mit den bereits vorliegenden Gutachten und Anmerkungen und einigte sich am Ende auf eine eigene Stellungnahme. Beschloß man, eine Vorschrift abzuändern, so wurde ein Formulierungsvorschlag ausgearbeitet[21].

Während die italienischen Gutachten kaum Berücksichtigung fanden, folgte die Deputation in der überwiegenden Anzahl der Fälle einem fünften Gutachten, das nur als das „anonymische" Gutachten oder das Gutachten des „Anonymus" bezeichnet wurde. Während der gesamten Beratungen wurde die Identität dieses anonymen Gutachters nicht bekannt, und selbst Canstein, der die Materialien noch ohne Brandschäden vorliegen hatte, spricht nur vom Gutachten des „Anonymus"[22].

Mit ziemlicher Sicherheit handelt es sich bei den „anonymischen" Anmerkungen um das Gutachten Haans, das dieser im Auftrag der Kaiserin verfaßt und durch Koller hatte überreichen lassen[23].

Für diese Annahme lassen sich drei Gesichtspunkte anführen.

Zum einen stimmt das „anonyme" Gutachten mit den Anmerkungen Haans inhaltlich überein. Zwar ist das Gutachten, auf das sich die Deputation bezieht, nicht bei den Unterlagen. Das Deputationsprotokoll enthält aber eine ausführliche Wiedergabe, die einen Vergleich mit den Anmerkungen Haans erlaubt. Zu jedem Paragraphen, zu dem der anonyme Gutachter zitiert wird, gibt es auch eine Anmerkung Haans mit einer inhaltsgleichen Kritik.

Zudem hatte die Kaiserin ausdrücklich angeordnet, daß der Entwurf *und* die ihr vorliegenden Anmerkungen zu prüfen waren. Diese Anweisung hatte die Kaiserin gegeben, nachdem Haan ihr seine gutachtliche

---

[21] Diese Formulierungsvorschläge finden sich nicht im Protokoll der Deputation. Sie werden nur im Protokoll der CompCoon aufgeführt. Es ist daher anzunehmen, daß sie nach der Sitzung vom Referenten Kees erarbeitet und der CompCoon übergeben wurden. Es bestehen allerdings Unstimmigkeiten zwischen dem Protokoll der Deputation und der Wiedergabe des Deputationsvorschlags im Protokoll der CompCoon. Was im Kommissionsprotokoll als Vorschlag der Deputation aufgeführt wird, entspricht in einigen Fällen nicht dem Beratungsergebnis im Deputationsprotokoll. Eine Erklärung hierfür ist den Unterlagen nicht zu entnehmen. Denkbar wären Irrtümer oder Eigenmächtigkeiten des Referenten, der wahrscheinlich die Vorlagen für die CompCoon verfaßt hat.

[22] *v. Canstein,* Erster Band, § 13, S. 172: Dieser „Anonymus" muß nach Auffassung *v. Cansteins* ein „hervorragender" Jurist gewesen sein.

[23] Vgl. Erster Teil, VI. Kapitel, 2., mit den Nachweisen in den Fußnoten 9 und 10.

Stellungnahme eingereicht hatte. Das Gutachten Haans wird bei den Beratungen der Deputation aber nicht erwähnt. Dabei bestand keine Veranlassung, die Ausführungen Haans nicht in die neuerliche Überprüfung mit einzubeziehen. Haan hatte sich sehr viel gründlicher zu der AGO geäußert als die italienischen Gutachter. Er hatte die AGO auch sehr viel grundsätzlicher angegriffen.

Schließlich war es zur damaligen Zeit nicht unüblich, den Namen eines Kritikers oder Gutachters geheimzuhalten, um eine vorurteilslose Prüfung zu gewährleisten[24].

Canstein[25] berichtet von einer feindlichen Stimmung, die die Deputation Froidevo entgegengebracht hätte. Davon ist in den Protokollen allerdings nichts zu spüren.

Am 9. September 1779 legte die Deputation dem Staatsrat den ersten Teil ihrer Arbeit, die Kritik zu den §§ 1 - 56, vor[26]. Die Anmerkungen wurden an die CompCoon zur Stellungnahme weitergereicht[27].

b) Als die Deputation am 13. November 1779 ihr zweites Protokoll vorlegte (§§ 57 - 95), ordnete die Kaiserin an, daß zur Beschleunigung in Zukunft auf eine Vorlage der Protokolle verzichtet werden solle. Deputation und CompCoon sollten auf gemeinsamen Sitzungen die Vorschläge der Deputation erörtern. Nur dann, wenn sich für keinen der Vorschläge eine Mehrheit finde, sollten die Protokolle dem Staatsrat zur Entscheidung vorgelegt werden[28].

Die erste gemeinsame Sitzung fand am 24. November 1779 statt. Es folgten weitere Sitzungen am 1. und 15. Dezember 1779[29].

Schon bald stellte sich heraus, daß diese gemeinsamen Sitzungen ineffektiv bleiben mußten. In den strittigen Fragen beharrten beide Kommissionen auf ihren Ansichten, so daß es fast stets einer staatsrätlichen Entscheidung bedurft hätte. Daher wandte sich Froidevo am 10. Dezember 1779 an Koller und trug ihm seine Bedenken gegen diese gemeinschaftlichen Sitzungen vor[30]. Die Auffassungen seien zu gegen-

---

[24] z. B. hatte 1768 Horten den Auftrag erhalten, die ersten drei Bücher des Codex zu überarbeiten. Auch dies geschah zunächst ohne Bekanntgabe seines Namens. Erst als Horten neuer Referent wurde, gab man die Anonymität auf (vgl. *v. Harrasowsky*, Umarbeitungen, I. Band, S. 1 f.).

[25] *v. Canstein*, Erster Band, § 13, S. 174 f.

[26] StRPr 1355/1779 v. 9. September.

[27] OJ HC, K. 231, NÖ, Fz. 105/1 a: Billett an Seilern v. 30. September 1779; der Wortlaut des Billetts findet sich auch im StRPr 1355/1779 v. 9. September.

[28] Das Billett der Kaiserin an Seilern v. 18. November 1779, in dem diese Anordnung getroffen wurde, ist wiedergegeben im Sitzungsprotokoll der ersten gemeinsamen Sitzung von Deputation und CompCoon: OJ HC, Protoc. B. 81, S. 461 ff., Sitzung v. 24. November 1779.

sätzlich. Die Räte der Deputation gingen von ihren einmal gefaßten Meinungen nicht ab. Es bedürfe in fast jedem Falle der Entscheidung eines unbeteiligten Dritten. Schneller und besser käme man zu einem Ergebnis, wenn die Deputation wie bisher ihre Protokolle vorlegte, die CompCoon ihrerseits hierzu Stellung nähme und alsbald der Staatsrat die strittig gebliebenen Probleme entschiede.

Koller unterstützte bei der Kaiserin den Vorschlag Froidevos[31]. Der Staatsrat könne mit seinen Beratungen über die bisher vorliegenden Protokolle der Deputation sofort beginnen, da Froidevo ihm versichert habe, die noch fehlende Stellungnahme der CompCoon innerhalb kürzester Zeit vorzulegen.

Die Kaiserin ließ sich von den Argumenten Froidevos überzeugen und hob am 2. Januar 1780 die gemeinsamen Beratungen zwischen Deputation und CompCoon auf[32].

c) Bis zum Juni 1780 tagte die Deputation wieder allein. Am 16. Juni 1780 beendete sie, wenigstens vorläufig, ihre Arbeiten an der AGO. Zwar trat sie im September 1780 erneut zusammen. Es wurden aber nur noch einzelne, zunächst nicht berücksichtigte Kapitel behandelt, die — wie beispielsweise das Konkursverfahren — für die Fertigstellung der AGO von geringerer Bedeutung waren. Bourgignon wurde wegen seiner Kenntnisse des galizischen Rechts als neues Mitglied zur Deputation berufen.

Auf Anordnung der Kaiserin[33] sollte die Deputation ab Januar 1780 ihre Stellungnahme nicht mehr wie bisher dem Staatsrat vorlegen. Sie mußte sie unmittelbar an die CompCoon weiterreichen. Die CompCoon hatte die Vorschläge der Deputation zu beraten und nur noch dann eine Entscheidung des Staatsrates einzuholen, wenn sie sich der Meinung der Deputation nicht anschloß. Die Mitwirkung des Staatsrates blieb somit auf die streitig gebliebenen Fragen beschränkt. Über diese sollte der Staatsrat unter Vorsitz von Hatzfeld zusammen mit den Mitgliedern von Deputation und CompCoon Cavriani, Kees und Froidevo entscheiden und die Ergebnisse dann der Kaiserin vorlegen.

Vergleicht man die Effektivität sämtlicher Beratungen und Überprüfungen des Entwurfs seit 1776, so hat im Ergebnis die Deputation unter

---

[29] OJ HC, Protoc. B. 81, S. 473 ff. und S. 487 ff.

[30] Die Äußerungen Froidevos lassen sich dem Schreiben Kollers an die Kaiserin vom 11. Dezember 1779 entnehmen (Koller-Akten 6, Nr. 390).

[31] Koller-Akten 6, Nr. 390: Schreiben Kollers vom 11. Dezember 1779.

[32] StRPr 1941/1779 v. 31. Dezember: Billett an die OJSt v. 2. Januar 1780.

[33] StRPr 1941/1779 v. 31. Dezember: Billett an die OJSt v. 2. Januar 1780.

Einfluß des Haanschen Gutachtens die nachhaltigste Wirkung auf die Kodifizierungsarbeiten zur AGO ausgeübt. Zwar unterscheidet sich die AGO von dem Entwurf 1776 nur in relativ wenigen Bestimmungen. Diese Änderungen, vor allem in den ersten Kapiteln, in denen die Grundsätze des Prozesses festgelegt sind, lassen sich aber überwiegend auf die Mitwirkung der Deputation zurückführen.

4. Die weiteren Beratungen der CompCoon

Wann die CompCoon ihre Beratungen zur AGO wieder aufgenommen hat, läßt sich nicht eindeutig ermitteln. Das seit 1780 erhaltene Protokoll beginnt erst am 12. Juli 1780 mit der Behandlung der §§ 149 ff.[34].

Die Zusammensetzung der CompCoon hatte sich seit 1776 geändert. Sinzendorf war Vorsitzender geblieben. Zu Martini, Zenker, Holger und Froidevo waren Stampach, Horden[35] und von der Deputation Kees hinzugekommen. Kees war auf Vorschlag Cavrianis zu den Sitzungen der CompCoon hinzugezogen worden, um als Referent der Deputation deren Standpunkt zu erläutern[36]. Er blieb auch nach Abschluß dieser Arbeit bei der CompCoon.

Die CompCoon beriet erneut den gesamten Entwurf. Schwerpunkt der Erörterungen waren naturgemäß die kritischen Anmerkungen der Deputation. In den meisten Fällen wies sie die von der Deputation vorgetragenen Änderungswünsche zurück. In einigen Fällen, vor allem in den ersten drei Kapiteln, erfolgten jedoch vielfach Umstellungen, und etliche Vorschriften wurden auch sachlich neu gefaßt.

5. Die Entscheidung der streitig gebliebenen Fragen durch die staatsrätliche Kommission

Am 30. Mai 1780 trat die staatsrätliche Kommission erstmals zusammen, die nach dem Willen der Kaiserin[37] die offengebliebenen Fragen zwischen Deputation und CompCoon entscheiden sollte[38]. Vorsitzender dieser Kommission war Hatzfeld. Kommissionsmitglieder waren die Staatsräte Kresel, Gebler und Löhr, der Kanzleidirektor des Obristhof-

---

[34] OJ HC, Protoc. B. 207, S. 1 ff.

[35] Es handelt sich hierbei wohl um Johann Bernhard Horten, Referent des Codex Theresianus (vgl. 1. Teil, III. Kap., 2 a); zu Horten: *Kleinheyer / Schröder*, S. 327). Die Schreibweise wechselt zwischen „d“ und „t“, in den Protokollen überwiegt *Horden*.

[36] StRPr 66/1780 v. 10. Januar.

[37] Vgl. 1. Teil, VI. Kap., Fn. 33.

[38] Zu den Sitzungen dieser Kommission sind keine Materialien erhalten. Zum Zeitraum, in dem sie tagte, und zur Besetzung der Kommission vgl. *v. Canstein*, Erster Band, § 13, S. 77 ff.

marschallamtes Kienmayer und die Präsidenten und Referenten von CompCoon und Deputation, Sinzendorf, Froidevo, Cavriani und Kees.

Die Kommission tagte bis zum 6. Februar 1781 siebzehnmal[39]. Sie gelangte bei ihren Beratungen aber nur bis zu § 131 des Entwurfs (= § 138 AGO).

Da Sitzungsprotokolle dieser Kommission fehlen, lassen sich die Ergebnisse ihrer Beratungen nur feststellen, wenn man den Entwurf 1776 und die Protokolle der Deputation und CompCoon mit der endgültigen Fassung der AGO vergleicht. Dabei ergibt sich, daß die Kommission häufiger dem Votum der CompCoon gefolgt ist.

Aufgrund einer kaiserlichen Resolution vom 25. Januar 1781 wurden die Sitzungen der staatsrätlichen Kommission eingestellt. Nach dem Tode seiner Mutter am 20. November 1780 wollte Kaiser Joseph die fast abgeschlossenen Arbeiten an der AGO beschleunigt zu Ende führen. Er löste daher die Deputation auf, bestimmte, daß Cavriani und Kees in Zukunft Mitglieder der CompCoon sein sollten, und trug der Kommission auf, alle noch nicht entschiedenen Streitfragen zusammenzustellen[40].

In wenigen Resolutionen traf der Kaiser im März und April 1781 seine Entscheidung in den noch verbliebenen Meinungsverschiedenheiten[41].

---

[39] StRPr 320/1781 v. 11. Februar: Überreichung der 17 Kommissionsprotokolle.

[40] Die Resolution v. 25. Januar 1781 ist wiedergegeben im Sitzungsprotokoll der CompCoon v. 31. Januar 1781 (OJ HC, Protoc. B. 207, S. 213 f.). Mit dieser Resolution wurde die Deputation aufgelöst und die Sitzungen der staatsrätlichen Kommission wurden bis auf weiteres eingestellt. Ein Teil dieser Zusammenstellung ist noch erhalten: Nachlaß *Kees*, K. 5, Fz. 7, Entwurf einer AGO.

[41] Zu den §§ 135 - 230 am 6. März 1781 (StRPr 545/1781 v. 6. März); zu den §§ 230 - 342 am 16. März 1781 (StRPr 614/1781 v. 16. März). Zu den restlichen Paragraphen ist weder in den Staatsratsprotokollen noch in den Kommissionsprotokollen eine Entscheidung wiedergegeben.

VII. Kapitel

Die Publizierung und das Inkrafttreten der AGO

1. Die Publizierung der AGO am 1. Mai 1781

Unter dem Datum des 1. Mai 1781 wurde die AGO publiziert. Am 1. Januar 1782 sollte sie in Kraft treten. Die Berg-, Merkantil- und Militärgerichte waren zunächst von der Geltung ausgenommen[1].

Die kaiserliche Genehmigung zur Kundmachung und die Genehmigung des Kundmachungspatents erfolgten am 3. Mai 1781[2].

Aus den Materialien ergibt sich nicht, wer den Text der AGO in seiner endgültigen Form verfaßt hat, wer also die späteren Änderungen und Verbesserungen in den Entwurf von 1776 eingearbeitet hat. Nach Canstein[3] hat Froidevo den Text nach Abschluß der jeweiligen Beratungen redigiert. Andererseits gibt es in den Unterlagen Bruchstücke des Entwurfs von 1776, bei denen Korrekturen in der Handschrift von Kees an den Rand geschrieben sind[4], was dafür spricht, daß Kees sich zumindest mit der Textierung beschäftigt hat.

Die Übersetzung der AGO ins Böhmische, Italienische und Lateinische war bereits im Januar 1781 veranlaßt worden[5]. Mit dem Druck wurde — wie schon 1776 — der Wiener Buchdrucker Trattner beauftragt[6].

2. Die Vorbereitungen für das Inkrafttreten der AGO

Auch nach dem 1. Mai 1781 tagte die CompCoon weiter.

a) Wichtigstes Thema ihrer Beratungen war die Neuordnung der Gerichtsorganisation. Dieselben Gründe, die 1776 die Publizierung der

---

[1] Vgl. das Kundmachungspatent v. 1. Mai 1781 (JGS Nr. 13). Dieses Patent ist inhaltlich wiedergegeben in dem Anschreiben des Kaisers an sämtliche Gerichtsstellen (Patente und Circularien des StR, K. 20). Dieses Schreiben richtet sich an die Gerichte in den folgenden Ländern: Böhmen, Mähren, Schlesien, Österreich unter und ob der Enns, Steiermark, Kärnten, Krain, Görz, Gradisca, Triest, Tirol und die Vorlande.

[2] StRPr 1035/1781 v. 26. April; OJ HC, Protoc. B. 207, S. 44 ff., Sitzung v. 8. Mai 1781.

[3] *v. Canstein,* Erster Band, § 13, S. 179.

[4] z. B. OJ HC, K. 75, Fz. Gerichtsordnung der Kaiserin Maria Theresia.

[5] StRPr 145/1781 v. 17. Januar.

[6] OJ HC, Protoc. B. 207, S. 436 a ff., Sitzung v. 1. Mai 1781.

AGO verhindert hatten, verzögerten jetzt ihr Inkrafttreten. Die AGO konnte in allen Erbstaaten nur dann gleichzeitig eingeführt werden, wenn zuvor die „Judicia temporanea“[7] abgeschafft und in allen Ländern drei Instanzen eingerichtet worden waren.

Im November 1781 wurde deutlich, daß die Reform des Gerichtswesens bis zum 1. Januar 1782 nicht zu bewältigen war. Die CompCoon riet daher mehrheitlich, den Termin des Inkrafttretens auf den 1. Mai 1782 zu verschieben[8]. Diesem Vorschlag folgte der Kaiser[9].

Aber auch diese vier Monate genügten nicht, die Neuorganisation abzuschließen. Der Kaiser erwog daher, die AGO zunächst nur bei den Gerichten Österreichs einzuführen[10]. Dem widersprach jedoch die CompCoon[11] mit der Begründung, die Zeit bis zum 1. Mai sei zu kurz, um an dem festgelegten Datum noch etwas zu ändern. Kees habe im übrigen für die böhmischen Länder — hier bereitete die Reform die größten Schwierigkeiten — einen Plan ausgearbeitet, nach dem die AGO mit einigen Abänderungen wirksam werden könne, obwohl einige erst- und zweitinstanzliche Gerichte noch fehlten und auch die „Judicia temporanea“ noch fortbestünden.

Am 9. April 1782 ordnete der Kaiser daraufhin an[12], daß die AGO am 1. Mai 1782 in allen Erbstaaten in Kraft treten sollte. Zugleich erließ er einen umfänglichen Katalog von Übergangsregelungen für die böhmischen Länder, ebenso für Tirol und Innerösterreich, wo es nur zwei Instanzen gab[13].

b) Aber auch mit Vorschlägen, die AGO in ihrem Inhalt zu ändern, mußte sich die CompCoon erneut befassen.

In einem Schreiben an die Oberste Justizstelle hatte der Kaiser im November 1781 angeordnet[14], daß eine Kommission aus Räten der Obersten Justizstelle und Angehörigen verschiedener Gerichtsstellen Wiens und Niederösterreichs mit einem Mitglied der CompCoon die bevorstehende Neuordnung der Gerichte beraten sollte.

---

[7] Die nicht ständig tagenden Gerichte.

[8] OJ HC, Protoc. B. 207, S. 992 ff., Sitzung v. 20. November 1781.

[9] Die Resolution, in der diese Anordnung erging, ist im Sitzungsprotokoll v. 20. November 1781 wiedergegeben, vgl. 1. Teil, VII. Kap., Fn. 8.

[10] StRPr 873/1782 v. 24. März: mit „Österreich“ waren Österreich unter und ob der Enns gemeint.

[11] OJ HC, Protoc. B. 78, S. 134 f., Sitzung v. 6. April 1782.

[12] StRPr 1023/1782 v. 7. April.

[13] Eine weitere Übergangsregelung findet sich im Billett des Kaisers v. 20. April 1782 (OJ HC, Protoc. B. 78, Sitzung v. 24. April 1782).

[14] StRPr 2689/1781 v. 14. November: Billett an die OJSt.

Anfang 1782 legte diese Kommission — in den Materialien wird im Zusammenhang mit ihr meist der Begriff der „zusammengesetzten Stellen" verwandt — ihr Gutachten vor[15], in dem sie bemerkte, es gebe auch bei der neuen Gerichtsordnung selbst noch einige Anstände, die die Kommission vortragen wolle. Das wurde ihr vom Kaiser bewilligt[16]. Das daraufhin verfaßte zweite Gutachten enthielt ungefähr 50 Änderungsvorschläge, die einen ähnlich grundsätzlichen Angriff auf die AGO darstellten, wie ihn seinerzeit Haan und die Deputation geführt hatten[17]. So wurde auf eine unterschiedliche Behandlung der dilatorischen und der peremptorischen Einreden des Beklagten gedrungen. Außerdem sollte der Richter bestimmen, ob schriftlich oder mündlich verhandelt werde. Schließlich riet man wie Haan[18] von einer Abtrennung des Beweisverfahrens durch ein Beweisurteil ab.

Die CompCoon wies alle Vorschläge mit ausführlicher Begründung zurück[19]. Nur zwei unbedeutende Änderungen wurden nach dem 1. Mai 1781 noch vorgenommen. In dem einen Fall handelte es sich um einen Schreibfehler, im anderen Fall ging es um eine Bestimmung zum Konkursverfahren. Beide Berichtigungen wurden durch ein besonderes Circular bekanntgemacht[20].

Der Kaiser zeigte sich mit der Stellungnahme der CompCoon zufrieden. So war auch dieser letzte Versuch, das Inkrafttreten der AGO zu verhindern, gescheitert[21].

c) Ein weiteres Thema bei den Beratungen der CompCoon war die Einbeziehung der zunächst ausgesparten Gerichtszweige in den sachlichen Geltungsbereich der AGO.

---

[15] Der Inhalt dieses Gutachtens ist wiedergegeben in: OJ HC, Protoc. B. 78, S. 38 ff.

[16] StRPr 318/1782 v. 1. Februar: Billett an Seilern.

[17] Zum Inhalt dieses zweiten Gutachtens vgl. OJ HC, Protoc. B. 78, S. 84 ff.

[18] Vgl. 1. Teil, VI. Kap., Fn. 11.

[19] OJ HC, Protoc. B. 78, S. 84 ff., Sitzung v. 12. März 1782.

[20] StRPr 873/1872 v. 24. März; das Circular vom 5. April 1782 findet sich in den Patenten und Circ. des StR, K. 20.

[21] Kaunitz-Voten StR. 4, 1782/Votum 65: „Überhaupt finde ich, daß die CompCoon die von den zusammengesetzte Stellen gemachte wesentliche Einwürfe auf eine gründliche Art beantwortet hat ...". Der weitere Inhalt dieser Resolution läßt erkennen, daß die Mitglieder der „zusammengesetzten" Kommission wenigstens teilweise zu den Richtern gehörten, für die die geplante Neuorganisation der Gerichte nachteilig war. „Den mehrersten, die vorhin unter dem Hofmarschallischen oder Regierungsforo gestanden sind, und nun unter das forum civicum gezogen werden, wird solches schon an und für sich selbst empfindlich fallen. Wenn ihnen aber noch über dieses die quaestionirte Last aufgeleget werden sollte, so wäre dies in der Tat für sie zu hart."

Es kann daher nicht ausgeschlossen werden, daß dieser letzte Angriff auf die AGO auch aus eigennützigen Motiven erfolgte.

Am 9. Oktober 1781 begannen die Beratungen mit dem Hofkriegsrat über die Einführung der AGO bei den Militärgerichten[22]. Mit Gesetz vom 20. April 1782 wurde die Wirksamkeit der mit Rücksicht auf die Besonderheiten dieses Gerichtszweiges leicht geänderten AGO angeordnet[23].

Bereits im November 1781 waren die Berggerichte einbezogen worden[24]. Auch die Wechselgerichte legten ihre Änderungswünsche zur AGO vor[25]. Die Einführung der AGO erfolgte mit Patent vom 9. April 1782[26].

d) Das letzte Thema, mit dem sich die CompCoon beschäftigen mußte, um das Inkrafttreten der Gerichtsordnung vorzubereiten, betraf die Behandlung der am 1. Mai 1782 bei den Gerichten anhängigen Rechtsstreitigkeiten. Die mit Hofdekret vom 11. April 1782[27] erlassene Übergangsregelung sah vor, daß die AGO, soweit möglich, auch bei rechtshängigen Streitsachen Anwendung finden sollte. Spätestens mit Beginn des nächsten abtrennbaren Verfahrensabschnitts galt die AGO. So wurde ein bereits laufendes Beweisverfahren nach altem Recht, ein nach dem 1. Mai 1782 beginnendes Beweisverfahren nach neuem Recht durchgeführt. Dasselbe galt für die Rechtsmittelprozesse.

Die Kodifizierungsarbeiten an der AGO waren im Frühjahr 1782 abgeschlossen. Die AGO entsprach in ihren wesentlichen Grundsätzen, überwiegend sogar in ihrem Wortlaut, dem Entwurf von 1776. Alle nachfolgenden Überarbeitungen hatten dessen Charakter nicht verändert. Die eigentliche Kodifizierung der AGO erfolgte somit von April 1774 bis September 1775. Sie wird daher ganz zu Recht als ein Werk Froidevos angesehen, das unter der Regentschaft Maria Theresias geschaffen wurde.

---

[22] OJ HC, Protoc. B. 207, S. 843 ff., Sitzung v. 9. Oktober 1781.

[23] Patente und Circ. des StR, K. 20.

[24] Die Beratungen fanden im Oktober 1781 statt: OJ HC, Protoc. B. 207, S. 867 ff., Sitzung v. 17. Oktober 1781. Das Patent, mit dem die AGO, ebenfalls mit einigen Änderungen, bei den Berggerichten eingeführt wurde, datiert v. 1. November 1781 (Patente und Circ. d. StR, K. 20).

[25] OJ HC, Protoc. B. 207, S. 895 ff., Sitzung v. 31. Oktober 1781.

[26] Patent v. 9. April 1782 (JGS Nr. 41).

[27] Hofdekret v. 11. April 1782 (JGS Nr. 42). Zur Übergangsregelung außerdem: OJ HC, Protoc. B. 78, S. 116 ff., Sitzung v. 27. März 1782, und StRPr 894/1782 v. 27. März.

Zweiter Teil

Die Einzelregelungen der AGO — ihre Herleitung aus den Länderrechten und ihre Entwicklung während des Kodifizierungsverfahrens

Der Entwurf 1776 ist binnen weniger Monate verfaßt worden. Protokolle und andere Unterlagen existieren aus der Zeit seiner Entstehung nicht.

Da der Entwurf aber, dem Auftrag der Kaiserin gemäß, eine Kompilation der bestehenden Ländergesetze ist, erhält man über die Herleitung der einzelnen Bestimmungen nur Aufschluß, wenn man diese mit den entsprechenden Regelungen und Rechtsgewohnheiten in den einzelnen Erbstaaten vergleicht. Diese Arbeit wird erleichtert durch Holgers Zusammenstellung des niederösterreichischen, Waldstettens Zusammenstellung des mährischen Rechts — beide von 1753 — und den Entwurf einer Prozeßordnung von 1726, der einen Überblick über das böhmische und mährische Recht gibt.

Außerhalb der Erbstaaten geltendes Prozeßrecht ist vereinzelt in die Darstellung einbezogen, wie die Sächsische Gerichtsordnung von 1724, der Codex Juris Bavarici von 1753, die Preussische Cammer-Gerichts-Ordnung von 1748 oder die neu verfaßte Galizische Gerichtsordnung von 1774.

Im Mittelpunkt der Darstellung im zweiten Teil dieser Arbeit steht jedoch die Entwicklung, die die Bestimmungen der AGO während des Kodifizierungsverfahrens genommen haben.

Für die Zeit von 1753 bis 1776 gibt es im wesentlichen nur den Gesamtplan Azzonis und die Vorfragen Holgers. Demgegenüber sind die Materialien aus der Zeit von 1776 bis 1781 beinahe vollständig. Die vier italienischen Gutachten, das Gutachten Haans und die Protokolle von Deputation und CompCoon gewähren einen guten Überblick über die Umformungen und Veränderungen des Entwurfs von 1776 bis zur endgültigen Fassung der AGO.

Alle wesentlichen Vorschriften der AGO sind berücksichtigt. Es fehlen die Kapitel mit konkursrechtlichem Inhalt. Zwar handelt es sich auch hierbei überwiegend um Verfahrensrecht, inhaltlich gehören sie aber zu der am selben Tag publizierten Konkursordnung[1].

I. Kapitel

Der Grundsatz der Schriftlichkeit

Wie im gemeinrechtlichen Prozeß üblich[2], so wurde auch in der AGO das Verfahren wenigstens insoweit vom Grundsatz der Schriftlichkeit bestimmt, als das Urteil ausschließlich auf der Grundlage der Akten gefällt wurde. Bezogen auf die Urteilsfindung galt uneingeschränkt der Satz, der kennzeichnend für den gemeinen schriftlichen Prozeß ist: Quod non in actis, non est in mundo.

1. Die Regelung des schriftlichen und mündlichen Verfahrens in der AGO

Die AGO sah einerseits ein mündliches (2. Kapitel) und andererseits ein schriftliches Verfahren (3. Kapitel) vor. Der Unterschied bestand im wesentlichen nur darin, daß im mündlichen Verfahren die Parteien ihren Vortrag zu Protokoll des Gerichtes erklärten. Im schriftlichen Verfahren reichten sie dagegen sogenannte „Satzschriften" — nach heutigem Sprachgebrauch: Schriftsätze — ein, in denen „das Factum ... rein ohne Einmengung eines Vernunftschlusses, ohne einer Rechtsstelle erzählet" und die Beweismittel genannt werden sollten (§§ 3, 12)[3].

In beiden Fällen war der Gang des Verfahrens derselbe: der Kläger hatte zwei Schriften bzw. zwei Reden, Klage und Replik; der Beklagte konnte ihm hierauf mit Einrede und Duplik antworten (§ 2).

Auch der Abschluß des Prozesses durch Urteil erfolgte — unabhängig von der Verfahrensart — nach denselben Regeln. Der Richter verfaßte das Urteil schriftlich und ließ es ohne vorherige Verkündung den Parteien zur gleichen Zeit zustellen (§ 250). Ein Unterschied bestand nur darin, daß nach dem schriftlichen Verfahren die Akten „inrotuliert" wurden (23. Kapitel). Die für die Entscheidung erheblichen Schriftstücke wurden von den Parteien in Gegenwart einer Gerichtsperson zusammengelegt (§ 240). Diese inrotulierten Akten waren dann die Grundlage für die Urteilsfindung des Richters. Im mündlichen Verfahren dagegen bestanden die Akten aus dem Protokoll, das über die Aussagen der Parteien erstellt wurde (§ 28), und den von den Parteien eingereichten schriftlichen Beweismitteln.

---

[1] Patent v. 1. Mai 1781 (JGS Nr. 14).

[2] *Engelmann*, II, 3, S. 134.

2. Schriftliches und mündliches Verfahren in den Länderrechten

Bereits im Gesamtplan Azzonis und dem Entwurf Froidevos und ebenso in den Gerichtsordnungen der österreichischen und teilweise auch in denen der böhmischen Länder findet sich die Einteilung in schriftliches und mündliches Verfahren. Die Ausgestaltung im einzelnen und die Verteilung zwischen beiden Verfahrensarten weisen jedoch große Unterschiede auf.

a) In den böhmischen Ländern wurde der Prozeß überwiegend schriftlich geführt[4]. Vor dem Landrecht[5] und bei den Stadtgerichten[6] durfte nur schriftlich verhandelt werden.

Dementsprechend enthält der Entwurf einer Prozeßordnung von 1726, der, wie ausgeführt, allein böhmisches und mährisches Recht berücksichtigt, nur eine Darstellung des schriftlichen Verfahrens[7].

Das gilt auch für den Gesamtplan Azzonis, der ebenfalls weitgehend vom böhmischen Recht beeinflußt war. Auch in diesem Entwurf dominierte das schriftliche Verfahren[8]. Lediglich in einem Abschnitt wurde festgestellt, daß es Fälle geben mochte, „wo zu der Sachen Beschleinigung mündlichen, oder von Mund in die Feder zuverfahren gestattet wird". In Frageform ist dann kurz angefügt: „In welchen Fällen eigentlich ein mündlicher Verfahr statt habe?", ohne daß diese Fälle im einzelnen spezifiziert sind[9].

b) Dagegen wurde vor den Gerichten Wiens und Niederösterreichs weit häufiger mündlich verhandelt[10]. Zwar stimmen die Prozeßordnungen der verschiedenen Gerichte nicht in allen Einzelheiten überein. Ein allen gemeinsames Prinzip ist dennoch erkennbar, wie auch der von Holger verfaßten Zusammenstellung des niederösterreichischen Rechts entnommen werden kann[11].

---

[3] Paragraphen ohne Gesetzesangabe sind solche der AGO.

[4] *v. Chorinsky*, S. 107.

[5] Böhm. LO, C I; Mähr. LO, Nr. 116.

[6] Böhm. StadtR, A 49, § 2; nur an den bürgerlichen Untergerichten wurde noch mündlich verhandelt: PO Böhmen (1753), Art. 17; PO Schlesien (1753), Art. 17; PO Mähren (1760), Art. 17.

[7] Entwurf 1726, 3. Teil, Titel 5 (Klage), Titel 10 (Exzeptionsschrift), Titel 11 (Replik), Titel 12 (Duplik, Triplik, Quadruplik).

[8] Gesamtplan *Azzoni*, 4. Teil, 7. Abhandlung, Bl. 92 ff.

[9] Gesamtplan *Azzoni*, 4. Teil, 6. Abhandlung, 6. Abschnitt, Bl. 91.

[10] *v. Chorinsky*, S. 107.

[11] Zusammenstellung *Holger*, Bl. 147 ff.; vgl. für die anderen österreichischen Länder z. B. Hofdekret vom 8. Oktober 1778 an das i. ö. Gubernium (OJ HC, K. 131, Fz. G., St. 8892), wo im wesentlichen auf das in Niederösterreich übliche Verfahren verwiesen wird. Das mündliche Verfahren war auch vorgesehen in den älteren Gerichtsordnungen von Steyr (1622), Art. 34, Abs. 1 (S. 50) und Kärnten (1669), Art. 10, Fol. 25, 26.

Holger nennt drei übliche Verfahrensarten. Das „beschleunteste“ Verfahren[12] galt u. a. in Mietsachen, Injurienhändeln, Kostenstreitigkeiten, „pericula in mora“. In diesen Fällen wurde eine „Tagsatzung“ — d. h. ein Termin zur mündlichen Verhandlung — anberaumt. Zeigten sich hierbei Schwierigkeiten oder ergab sich, daß das Verfahren von größerer Wichtigkeit war, so wurde es in das zweite, das „beschleunte“ Verfahren[13] übergeleitet.

Dieses bildete den Regelfall[14] und verlief in vier Schriften — Klage, Einrede, Replik und Duplik. Hatte der Kläger seine Replik eingereicht, so fand eine Tagsatzung statt, zu der der Beklagte seine Duplik mitbringen oder mündlich zu Protokoll erklären mußte. Auf dieser Sitzung entschied der Richter, ob die Akten „collationiert“[15] werden konnten — so wurde die „Inrotulierung“ in den österreichischen Prozeßordnungen häufig genannt — und die Verhandlung damit beendet war oder ob im ordentlichen schriftlichen Verfahren mit insgesamt sechs Schriften weiterverhandelt werden mußte.

Im ordentlichen Prozeß hatten die Parteien dann noch je eine Schrift. Eine weitere mündliche Verhandlung fand nicht mehr statt.

Charakteristisch für den niederösterreichischen Prozeß war der Wechsel von einer Verfahrensart in eine andere. Kein Prozeß wurde im ordentlichen Verfahren begonnen. Erst im Verlauf des Prozesses, der zunächst immer ein „beschleuntester“ oder ein „beschleunter“ war, entschied der Richter, ob das Verfahren „summarisch“ oder „ordentlich“ zu führen war.

3. Die Beratungen über die Verfahrensarten

Von diesem Gegensatz zwischen österreichischem und böhmischem Recht waren die Beratungen der CompCoon und der Deputation geprägt.

a) Im Entwurf von 1776 war die schriftliche Verfahrensart die Regel, wie dies in den böhmischen Ländern üblich war (§ 12 des Entwurfs)[16]. Im schriftlichen Verfahren gab es keine Tagsatzungen. Die Parteien reichten nur ihre Satzschriften — Klage, Einrede, Replik

---

[12] Zusammenstellung *Holger*, Bl. 147.

[13] Zusammenstellung *Holger*, Bl. 148.

[14] Vgl. z. B. AdvO St- u. LG Wien (1700), §§ 37, 38; Circular an die Juristische Fakultät vom 10. Mai 1758 (OJ HC, K. 131, Fz. G., St. 5579); P u. ExO Wien (1761) unter „Erstens“.

[15] P u. ExO Wien (1761) unter „Sechzehentens“.

[16] OJ HC, Protoc. B. 81, S. 21.

[17] OJ HC, Protoc. B. 81, S. 56, 60, 73, 74.

[18] OJ HC, Protoc. B. 81, S. 33 f., 36.

und Duplik — bei Gericht ein (§§ 25, 26, 37, 38 des Entwurfs)[17]. Das Gericht veranlaßte die Zustellung an den Gegner (§ 25 des Entwurfs).

Lediglich in fünf Fällen, die in § 12 des Entwurfs einzeln aufgeführt waren, sollte mündlich verhandelt werden. Beim mündlichen Verfahren konnte der Kläger seine Klage schriftlich oder mündlich anbringen (§§ 14, 15 des Entwurfs)[18]. Der Richter setzte daraufhin eine Tagsatzung an, auf der die Parteien in je zwei Reden ihre Behauptungen und Beweismittel vortrugen. Der Parteienvortrag wurde zu Protokoll genommen (§ 23 des Entwurfs)[19], und die Akten wurden geschlossen.

Das mündliche Verfahren war in folgenden Fällen vorgesehen: auf dem Lande, in Prozessen mit geringem Streitwert, bei den Ansprüchen, die der Kläger mit der „Handschrift" des Beklagten belegen konnte, bei den Regimentern und in Merkantil- und Wechselsachen.

Den Parteien stand es jedoch frei, statt des mündlichen auch das schriftliche Verfahren zu wählen. Voraussetzung dafür war, daß sie sich hierüber einigten. Dazu war kein förmliches Übereinkommen erforderlich. Es genügte, daß der Kläger seine Klage schriftlich einreichte und der Beklagte hierauf vor dem Termin der mündlichen Verhandlung schriftlich erwiderte (§ 14 des Entwurfs)[20]. Lagen Klage und Einrede der Parteien dem Richter als Satzschriften vor, so hob er den Termin zur mündlichen Verhandlung wieder auf und leitete den Prozeß ins schriftliche Verfahren über. Bei schriftlicher Einreichung der Klage hatte es demnach der Beklagte — auch ohne ausdrückliche Einigung mit dem Kläger — in der Hand, durch schriftliche Erwiderung der Klage die Verfahrensart zu bestimmen.

b) Die Deputation, die häufig für die Einführung österreichischen Rechts votierte, äußerte in zwei Punkten Bedenken gegen den Entwurf 1776. Einmal sollte das schriftliche Verfahren nicht die Regel bilden[21], und zum anderen sollten nicht die Parteien, sondern der Richter darüber entscheiden, welche Verfahrensart im einzelnen Falle einzuhalten sei[22]. Die Deputation folgte damit den bereits in dem „anonymischen" Gutachten enthaltenen Vorschlägen[23].

Zur Begründung wurde angeführt, das schriftliche Verfahren sei zwar zuverlässiger, das mündliche Verfahren aber schneller und billiger. Auch könne der Richter in einer nur schriftlich geführten Verhandlung leichter irregeführt werden als in einem mündlichen Termin, in

---

[19] OJ HC, Protoc. B. 81, S. 48.

[20] OJ HC, Protoc. B. 81, S. 33 f.

[21] OJ HC, Protoc. B. 81, S. 22, Sitzung v. 21. Juni 1779.

[22] OJ HC, Protoc. B. 81, S. 34, Sitzung v. 28. Juni 1779.

[23] Koller-Akten 5, Nr. 314 zu § 12.

dem er die Parteien vor sich habe und in dem er das „Factum“, auf das es ankomme, leichter aufzuklären vermöge[24].

Die Deputation schlug daher vor, § 12 des Entwurfs dahin abzuändern, daß in „denen ... wichtig verwohren oder auf Zeügen Aussagen hinauslaufenden Causis (als welche der Richter nachdem er beede Theile in einer Tagsatzung gehöret leicht abnehmen kann) desgleichen bey denen Judiciis temporaneis schriftlich verfahren werde, übrigens aber dem arbitrio Judicis überlassen sein solle, ob er die Sache in eine mündlich- oder schriftliche Verfahrung einzuleiten finde“[25].

Dieser Gesetzesvorschlag der Deputation — in jedem Fall Anberaumung einer Tagsatzung, auf der dann der Richter über die Verfahrensart entscheiden sollte — entsprach der in Österreich üblichen gesetzlichen Regelung. Der Vorschlag der Deputation war aber nicht nur ein Versuch, das mündliche Verfahren stärker zu berücksichtigen. Indem der Richter an der Aufklärung des „Factums“ mehr beteiligt wurde, stärkte man gleichzeitig seine Stellung und schränkte die an sich unbestritten geltende Verhandlungsmaxime ein.

Nicht nur die Deputation unterstützte das in Österreich übliche mündliche Verfahren und stimmte gegen die im Entwurf 1776 vorgesehene Übernahme böhmischer Rechtsgrundsätze.

Eine zur gleichen Zeit wie die Deputation tagende, von der Kaiserin eingesetzte Kommission, die sich mit der Frage beschäftigen sollte, ob nicht ein „Provisorium geschaffen werden könne, durch welches der Mißbrauch des mündlichen Verfahrens und die Tagsatzerstreckungen abgeschafft werden könnten“, sprach sich mehrheitlich für eine Beibehaltung der mündlichen Verhandlung aus[26]. Dasselbe taten auch Kees und Goldegg in besonderen Voten[27].

c) Da auch die abschließenden Beratungen der CompCoon über die Einwände der Deputation keine Annäherung der gegensätzlichen Standpunkte brachten, fiel die Entscheidung zugunsten der Regelung im Entwurf 1776 in der 1780 tagenden staatsrätlichen Kommission[28].

Die Gründe, die den Ausschlag für die Einführung des schriftlichen Verfahrens gaben, lassen sich wegen der fehlenden Unterlagen nur

[24] OJ HC, Protoc. B. 81, S. 21 f., Sitzung v. 21. Juni 1779.

[25] OJ HC, Protoc. B. 81, S. 23, Sitzung v. 21. Juni 1779.

[26] Unterlagen über diese Kommission sind nicht mehr erhalten; vgl. hierzu *v. Chorinsky*, S. 107, dem auch das Zitat aus einem Billett der Kaiserin v. 16. Juni 1779 entnommen ist. Dieser Kommission gehörten an: Blümegen, Seilern, Sinzendorf, Zenker, Pergenstein, Hüttner, Kees und Kienmayer. Vgl. hierzu *Anonymus*, NZ 1863, 177 ff.

[27] *v. Chorinsky*, S. 107.

[28] Auch von diesen Kommissionssitzungen sind keine Protokolle mehr erhalten (vgl. 1. Teil, VII. Kap., Fn. 38); dazu näher: *v. Chorinsky*, S. 109.

vermuten. Einen Hinweis gibt Kees in seinem 1789 verfaßten Kommentar zur AGO. Da er sich selbst mit Nachdruck für das mündliche Verfahren eingesetzt hatte, kann man davon ausgehen, daß die in seinem Buch aufgezählten Argumente für den schriftlichen und gegen den mündlichen Prozeß mit denen übereinstimmen, die die Vertreter der CompCoon mit Erfolg im Staatsrat für ihre Vorschläge vorgebracht haben.

Nach Kees[29] ist das schriftliche Verfahren gerechter und eher geeignet, die Wahrheit zu finden. Da nicht jedermann die Gabe eines deutlichen und ordentlichen Vortrages und eines reifen Gedächtnisses gegeben sei, da auch der eifrigste Richter bei einem mündlichen Verfahren etwas überhören, auch der redlichste eine Vorliebe für diese oder jene Partei gewinnen könne, so sei es besser, daß der Referent den Parteien unbekannt bleibe und diese auch dem Referenten. Dennoch wurde Froidevos Entwurf von 1776 nicht unverändert übernommen.

Das schriftliche Verfahren blieb zwar auch in der AGO die Regel. Mündlich wurde nur in drei besonders genannten Fällen verhandelt. Insoweit stimmen § 12 des Entwurfs 1776 und § 15 fast wörtlich überein. Von den im Entwurf genannten fünf Ausnahmen wurden zwei in die AGO übernommen: mündlich verhandelt wurde auf dem Lande und in „geringschätzigen" Sachen. Neu hinzu kam die Bestimmung des § 15 c): mündlich verhandelt wurde in „Rechtshändeln, die aus einer bloß mit Worten zugefügten Unbild entstehen". Dieser Ausnahmefall erinnert an die in den österreichischen Gerichtsordnungen häufig vorkommende Bestimmung, in Injurienhändeln mündlich zu verfahren[30]. Von den drei übrigen bei Froidevo genannten Fällen entfielen zwei ganz. Die mündliche Verhandlung bei den Regimentsgerichten und den Merkantil- und Wechselgerichten wurde in besonderen Patenten angeordnet[31]. § 12 c) des Entwurfs 1776 schließlich, die Klage, die sich auf die „Handschrift des Beklagten" stützte, wurde in § 298 AGO im Vollstreckungsrecht neu geregelt[32].

---

[29] *Kees*, § 15, Anm. 1 (S. 21).

[30] AdvO St- u. LG Wien (1700), § 42; Circular v. 2. September 1779 an die n. ö. Regierung (OJ HC, K. 131, St. 9063); vgl. außerdem Zusammenstellung *Holger*, Bl. 147.

[31] Patent v. 20. April 1782, § 4 (JGS Nr. 46) für die Regimentsgerichte und Patent v. 9. April 1782, § 3 (JGS Nr. 41) für die Merkantil- und Wechselgerichte (vgl. 1. Teil, VII. Kap., Fn. 23 und Fn. 26).

[32] Somit war der Anteil der Prozesse, in denen nach der AGO mündlich verhandelt wurde, dennoch recht groß. Das geht möglicherweise auf den Einfluß Kaiser Josephs zurück, dessen Vorstellung über den Zivilprozeß durch seinen Rechtslehrer Beck geprägt waren (vgl. hierzu *Conrad*, FS Lentze, S. 68; zur Auffassung Becks vom Zivilprozeß vgl. § 25 der Prinzenvorträge, *Conrad*, FS Lentze, S. 83).

Nach § 15 konnten die Parteien die Verfahrensart frei bestimmen, nicht nur, wie im Entwurf Froidevos, das schriftliche statt des mündlichen Verfahrens wählen.

Allerdings hatte der Richter jedesmal dann eine Tagsatzung anzuberaumen — und in dieser Anordnung ist der Einfluß der Deputation noch spürbar —, wenn sich der Gegenstand der Klage nach dem Gesetz zum mündlichen Verfahren eignete oder eine der Parteien um die Einleitung des mündlichen Verfahrens gebeten hatte.

Zusammenfassend kann daher festgestellt werden, daß das in der AGO geregelte schriftliche Verfahren ganz dem vor den böhmischen und mährischen Adels- und Stadtgerichten üblichen Verfahren entspricht, daß aber auch das österreichische Recht durch die Aufnahme des mündlichen Verfahrens Berücksichtigung gefunden hat, ohne jedoch die Möglichkeit, während des Prozesses die Verfahrensart zu wechseln.

II. Kapitel

Der Einfluß des Richters und der Parteien auf Gang und Inhalt des Verfahrens

Nach der AGO bestimmten die Parteien den Gang des Verfahrens. Dem Gericht war nur die Anberaumung der Termine und die Zustellung der Satzschriften, Ladungen und Urteile vorbehalten. Mit ihren Anträgen verfügten die Parteien über den Streitgegenstand. Sie führten Tatsachen und Beweise in den Prozeß ein.

Diese heute unter den Begriffen „Amts-" und „Parteibetrieb", „Dispositions-" und „Verhandlungsmaxime" bekannten Grundsätze[1] galten in ähnlicher Ausgestaltung allgemein in den Prozeßordnungen der Erbstaaten des 17. und 18. Jahrhunderts. Die AGO enthielt insoweit keine nennenswerten Abweichungen vom geltenden Länderrecht. In den Kodifizierungsberatungen wurden die Bestimmungen, die sich auf die genannten Maximen bezogen, weitgehend widerspruchslos akzeptiert.

Dennoch brachte die AGO den Parteien ein größeres Maß an Freiheit. Die Möglichkeiten des Richters, den Bewegungsspielraum der Parteien mittelbar durch Kautionen, Eide, Strafen und Vergleichsvorschläge einzuschränken, wurden erheblich verringert.

1. Amts- und Parteibetrieb

Unter Prozeßbetrieb wird das Ingangsetzen und Inganghalten des Prozesses verstanden[2]. Je nachdem, ob dies Sache des Gerichts oder der Parteien ist, spricht man von Amts- oder Parteibetrieb. In der AGO waren diese Aufgaben zwischen Gericht und Parteien verteilt.

a) Die Parteien leiteten durch Klage (§ 1), Appellation (§ 252) und Revision (§ 260) das Verfahren in allen Instanzen ein.

Dies wurde als so selbstverständlich empfunden, daß der italienische Rechtsgelehrte Martini[3] vorschlug, § 1 — „der Richter darf nur auf eine

---

[1] Vgl. *Rosenberg / Schwab*, § 77 (S. 403), deren Terminologie und Abgrenzung auch hinsichtlich der anderen Prozeßmaximen gefolgt wird.

[2] Zur Terminologie vgl. 2. Teil, II. Kap., Fn. 1.

[3] Vgl. 1. Teil, VI. Kap., Fn. 2.

Klage hin tätig werden" — als überflüssig zu streichen, da der Richter niemals „ex officio fürgehen könne"[4].

In der Beantwortung dieses Vorschlags[5] wurde darauf hingewiesen, „hierlandes" lägen „den Richtern ... in Civilsachen verschiedene Fürkehrungen ... blos ex offo ob". Als Beispiele wurden die „Abhandlungen" bei Sterbefällen[6], die Fideikommiß- sowie die Pupillensachen[7] genannt, kurz alle die richterlichen Aufgaben, die man heute wohl der freiwilligen Gerichtsbarkeit zuordnen würde.

Diese Antwort zeigt — was an anderer Stelle der Kommissionsprotokolle deutlicher wird —, daß es bis Anfang 1780 Bestrebungen gab, die Tätigkeiten des Zivilrichters in der AGO umfassend zu regeln und sich nicht auf eine reine Prozeßordnung zu beschränken[8].

b) Aufgabe des Richters war es, den einmal begonnenen Prozeß dadurch in Gang zu halten, daß er Termine anberaumte (§ 16) und die Zustellung der Satzschriften an den Gegner veranlaßte (§§ 34, 43, 50).

Der Richter schloß das Verfahren regelmäßig mit der Bestimmung eines Termins zur Inrotulierung der Akten (§ 238). Im Regelfall erfolgte dies nur dann, wenn alle Satzschriften bei Gericht eingegangen waren. Jede Partei konnte jedoch bereits vorher die Inrotulierung beantragen, wenn der Gegner seine Satzschrift nicht in der ihm gesetzten Frist bei Gericht einreichte, mit der Erwiderung also säumig blieb (§ 239).

In diesem Punkt unterscheidet sich die AGO vom Entwurf 1776. In § 231 des Entwurfs[9] war vorgesehen, daß der Richter nach Ablauf der Frist in jedem Fall den Termin zur Inrotulierung anberaumen sollte, ohne den Eingang fehlender Schriftsätze abzuwarten.

Die AGO stärkte insoweit die Stellung der Parteien. Es lag bei ihnen, bei Säumnis des Gegners den Prozeß durch den Antrag auf Inrotulierung der Akten zu beenden oder der Gegenpartei Zeit zu lassen, das Versäumte nachzuholen.

Dem entsprachen die ebenfalls neu gefaßten §§ 39, 46, 52, nach denen die Parteien ihre Satzschriften auch nach Ablauf der Frist noch bei

[4] OJ HC, K. 231, NÖ, Fz. 105/1 a, *Martini* zu § 1.

[5] OJ HC, K. 231, NÖ, Fz. 105/1 a, Antwort zu Martini § 1.

[6] Nachlaßsachen.

[7] Angelegenheiten der Unmündigen und Waisen.

[8] OJ HC, Protoc. B. 81, S. 474 f., Sitzung der CompCoon und Deputation vom 1. Dezember 1779: Haan und Kees waren der Ansicht, daß der vorliegende Entwurf von 1776 nur eine Prozeßordnung sei. Eine Gerichtsordnung, die zu entwerfen wünschenswert sei, müsse auch alle die sonstigen richterlichen Tätigkeiten regeln.

[9] OJ HC, Protoc. B. 207, S. 60.

Gericht einreichen konnten, solange die Inrotulierung noch nicht beantragt war.

Nach dem Entwurf 1776 ging jede Satzschrift mit Ablauf der Frist verloren[10].

Nicht nur bei der Inrotulierung der Akten, auch im Beweisverfahren bestand eine Abhängigkeit des Richters von Parteihandlungen. So konnten die Zeugen nur vernommen werden, wenn die Partei, die sie benannt hatte, zunächst „Weisartikel“[11] einreichte und um eine Festsetzung von Tag, Stunde und Ort des Zeugenverhöres bat (§ 146).

Im mündlichen Verfahren konnte der Richter, wenn beide Parteien bei der Tagsatzung ausblieben, kein Urteil fällen. Es unterblieb aber auch die Anberaumung einer neuen Tagsatzung, bis die eine oder die andere Partei einen diesbezüglichen Antrag gestellt hatte (§ 30)[12].

c) Ohne Mitwirkung der Parteien, im reinen Amtsbetrieb, erfolgten die Zustellungen sowohl der Satzschriften (§§ 34, 43, 50) als auch der Ladungen (§ 16) und Urteile (§ 250)[13].

Dies war auch vor 1781 Aufgabe des Gerichts gewesen[14], und weder die Kommission in Prag, die den Entwurf von 1726 erarbeitet hatte[15], noch die CompCoon hatten daran etwas ändern wollen. Nur die Deputation hatte zu § 395 des Entwurfs 1776[16] (= § 395 AGO) den Antrag gestellt[17], die Zustellung der Satzschriften solle zur Entlastung des Richters von den Parteien besorgt werden. Dies wurde von der CompCoon

---

[10] Vgl. §§ 25 - 28 des Entwurfs 1776 (OJ HC, Protoc. B. 81, S. 56, 60, 62 f.).

[11] Die Weisartikel waren eine Zusammenstellung der Tatsachen, über die der Zeuge nach dem Willen der Partei, die ihn benannt hatte, befragt werden sollte.

[12] Vgl. hierzu *Sprung*, Ruhen des Verfahrens, S. 709 ff., nach dessen Ansicht (S. 716, Fn. 44 am Ende) § 30 die damals fehlende ausdrückliche Bestimmung ersetzte, daß die Parteien das Ruhen des Verfahrens auch vor Gericht wirksam vereinbaren konnten.

[13] Auch bei der Anberaumung bzw. der Durchführung der Tagsatzungen war das Gericht von der Mitwirkung der Parteien unabhängig, z. B. §§ 184, 193, 243. Vgl. hierzu *Sprung*, Ruhen des Verfahrens, S. 716, Fn. 42.

[14] In den böhmischen Ländern: Zusammenstellung *Waldstetten*, 4. Teil, 7. Abhandlung, 1. Abschnitt (Zustellung der Klage); Urteile wurden nur publiziert und nicht zugestellt (14. Abhandlung, 1. Abschnitt); PO Böhmen (1753), Art. 16 (Von denen Citationen); PO Schlesien (1753), Art. 16 (Zustellung von Ladungen).
In den österreichischen Ländern: z. B. G u. TaxO Universität Wien (1724), § 4 (Zustellung der Satzschriften).

[15] Entwurf 1726, 3. Teil, Titel 5, Bl. 3 und Titel 6.

[16] OJ HC, Protoc. B. 207, S. 187.

[17] OJ HC, Protoc. B. 81, S. 432 ff., Sitzung v. 16. Juni 1780.

abgelehnt[18]. Man könne sich eher darauf verlassen, daß die Zustellungen erfolgten, wenn sie von den Gerichten veranlaßt würden.

2. Die Dispositionsbefugnis der Parteien über den Streitgegenstand

Prozeß und Rechtsmittelverfahren wurden nicht nur von den Parteien begonnen. Sie konnten von den Parteien jederzeit durch Klagerücknahme und Vergleich beendet werden.

a) Der Kläger konnte ohne Zustimmung des Beklagten die Klage zurücknehmen. Allerdings hatte er die dem Beklagten durch die Klage entstandenen Kosten zu ersetzen (§ 49 = § 36 des Entwurfs 1776)[19].

Eine Klageänderung war dem Kläger dagegen nicht gestattet (§ 49). Dies konnte er nur über den Umweg einer Klagerücknahme, verbunden mit einer neuen geänderten Klage, erreichen.

Nach dem Entwurf 1726 sollte eine Klageänderung „ante litem contestatam", d. h. vor Eingang der Exzeptionsschrift, dem Kläger „ein- auch zweymal ohne einiger Ersetzung deren dem Beklagten etwann verursachten Unkosten" gestattet sein[20]. In der Repblik sollte dagegen das „genus actionis" nicht mehr geändert werden dürfen[21]. „Post litem contestatam" blieb somit dem Kläger wie in der AGO nur die Möglichkeit, die Klage zurückzunehmen und eine neue Klage einzureichen. Nach dem Entwurf 1726 kam für ihn erschwerend hinzu, daß er die neue Klage binnen Jahr und Tag erheben mußte, damit „der Reus nicht in einer immerwartenden Unsicherheit des gegnerischen Anspruchs verbleibe"[22].

Der Entwurf 1726 geht ausführlich auf den Unterschied zwischen einer bloßen „Neuerung", die jederzeit zulässig war, und einer „mutatio libelli" ein.

Es war zulässig, in der Replik neue Beweise vorzubringen. Auch wenn der Kläger seine Klage teilweise zurücknahm, bedeutete das keine Klageänderung[23].

Weiterhin konnte der Kläger in der Replik seine „Accessoria" — z. B. Nutzungsentgang, Folgeschäden, Kosten — ändern und ergänzen. Ebenso waren neue Klagegründe zugelassen.

---

[18] OJ HC, Protoc. B. 207, S. 189, Sitzung v. 17. Januar 1781.

[19] OJ HC, Protoc. B. 81, S. 73.

[20] Entwurf 1726, 3. Teil, Titel 5, Bl. 21.

[21] Entwurf 1726, 3. Teil, Titel 11, Bl. 1.

[22] Entwurf 1726, 3. Teil, Titel 11, Bl. 2.

[23] Das wurde damit begründet, daß die nunmehr eingeklagte kleinere Summe in der größeren enthalten sei; eine Erweiterung der Klage war folgerichtig nicht gestattet.

Sonstige Änderungen machten dagegen als „mutationes libelli" eine neue Klage erforderlich[24].

b) Die Parteien konnten den Prozeß gem. § 268 durch Vergleich beenden. Vergleichsverhandlungen, die dem Vergleich vorhergingen, durften den Prozeß nicht hemmen. Dem Richter war es nur erlaubt, sich „mit Anstand und Bescheidenheit" für einen Vergleich zu verwenden. „Ungestümes Zureden zum Vergleich" war untersagt (§ 269).

Diese vorsichtig formulierte Bestimmung des § 268, durch die Vergleichsabschlüsse eher verhindert wurden, war eine Reaktion auf die — Vergleichsabschlüsse beinahe erzwingende — Praxis im 17. und 18. Jahrhundert.

Das Bemühen, den Streit der Parteien gütlich beizulegen, setzte damals bereits vor Beginn des Prozesses ein.

Noch im Gesamtplan Azzonis wurde, einleitend zur 5. Abhandlung mit dem Titel „Von versuchender Güte oder Vergleich", hervorgehoben, daß, Güte und Sühne vorher zu versuchen, das natürlichste Mittel wäre, um „gerichtlichen Verfahr, und alle damit verknüpfte Beschwerlichkeit" zu vermeiden[25]. Daher mußte der Kläger vor jeder Klage den Gegner zur Erfüllung des einzuklagenden Anspruchs schriftlich auffordern. Der Gegner hatte sich hierzu in einer bestimmten Frist zu äußern. Damit hatten die Parteien bereits vor dem Prozeß die Möglichkeit, den Streit gütlich beizulegen[26].

Dieser vorprozessuale obligatorische Schriftwechsel zwischen den Parteien — die Zustellung geschah hierbei durch das Gericht — war von Azzoni aus dem Recht der böhmischen Länder übernommen worden[27]. Nach der böhmischen und mährischen Landesordnung mußte der Kläger dem Beklagten vor Beginn des Prozesses einen sogenannten „ausgeschnittenen Zettel" übersenden. Dieses Formular enthielt die genaue Bezeichnung des Anspruchs und die Aufforderung an den Gegner, sich hierzu zu äußern[28].

---

[24] Entwurf 1726, 3. Teil, Titel 11, Bl. 3 ff.

[25] Gesamtplan *Azzoni*, 4. Teil, 5. Abhandlung, Bl. 86.

[26] Gesamtplan *Azzoni*, 4. Teil, 5. Abhandlung, 1. Abschnitt, Bl. 86.

[27] Böhm. LO, B XII; Mähr. LO, Nr. 67.

[28] Im Entwurf 1726, nach dem diese Regel beibehalten werden sollte, findet sich im 3. Teil unter Titel 1 das Formular eines ausgeschnittenen Zettels. Der Text lautet (die ausgelassenen Stellen sind nicht mehr lesbar):

„Ich NN überschicke vermöge der Königlichen LandesOrdnung diesen ausgeschnittenen Zettel mit meiner eigenen Hand unterschr ... gefertigten, undt mit meinen eigenen Pettschaft besigelten Zettel, an dem N (allwo der gebührende Titel zu inseriren seyn wird)
aus Ursachen
Demnach der eingangs erwehnte Herr Gegentheil sich des Guths NN wel-

Im niederösterreichischen Recht war ein Vorverfahren nur in den Fällen vorgesehen, in denen der Gläubiger seine Klage auf einen Schuldschein stützte, in dem für die Rückzahlung keine Verfallzeiten festgesetzt waren. Enthielt der Schuldschein dagegen Fristen, so erfordere nur „die Wohlanständigkeit" eine vorherige Mahnung[29].

Aber nicht nur vor dem Prozeß, vor allen Dingen während des Verfahrens war das Gericht um eine vergleichsweise Beilegung des Rechtsstreits bemüht. Die Advokaten — teilweise auch die Parteien persönlich — mußten vor Vergleichskommissionen erscheinen. Unter bestimmten Voraussetzungen konnte sogar ein Vergleichsabschluß aufgezwungen werden[30].

Noch erheblich zurückhaltender als in der AGO waren die Bestimmungen über den Vergleich im Entwurf 1776. Dem Richter war gem. § 255 des Entwurfs[31] fast jede Einflußmöglichkeit auf den Abschluß eines Vergleichs entzogen. Der Richter durfte niemals von Amts wegen einen Vergleich vorschlagen, es sei denn, der Streit hätte lediglich Beschimpfungen zum Inhalt oder das Urteil wäre für eine der Parteien unehrenhaft. Vergleichsverhandlungen der Parteien durfte der Richter nicht durch „ungestümes zureden" beeinflussen oder gar „sein richterliches Ansehen mit einmengen" (§ 256 des Entwurfs)[32].

---

ches mi... lauth Lit. A eigenthümlich zustehet werde ... Rechtlich angemasset.

Als tue denselben hiemit erinnern, undt anmahnen, daß er sich dieses Guths nicht mehr anmassen, sondern mir dasselbe una cum fructibus perceptis abtretten solle. Worüber ich einer klaren, undt unverdunkelten Antworth in denen nechsten sechs Wochen von zeit dass ...fangs ausgeschnittenen Zettels gewärtig bin.

Datum zu NN d... das Jahr

Unterschrift"

[29] Zusammenstellung *Holger*, Bl. 174 ff.; im Gegensatz dazu war in den sehr viel älteren Gerichtsordnungen Kärntens und der Steiermark ein Vorverfahren vorgeschrieben: GO Steyr (1622), Art. 4, Abs. 13 (S. 11); GO Kärnten (1638), Art. 4.

[30] Im böhmischen Recht: BöhmLO, B XVI: das Gericht konnte einen Vergleich auferlegen, wenn ein Teil durch ein Urteil in seiner Ehre angegriffen würde; ebenso Mähr. LO, Nr. 71: der König konnte nach diesen Vorschriften die Parteien immer zu einem Vergleich zwingen. Einsetzung einer Vergleichskommission: PO Schlesien (1753), Art. 3.

Im österr. Recht: AdvO St- u. LG Wien (1700), § 98; P u. ExO Wien (1761) unter „Zwey und zwanzigstens": Die Parteien und Advokaten — wenigstens aber die Advokaten mit besonderer Vergleichsvollmacht — mußten vor der Vergleichskommission erscheinen; Circular an die Juristische Fakultät v. 10. Mai 1758 (OJ HC, K. 131, Fz. G, St. 5579): Anwesenheit der Parteien vor Vergleichskommissionen erforderlich.

[31] OJ HC, Protoc. B. 207, S. 91.

[32] OJ HC, Protoc. B. 207, S. 91 f.

Diese dem Richter auferlegte Zurückhaltung bezeichnete der anonyme Gutachter als übertrieben[33]. Der Richter müsse das Recht haben, einen Vergleich vorzuschlagen, „massen bey gemeinen Leuten eine vernünftige Vorstellung des Richters oft zur gütlichen Ausgleichung vielen Vorschub geben könne".

Dem folgten Deputation[34] und CompCoon[35] insoweit, als sie das strenge und den Richter allzu sehr einengende Verbot im Entwurf 1776, nie einen Vergleich vorzuschlagen, durch die flexiblere Formulierung ersetzten, dem Richter stünde es frei, „sich zur Stiftung eines gütlichen Vergleichs ... zu verwenden", jedoch solle er „nicht an die Partheyen durch ungestümes Zureden ... dringen".

3. Der Verhandlungsgrundsatz

a) Die Parteien hatten Tatsachen und Beweise in den Prozeß einzuführen (§§ 3, 5, 9, 10, 12). Das Gericht konnte ihnen nicht auftragen, einen unvollständigen Vortrag zu ergänzen. Nur im mündlichen Verfahren hatte der Richter die Möglichkeit und sogar die Pflicht, „alles was zur verläßlichen Erörterung des Factums, und der beyden Teilen zu Statten kommenden Beweise gehöret, in das Klare zu setzen ..." (§ 20). Im Unterschied zu der entsprechenden Vorschrift des Entwurfs 1776 (§ 16 des Entwurfs)[36] waren in § 20 nur drei Punkte besonders angesprochen, um deren Aufklärung der Richter sich zu bemühen hatte: das Petitum, die ordnungsgemäße Vertretung der Parteien und die Gerichtsbarkeit. § 16 des Entwurfs enthielt dagegen einen Katalog von elf Fragen, die der Richter den Parteien stellen mußte. Es ist dies ein Beispiel dafür, daß Froidevo dazu neigte, die richterlichen Aufgaben straff und bis ins einzelne gehend zu reglementieren.

Hiergegen wandte sich vor allem die Deputation, die durch ihre Kritik auch die Änderung von § 16 des Entwurfs in § 20 der AGO veranlaßte[37].

Weder § 16 des Entwurfs noch § 20 bedeuteten aber eine Einschränkung der Verhandlungsmaxime[38], da die Parteien zu einer Beantwortung der ihnen gestellten Fragen nicht gezwungen werden konnten und der Richter auch keine eigenen Untersuchungen anstellte. Die Kon-

---

33 Koller-Akten 5, Nr. 314 zu § 255.

34 OJ HC, Protoc. B. 81, S. 252 f., Sitzung v. 12. Mai 1780.

35 OJ HC, Protoc. B. 207, S. 91 f., Sitzung v. 25. Oktober 1780.

36 OJ HC, Protoc. B. 81, S. 37 f.

37 OJ HC, Protoc. B. 81, S. 37 ff., Sitzung v. 1. Juli 1779.

38 Zur Bedeutung dieser Vorschrift vgl. *Sprung / König*, Jura novit curia, S. 1 f.

sequenzen einer fehlenden oder unvollständigen Antwort waren vielmehr dieselben wie bei einer Säumnis der Parteien: Verkürzung des eigenen Vortrags und damit Unvollständigkeit der eigenen bzw. Zugeständnis der gegnerischen Behauptungen.

b) Die Ausgestaltung des Säumnisverfahrens ist der anschaulichste Beweis für die Geltung der Verhandlungsmaxime in der AGO[39].

Die Parteien waren nicht gezwungen, zu den Tagsatzungen zu erscheinen oder ihre Satzschriften bei Gericht einzureichen. Zwar zog jede Säumnis bestimmte, im Gesetz geregelte Folgen nach sich; aber diese Folgen waren rein prozessualer Natur. Sie dienten der Aufrechterhaltung des gegnerischen Rechts und nicht der Bestrafung der säumigen Partei.

Um den Prozeß auch bei Fernbleiben einer Partei fortführen zu können und der erschienenen Partei bei der Verfolgung des eigenen bzw. der Abwehr des gegnerischen Rechts zu helfen, wurde in der AGO jede Säumnis als Zugeständnis des gegnerischen Vortrags fingiert (§§ 29, 36, 46).

aa) Auch vor 1781 waren die Parteien nicht zum Verhandeln im Prozeß gezwungen worden. Ihr Fernbleiben wurde regelmäßig als Aussage gewertet, wenn auch mit unterschiedlichem Inhalt.

Dennoch war die prozessuale Freiheit der Parteien nach den Gesetzen einiger Erbstaaten eingeschränkt, da jede Säumnis bestraft werden konnte[40]. Diese Strafe diente nicht dazu, die versäumte Handlung zu erzwingen. Vielmehr sollte die durch die Säumnis zum Ausdruck kommende Mißachtung des Gerichts geahndet werden. Auch wollte man unnötige Verzögerungen verhindern oder wenigstens einschränken. Indirekt beeinträchtigte dies aber zugleich die Verhandlungsfreiheit der Parteien.

Die Säumnisfolgen unterschieden sich in den Gesetzen der böhmischen und österreichischen Länder dadurch, daß im böhmischen Recht[41] und ebenso im Entwurf 1726[42] das Fernbleiben einer Partei oder das Auslassen einer Satzschrift als Leugnen des gegnerischen Vortrags ge-

---

[39] Das Säumnisverfahren ist allerdings auch ein Beweis für die den Parteien eingeräumte Dispositionsgewalt.

[40] AdvO Magistrat Wien (1688), § 12; P u. ExO Wien (1761) unter „Erstens“; so auch in der schon älteren Tiroler LO (1573), II. B., XX. Titel, Bl. XII.

In den Gesetzen der böhmischen Länder finden sich keine Strafbestimmungen.

[41] Böhm. LO, Novelle Ferdinand III. (1640), Cc II; Hofdekret v. 16. Juni 1778 an die K. Böhm. Appellationskammer (OJ HC, K. 131, St. 9307).

[42] Entwurf 1726, 3. Teil, Titel 22, Bl. 1.

wertet wurde (negative Litiskontestation)[43]. In den österreichischen Gerichtsordnungen hatte die Säumnis demgegenüber Geständnisfunktion (positive Litiskontestation)[44]. Der gegnerische Vortrag wurde also als zugestanden fingiert, ohne daß es noch einer Beweiserhebung bedurft hätte[45].

Während der Gesamtplan Azzonis die Entscheidung über die Säumnisfolgen offenließ, übernahm Froidevo 1776 die österreichische Regelung der positiven Litiskontestation[46]. Dieser Vorschlag Froidevos wurde in den Kommissionsberatungen allgemein akzeptiert[47]. Nur der italienische Auditor Martini hatte vorgeschlagen, die negative Litiskontestation einzuführen[48], was aber einstimmig abgelehnt wurde[49]. Es blieb bei der von Froidevo vorgeschlagenen Regelung, jede Säumnis der Parteien als Zugeständnis zu fingieren (§§ 29, 36).

Im Gegensatz zum böhmischen Recht, das nur ein schriftliches Verfahren vorsah, in dem der Kläger mit seiner Klage niemals säumig sein konnte, bestand in dem in der AGO geregelten mündlichen Verfahren für beide Parteien die Möglichkeit, zur Verhandlung nicht zu erscheinen. Da somit auch der Kläger säumig sein konnte, mußten ihn ebenso wie den Beklagten die Säumnisfolgen treffen.

Gemäß § 13 des Entwurfs 1776 wurden in diesem Fall beide Parteien gleich behandelt. Sowohl gegenüber dem Kläger als auch gegenüber dem Beklagten galt der Vortrag der Gegenpartei als bewiesen[50].

Kees machte in den Deputationsberatungen darauf aufmerksam[51], daß diese Regelung den Kläger benachteilige, da der Beklagte vor der mündlichen Verhandlung den Inhalt der Klage kenne, der Kläger dagegen nicht wisse, auf welche Einwendungen sich der Beklagte stützen wolle. Der Kläger könne das Risiko seines Fernbleibens daher nicht abschätzen.

Auf den Vorschlag von Kees wurde § 13 dahin geändert, daß der allein erschienenen Partei nur insoweit Glauben geschenkt werden durfte, als ihre Behauptungen den Gegenstand der Klage nicht überschritten (§ 29).

---

[43] Dies entsprach der gemeinrechtlichen Übung (vgl. *Engelmann*, II, 3, S. 139 f.). Auch der JRA v. 1654 regelte die Säumnis in § 36 in diesem Sinne.

[44] Zusammenstellung *Holger*, Bl. 185.

[45] Vgl. hierzu allgemein *Schima*, S. 101 ff., insbesondere S. 127 f.

[46] §§ 13, 25, 32, 37 des Entwurfs 1776, OJ HC, Protoc. B. 81, S. 28, 56, 69, 73.

[47] OJ HC, Protoc. B. 81, S. 28, Sitzung v. 24. Juni 1779.

[48] OJ HC, K. 231, NÖ, Fz. 105/1 a, *Martini* zu § 13.

[49] OJ HC, Protoc. B. 81, S. 28, Sitzung v. 24. Juni und S. 56, Sitzung v. 5. Juli 1779.

[50] OJ HC, Protoc. B. 81, S. 28.

[51] OJ HC, Protoc. B. 81, S. 28, Sitzung v. 24. Juni 1779.

bb) Außer dem Grundsatz der positiven Litiskontestation hatte Froidevo aus dem österreichischen Recht auch die sogenannte „clausula contumaciae" übernommen[52] (§§ 13, 25, 32, 37 des Entwurfs 1776)[53]. Unter „clausula contumaciae" verstand man den jeder Ladung und Zustellung beigefügten Hinweis auf die Folgen der Säumnis. In den älteren Prozeßordnungen mußten die Parteien oft mehrfach gewarnt werden, ehe ein Versäumnisurteil ergehen durfte, wobei sehr häufig jede Warnung nur auf einen neuen Antrag der nicht säumigen Partei erging. Dies führte zu erheblichen Prozeßverzögerungen.

Trotz dieser offensichtlichen Nachteile schlug Kees vor, in Abänderung des Entwurfs 1776 die Parteien erst beim zweiten Nichterscheinen zu verurteilen[54]. Die „Contumacirung" sei eine schwere Strafe und der Schaden sehr groß. Für die erschienene Partei bedeute die Verzögerung dagegen nur einen vorübergehenden Nachteil.

Die Deputation lehnte den Vorschlag von Kees mit der Begründung ab, daß jeder Partei eine Fristverlängerung gewährt werden könne und zudem im Falle eines unverschuldeten Fehlens die Säumnis „purgirt", d. h. geheilt werde[55].

Auf Vorschlag von Kronenfels[56] wurde die „clausula contumaciae" in den §§ 16, 34, 43, 50 ganz fortgelassen. Versäumnisurteile ergingen ohne vorherige Warnung.

cc) Ein ins Grundsätzliche gehender Streit entspann sich zwischen CompCoon und Deputation an der Frage, wie die Säumnis geheilt werden könne[57].

Im Entwurf 1776 enthielten die Kapitel über das mündliche und das schriftliche Verfahren (zweites und drittes Kapitel) hierzu keine besonderen Bestimmungen. Die Parteien sollten, wenn sie ohne Verschulden eine Frist versäumt hatten, die Wiedereinsetzung in den vorigen Stand, die „restitutio in integrum" — geregelt im 34. Kapitel —, beantragen[58].

Die „restitutio in integrum" war aber im Entwurf 1776 ganz anders geregelt als in den Gesetzen vor 1781.

Gemäß § 371 des Entwurfs 1776[59] (= § 372) konnte die Wiedereinsetzung beantragt werden, wenn eine Partei eine Frist ohne Verschulden

[52] Bischöfliche GO Wien (1677) unter „Erstens"; GO Ö. u. d. E. (1681), § 3; Zusammenstellung *Holger*, Bl. 149.

[53] Vgl. 2. Teil, II. Kap., Fn. 46.

[54] OJ HC, Protoc. B. 81, S. 28 f., Sitzung v. 24. Juni 1779.

[55] OJ HC, Protoc. B. 81, S. 29 f., Sitzung v. 24. Juni 1779.

[56] OJ HC, Protoc. B. 81, S. 58, Sitzung v. 5. Juli 1779.

[57] Vgl. *v. Harrasowsky*, Rechtsmittel, S. 465 f.

[58] OJ HC, Protoc. B. 207, S. 171 ff.

[59] OJ HC, Protoc. B. 207, S. 171.

versäumt hatte oder wenn sie nach Erlaß eines Spruchs noch erhebliche Beweismittel fand, von denen sie vorher nichts hatte wissen können. Gem. § 374 des Entwurfs 1776[60] (= § 375) war die Einsetzung in den vorigen Stand bei dem Richter zu beantragen, bei dem der Prozeß anhängig war. Von diesem Richter wurde auch die Entscheidung gefällt. Die „restitutio in integrum" war demnach ein Rechtsbehelf. Bis zu diesem Zeitpunkt war über den Antrag auf Wiedereinsetzung nur im Gnadenweg entschieden worden[61]. Das bedeutete zweierlei: Zum einen hatte bisher der Hof, bzw. die Oberste Justizstelle, jedenfalls die oberste Instanz über den Antrag entschieden. Zum anderen konnte der Wiedereinsetzungsantrag nur subsidiär gestellt werden, wenn ein ordentliches Rechtsmittel nicht gegeben war.

Das Problem der Rechtsnatur der „restitutio in integrum" — Rechtsbehelf oder Gnadenmittel — war bereits von der Prager Kommission im Entwurf 1726 erörtert worden. Die in den böhmischen Ländern gehandhabte Regelung, wegen jeder Purgierung bei Hof nachzusuchen, war auch von dieser Kommission als unpraktikabel abgelehnt worden[62]. Auch die in der böhmischen und mährischen Landesordnung[63] vorgeschriebene Zuständigkeit des Landrechts wurde als zu umständlich verworfen, da das Landrecht als „judicium temporaneum" nur zu bestimmten Zeiten im Jahr tagte.

Die Prager Kommission schlug vor[64], der erstinstanzliche Richter solle zuständig sein, wenn es um die Purgierung einer versäumten Exzeptionsschrift gehe. Über die Wiedereinsetzung bei einer ausgelassenen Replik oder Duplik habe dagegen der Hof im Gnadenweg zu entscheiden. Diese Unterteilung biete den Vorteil, daß bei fehlender Exzeptionsschrift keine Unterbrechung dadurch eintrete, daß man auf die Entscheidung des Königs warten müsse. Hätten dagegen beide Parteien bereits eine Schrift eingereicht, so könne der Prozeß „ad Rotulum" fortgesetzt werden, auch wenn der Spruch des Hofes noch ausstünde. Auch in diesem Fall würden Verzögerungen vermieden. Die „restitutio in integrum" wollte man ansonsten als ein bei Hof einzureichendes „Gnadenmittel" beibehalten[65].

Damit strebte die Prager Kommission eine ähnliche Lösung an wie später auch die Deputation. Diese wollte — insoweit dem Vorschlag

[60] OJ HC, Protoc. B. 207, S. 174.

[61] GO Steyr (1638), Art. 65; GO Kärnten (1669), Art. 49, 50; Zusammenstellung *Holger*, Bl. 210 f.; Hofdekret v. 6. Mai 1779 an das i. ö. Gubernium (OJ HC, K. 131, Fz. G, St. 8996).

[62] Entwurf 1726, 3. Teil, Titel 22, Bl. 1 f.

[63] Böhm. LO, D XXXVI; Mähr. LO, Nr. 190.

[64] Entwurf 1726, 3. Teil, Titel 22, Bl. 2.

[65] Entwurf 1726, 3. Teil, Titel 22, Bl. 2 f.

Froidevos folgend — die Zuständigkeit der ersten Instanz einführen, soweit es um die Heilung der Säumnis ging[66]. Dies war nach Vorstellung der Deputation aber im zweiten und dritten Kapitel im Zusammenhang mit den Bestimmungen zum mündlichen und schriftlichen Verfahren zu regeln. Die „restitutio in integrum" sollte dagegen — unabhängig hiervon — nur auf außerordentlichem Wege bei der Obersten Justizstelle erwirkt werden dürfen[67].

Die CompCoon verwarf die Vorschläge der Deputation. Nach ihrer Ansicht war die „restitutio in integrum" eine bloße „Justizsache" und fiel nicht als Gnadenentscheidung unter die Zuständigkeit des Landesfürsten[68].

Die Regelungen der Wiedereinsetzung in den vorigen Stand wurden daraufhin aus dem Entwurf 1776 ohne wesentliche Änderung in die AGO übernommen.

4. Die mittelbaren Zwangsmittel des Richters gegenüber den Parteien

Trotz der Freiheiten, die den Parteien durch die Geltung von Dispositions- und Verhandlungsmaxime im gemeinen Recht gewährt wurden, waren sie in ihren Handlungen häufig durch die vielen Auflagen gehindert, die ihnen das Gericht machen konnte. Kautionen und Eide waren in vielen Fällen Zulässigkeitsvoraussetzungen von Prozeßhandlungen. Strafen drohten bei Säumigkeit oder auch nur bei Erfolglosigkeit einer Klage oder eines Rechtsmittels. Die weitgehende Abschaffung dieser Zwangsmittel durch die AGO verbesserte sehr nachhaltig die Stellung der Parteien im Prozeß. Diese Liberalisierung war in vielen Fällen allerdings nicht das Verdienst der CompCoon. Schon vorher hatte die Kaiserin in Einzelerlassen Entscheidungen getroffen, durch die der auf die Parteien ausgeübte Druck verringert oder beseitigt worden war. Teilweise stellte daher die AGO nur eine Zusammenfassung und Kodifizierung dieser bereits vollzogenen Entwicklung dar.

a) Derjenige, der in den Erbstaaten im 17. und 18. Jahrhundert einen Prozeß führen wollte, mußte zunächst auf Verlangen des Beklagten — in den böhmischen Ländern auch ohne Antrag des Beklagten — eine Kaution zahlen, wenn er nicht im Lande angesessen oder nicht als ver-

---

66 OJ HC, Protoc. B. 81, S. 54, Sitzung v. 5. Juli 1779.

67 OJ HC, Protoc. B. 81, S. 419 f., Sitzung v. 15. Juni 1780. Pelser, Pregent und Kees hatten für die Regelung im Entwurf 1776 gestimmt. Der Vorsitzende Cavriani hatte mit seiner Stimme den Ausschlag gegen den Entwurf 1776 gegeben. Damit folgte die Deputation dem anonymen Gutachter (Koller-Akten 5, Nr. 314 zu § 374).

68 OJ HC, Protoc. B. 207, S. 175, Sitzung v. 10. Januar 1781.

mögend bekannt war[69]. Die Parteien mußten erneut eine Kautionszahlung aufbringen, wenn sie gegen ein Urteil Rechtsmittel einlegen wollten. Zudem hatten sie und ihr Advokat einen Eid zu schwören, daß das Rechtsmittel nicht willkürlich und in böswilliger Absicht erhoben werde (juramentum calumniae oder Reinigungseid)[70]. Ebenso mußten die Parteien einen Reinigungseid ablegen, wenn sie Tatsachen und Beweise verspätet bei Gericht vortrugen und sich darauf beriefen, daß die Verspätung nicht verschuldet sei[71]. Weiterhin wurde ein Eid verlangt, wenn eine Partei eine Fristverlängerung begehrte[72]. Gelangte ein Richter zu dem Ergebnis, daß eine Partei willkürlich Klage erhoben oder ein Rechtsmittel eingelegt hatte, so konnte er Geld- oder Haftstrafen gegen sie verhängen (poena temere litigantium)[73]. Auch der Advokat konnte bestraft werden. Die höchste Strafe bestand in der Verhängung eines Berufsverbots, in Einzelfällen sogar in Strafen an Leib und Leben[74].

b) Der Entwurf von 1726 übernahm hinsichtlich der Kautionen, Eide und Strafen im wesentlichen die Regelungen aus den böhmischen und

---

[69] Tiroler LO (1573), B. II, Titel 45, Bl. 19; GO Steyr (1622), Art. 45, Abs. 1; Böhm. LO, B XLIII; Mähr. LO, Nr. 104; Böhm. StadtR, A 56, § 1; PO Schlesien (1753), Art. 2, unter Verweisung auf eine königliche Sanktion v. 1704; Zusammenstellung *Holger*, Bl. 183.

[70] GO Steyr (1622), Art. 64, Abs. 1; GO Kärnten (1638), Art. 48: eine Geldsumme mußte vor Einlegung der Revision hinterlegt werden, die bei Erfolglosigkeit des Rechtsmittels verfiel.

Böhm. LO, F LXXIX und LXXX; Mähr. LO, Nr. 226 und 227: bei Einlegung eines Rechtsmittels wurden Kaution und Eid verlangt.

Patent v. 12. Oktober 1698 für Schlesien (OJ HC, K. 131, Fz. G, Nr. 2065): Kaution und Eid vor Einlegung eines Rechtsmittels. RevO Mähren (1712): Kaution und Eid vor Einlegung eines Rechtsmittels. PO Schlesien (1753), Art. 3: Bezahlung einer „Decima oder Septima litis“, die bei verlorenem Rechtsmittelsprozeß verfiel; hinzu kam noch eine weitere Geldstrafe.

Circular v. 16. September 1758 an die n. ö. Regierung (OJ HC, K. 131, Fz. G, St. 5601): Einführung der „Septima litis“ in Niederösterreich.

[71] z. B. Böhm. LO, C XXXV und XXXVI.

[72] Böhm. StadtR, A 54.

[73] Patent v. 10. Mai 1641 für Tirol (OJ HC, K. 164, Alte Miscellanea, Fz. 1252): Wird der Rechtsmittelprozeß verloren, so verfällt das hinterlegte Geld.

Patent v. 10. Juni 1641 für Tirol (OJ HC, K. 131, Fz. G, St. 1255): Bestrafung bei willkürlicher Appellation.

AppO f. Ö. u. d. E. (1760) und die fast gleichlautende AppO f. Ö. o. d. E. (1760): Bei mutwilliger Appellation Bestrafung.

WechselGO NÖ (1763), Zweiter Titel, § IV: Ein willkürlich Appellierender wird bestraft.

[74] Res. v. 19. Mai 1640 (CA I, S. 18 f.): Strafe des Berufsverbots.

Böhm. StadtR, B 27: Strafe bei Parteiverrat. PO Böhmen (1753) und PO Schlesien (1753), Art. 1, § 3: Strafe für unpünktliches Zahlen der Gerichtstaxen und Versäumung der Zustellung; so auch PO Mähren (1760), Art. 1, § 3. Patent v. 23. Oktober 1756 (CA V, S. 1162): Winkelschreiber sind „beym Kopfe“ zu nehmen, „die darunter befindliche Diensttaugliche als Müßiggänger zu Recrouten ab(zu)geben, die Uebrigen aber eine Zeitlang mit Arreste (zu) züchtigen ...“.

mährischen Landesordnungen bzw. den ergänzenden Resolutionen[75]. Strafandrohungen waren jedoch, wie generell im böhmischen Recht, seltener als in den österreichischen Gerichtsordnungen.

Auch der Gesamtplan Azzonis, dessen kurzen Formulierungen man allerdings nicht viel entnehmen kann, brachte keine Änderung[76].

Seit der Mitte des 18. Jahrhunderts wuchs aber die Einsicht, daß der Eid kein Allheilmittel gegen den Mißbrauch von Prozeßinstituten durch die Parteien sei. Auch die Verhängung von Strafen wurde seltener. Prägnanteste Beispiele dieser Entwicklung waren die Abschaffung der „Septima litis" und des „Juramentum Calumniae" bei der Einlegung eines Rechtsmittels[77].

c) Diese Gesinnung spiegelte auch der Entwurf 1776 wieder. Zwar sollte der nicht „kundbar sattsam bemittelte" Kläger Kaution leisten (§ 406 des Entwurfs)[78] und dies — wie in Böhmen — ohne daß es des Antrags des Beklagten bedurfte. Vor Einlegung eines Rechtsmittels brauchte die Partei aber weder eine Kaution noch eine „Septima litis" zu hinterlegen.

Einen Eid, der dem „Juramentum Calumniae" inhaltlich entsprach, mußten die Parteien nur noch schwören, wenn sie in Replik und Duplik neue Tatsachen vortragen wollten, die sie trotz „allen Fleiss(es)" nicht „in Erfahrenheit" hatten bringen können. Diese Eidespflicht bestand zudem subsidiär nur dann, wenn andere Behelfe der Glaubhaftmachung fehlten (§§ 35, 40 des Entwurfs)[79]. Der Richter entschied über die Zulässigkeit des neuen Vortrags ohne Anhörung des Gegners.

Die Deputation hatte — dem Rechtsgelehrten Guadagni folgend[80] — verlangt, daß der Nachweis schuldloser Verspätung nicht durch einen Eid, sondern nur durch andere Beweismittel zu führen sei und der

---

[75] Entwurf 1726, 3. Teil, Titel 2; Titel 12, Bl. 4; Titel 25, Bl. 6 ff.

[76] Gesamtplan *Azzoni*, 4. Teil, 7. Abhandlung, 2. Abschnitt; 10. Abhandlung, 3. Abschnitt; 15. Abhandlung.

[77] Im Rescript v. 16. Januar 1773 (OJ HC, K. 131, Fz. G, St. 7426) an die Landesstellen stellte die Kaiserin fest, daß man mit dem Juramentum Calumniae bisher das mutwillige Prozessieren habe verhindern wollen. Es habe sich aber gezeigt, daß dieses Mittel seine abschreckende Wirkung verloren habe und als bloße Formalität angesehen werde. Vielmehr bewirke jener Eid bei den Personen, „welche aus Zärtlichkeit des Gewissens die Ablegung eines Eides für eine Gewissensbeschwerde halten", daß sie auf einen Rechtsstreit lieber verzichten als den Eid ablegen wollten. Der Eid sei daher aufzuheben.

Zur Abschaffung der Septima litis vgl. Hofdekret v. 10. Mai 1760 (OJ HC, K. 131, Fz. G, St. 5724).

[78] OJ HC, Protoc. B. 207, S. 196.

[79] OJ HC, Protoc. B. 81, S. 71 und 77.

[80] OJ HC, K. 231, NÖ, Fz. 105/1 a: *Guadagni* zu § 40.

Richter hierüber erst nach Vernehmung des Gegners zu entscheiden habe[81].

Entgegen diesem Vorschlag der Deputation wurde der Eid in der AGO beibehalten, allerdings auch die von der Deputation vorgeschlagene Vernehmung des Gegners eingeführt (§§ 48, 54).

Der Entwurf 1776 sah nur in wenigen Fällen die Verhängung von Strafen vor. So sollten die Parteien gem. den §§ 34, 39 des Entwurfs[82] bestraft werden, wenn sie in Replik und Duplik unzulässigerweise neue Tatsachen vortrugen. Diese Strafandrohungen paßten letztlich nicht in das System des Entwurfs 1776. Die Folgen von Unbotmäßigkeit oder Saumseligkeit der Parteien waren generell Nichtbeachtung und Präklusion. Diese Bestimmungen wurden daher von der Deputation folgerichtig kritisiert[83] und in die AGO nicht übernommen.

Es verblieben in der AGO einige Ausnahmen, in denen eine Bestrafung der Parteien angeordnet war, so gemäß § 243, wenn die Parteien zur Inrotulierungstagsatzung nicht erschienen, oder gemäß § 361 bei einem betrügerischen „pactum praejudiciale“[84]. Eine „poena temere litigantium“, eine Strafe für mißbräuchliches Prozessieren, war ebenfalls auf Ausnahmefälle — z. B. § 266 bei der Nullitätsklage — beschränkt.

---

[81] OJ HC, Protoc. B. 81, S. 72, Sitzung v. 12. Juni 1779.

[82] OJ HC, Protoc. B. 81, S. 70, 74 f.

[83] OJ HC, Protoc. B. 81, S. 70, 71, 75, 76, Sitzungen v. 12. und 16. Juli 1779.

[84] Vergleichsabschluß zwischen Schuldner und Gläubiger zur Abwendung des Konkurses.

III. Kapitel

Der Grundsatz der Beschleunigung — die Eventualmaxime

1. Die Regelung in der AGO

Nach der AGO waren die Parteien verpflichtet, dem Gericht alle Tatsachen und Beweismittel bereits in Klage und Einrede vollständig vorzutragen (§§ 3, 5, 12). Das galt auch für den Beklagten, der gegen eine Klage dilatorische und peremptorische Einwendungen erheben konnte. Selbst wenn er sich zunächst nur gegen Ort, Zeit und Art der Geltendmachung wandte, insbesondere die Zuständigkeit des Gerichtes rügte, hatte er gleichzeitig „eventualiter" zum erhobenen Anspruch Stellung zu nehmen (§ 7).

Eine Ausnahme hierzu gab es nur im schriftlichen Verfahren. Glaubte der Beklagte, daß dem Richter die Gerichtsbarkeit nicht gebühre, weil die Streitsache oder er mit seiner Person nicht der Gerichtsbarkeit des angerufenen Richters unterstand oder die Streitsache bereits bei einem anderen Richter anhängig war, so hatte er diese Zuständigkeitsrügen bereits in der Hälfte der Frist zu erheben, die ihm für die Einreichung der Exzeptionsschrift bestimmt worden war. Über diese dilatorischen Einwendungen entschied der Richter vorab, nachdem er zuvor den Gegner gehört hatte (§ 40)[1].

Die Replik des Klägers durfte nur insoweit Neuerungen enthalten, als diese notwendig waren, um die Einwendungen des Beklagten zu widerlegen (§ 9). In der Duplik durften keine neuen Umstände mehr angeführt werden (§ 10).

---

[1] Das enthob den Richter allerdings nicht der Verpflichtung, seine Zuständigkeit auch von Amts wegen zu prüfen (*Mayrhofer*, S. 53; *Wanggo*, S. 44; *Scheidlein*, 1. Teil, S. 92, unter Berufung auf ein Hofdekret v. 27. September 1783 (JGS Nr. 192)). Ein von einem inkompetenten Gericht gefälltes Urteil war nämlich nichtig. Jedoch konnten sich die Parteien einverständlich, was auch konkludent geschehen konnte, der Gerichtsbarkeit eines an sich unzuständigen Gerichts unterwerfen. Das war nur in den Fällen nicht möglich, in denen ein Gericht — nach heutigem Sprachgebrauch — ausschließlich zuständig war. Sieht man von der Fragepflicht des Richters in § 20 ab, so fehlte eine Regelung dieser Probleme in der AGO. Wie diese Fragen gehandhabt wurden, läßt sich nur Dekreten, Verordnungen und der Literatur entnehmen (vgl. hierzu *Rizy*, 1. Teil, § 20 Anm. 4 (S. 127 ff.); *Nippel*, 2. Bd., S. 30 ff.).

Stützte eine Partei ihren Vortrag dennoch auf unzulässigerweise neu vorgetragene Tatsachen und Beweise, so durfte das Gericht diese bei der Urteilsfindung nicht berücksichtigen (§§ 47, 53).

Die Eventualmaxime bewirkte, daß sich der Prozeß regelmäßig auf vier Schriften bzw. Reden beschränkte (§ 2).

Hierzu gab es jedoch Ausnahmen. Hatte nämlich eine Partei im schriftlichen Verfahren in Klage oder Einrede ein Faktum oder ein Beweismittel nicht „geflissentlich" verschwiegen und konnte sie dies durch „standhafte Behelfe", hilfsweise auch durch einen Eid dartun[2], dann konnte sie das Versäumte in Replik oder Duplik nachholen (§§ 48, 54), und der Gegner durfte sich gegen diesen später zugelassenen neuen Vortrag seinerseits mit neuem Vorbringen verteidigen, allerdings nur, soweit es zur Widerlegung der Neuerungen notwendig war (§§ 53, 57). Dies hatte zur Folge, daß der Prozeß um zwei Schriften, die Schluß- und Gegenschlußschrift, verlängert wurde (§§ 55 - 57).

Da den Parteien das Vorbringen neuer Umstände in Replik und Duplik untersagt war, wenn sie dies zuvor „geflissentlich", d. h. vorsätzlich, unterlassen hatten, so wurde hierdurch nur die bewußte Prozeßverschleppung verhindert. Bloße Nachlässigkeiten der Parteien blieben für sie ohne Nachteile.

2. Die Geltung der Eventualmaxime vor 1781

Das Neuerungsverbot und die Festlegung der Parteien auf vier Schriften ist dem Prozeßrecht der böhmischen Länder entnommen.

Bei der Darstellung muß zwischen dem Verfahrensgang allgemein (a) und der Behandlung der Exzeptionen unterschieden werden (b).

Während nämlich das Grundprinzip, die Beschränkung auf vier Schriften als Folge der Eventualmaxime, niemals umstritten war und sich in direkter Linie bis zu den Gesetzen der böhmischen Länder zurückverfolgen läßt, hat es zur Regelung der Exzeptionen die unterschiedlichsten Standpunkte gegeben. Auch der Einfluß aus Gesetzen auswärtiger Staaten läßt sich vermuten, wenn auch nicht sicher nachweisen.

a) Die Beschränkung der Parteien auf regelmäßig je zwei Schriften findet sich in der böhmischen[3] und mährischen[4] Landesordnung ebenso wie im Entwurf von 1726[5] und im Gesamtplan von 1753[6]. Dagegen

---

[2] Vgl. hierzu 2. Teil, II. Kap., 4 c).

[3] Böhm. LO, C XIX.

[4] Mähr. LO, Nr. 122.

[5] Entwurf 1726, 3. Teil, Titel 12, Bl. 1 ff.

[6] Gesamtplan *Azzoni*, 4. Teil, 10. Abhandlung, Bl. 100.

wurde in Österreich im ordentlichen Verfahren mit sechs Schriften verhandelt[7]. Trotz der Übereinstimmung im Grundprinzip gibt es zwischen den einzelnen Entwürfen Unterschiede. Die Eventualmaxime ist nicht immer mit gleicher Strenge durchgeführt. In Ausnahmefällen durften auch mehr als vier Schriften gewechselt werden. An Hand dieser Ausnahmen läßt sich eine gewisse Entwicklung aufzeigen. Die Eventualmaxime wurde von Entwurf zu Entwurf strikter gehandhabt bis hin zum Entwurf von 1776, während in der AGO diese Bewegung rückläufig war und Ausnahmen großzügiger zugelassen wurden.

aa) Nach dem Entwurf 1726 sollte es — wie im böhmischen Recht — dabei bleiben, daß die Parteien in Klage und Einrede möglichst vollständig vortrugen, um so den Prozeß nach vier Schriften zu beenden[8]. Das Verbot, in Replik und Duplik Neuerungen in den Prozeß einzuführen, war allerdings vielfach durchbrochen. Neue Beweismittel sollte der Kläger in der Replik auch dann benennen dürfen, wenn er sie bei Abfassung der Klage bereits gekannt hatte[9]. Die Parteien sollten sogar die Möglichkeit erhalten, neu gefundene Beweismittel nach abgeschlossenem schriftlichen Verfahren in den Prozeß einzuführen[10]. Sie mußten hierzu schriftlich darlegen, daß sie das Beweismittel nicht willkürlich zurückgehalten hätten, sondern daß es nicht früher habe präsentiert werden können. Der Richter sollte dann — so schlug die Kommission vor — nach Anhörung des Gegners entscheiden, ob die Partei ihre Behauptung, das Beweismittel nicht absichtlich so spät in den Prozeß eingeführt zu haben, mit einem Eid (juramentum calumniae) bekräftigen mußte.

Die Ähnlichkeit dieses Vorschlags mit den §§ 48, 54 ist auffallend. Auch nach diesen Bestimmungen mußten, wie dargestellt, die Parteien, die Neues verspätet vortragen wollten, „durch standhafte Behelfe“ — hilfsweise durch einen Eid — dartun, daß sie dies nicht „geflissentlich“ so spät taten. Auch in der AGO entschied der Richter nach Vernehmung des Gegners über die Zulässigkeit des neuen Vorbringens.

Nach dem Entwurf von 1726 sollte der Richter nach Ablegung des Eides das Beweismittel zu den Akten nehmen und dem Gegner Gelegenheit geben, in einem eigenen Schriftsatz hierzu Stellung zu nehmen. Wollte dieser dann dem neuen Beweismittel seinerseits mit neuen Beweismitteln begegnen, so sollte hierüber erneut in vier Schriften verhandelt werden.

---

7 Zusammenstellung *Holger*, Bl. 148. Vgl. 2. Teil, I. Kapitel, 2 b).

8 Entwurf 1726, 3. Teil, Titel 12, Bl. 1 ff.

9 Entwurf 1726, 3. Teil, Titel 11, Bl. 3.

10 Entwurf 1726, 3. Teil, Titel 12, Bl. 7 f.

11 Böhm. LO, C XXXVIII.

Dieser Vorschlag der Kommission läßt sich auf eine Vorschrift der böhmischen Landesordnung[11] zurückführen, nach der „obberürte Zeügen und Instrumenta (wan sie gleich in denen Schrifften nicht benent) biß nach eingebrachter Duplica ... producirt werden" dürfen, wenn durch einen Eid oder sonstige Behelfe dargetan wurde, daß sie nicht böswillig zurückgehalten worden waren.

Die Tatsachen mußten im böhmischen und mährischen Recht ebenfalls grundsätzlich bis zur Replik einschließlich vorgetragen sein. Die Duplik des Beklagten durfte keine neuen Tatsachen enthalten[12].

Die Prager Kommission empfand aber auch diese Einschränkung als zu hart. Der Beklagte könne durch ein Versehen den Vortrag wichtiger Tatsachen unterlassen haben und dadurch den Prozeß verlieren, wenn er das Versäumte nicht nachholen dürfe[13].

Die Kommission schlug daher vor, dem Beklagten auch den verspäteten Vortrag von Tatsachen zu gestatten, wenn er dem Kläger die Kosten ersetze, die diesem durch die Verlängerung des Prozesses entstünden. Damit werde dem Beklagten nur das gleiche Recht gewährt wie dem Kläger, der in der Replik seine Klage gegen Erstattung der Unkosten ändern könne[14].

Diesen vielfachen Ausnahmen zur Eventualmaxime im böhmischen Recht und im Entwurf Neumanns von 1726 läßt sich als Prinzip entnehmen, daß verspätetes Vorbringen nur dann nicht zugelassen wurde, wenn es aus Böswilligkeit oder Arglist geschehen war[15]. Bloße Nachlässigkeit führte nicht zu prozessualen Nachteilen.

Nach demselben Kriterium erfolgte auch in der AGO (§§ 48, 54) die Abgrenzung zwischen zulässig und unzulässig verspätetem Vortrag.

bb) Eine gewisse Ähnlichkeit in der Behandlung des verspäteten Vorbringens besteht auch zwischen der AGO und dem Gesamtplan Azzonis, wobei allerdings berücksichtigt werden muß, daß der Entwurf Azzonis die Probleme nur anreißt und Lösungen oft nur andeutet.

Nach diesem Entwurf von 1753 sollte das streitige Verfahren grundsätzlich in vier Schriften durchgeführt werden[16]. Eine dritte Schrift für jede Partei war nur dann zulässig, wenn der Beklagte in der Duplik neue Urkunden vorlegte. Dies durfte er aber nur, wenn er sie nicht

---

[12] Böhm. LO, C XVIII.

[13] Entwurf 1726, 3. Teil, Titel 12, Bl. 2.

[14] Entwurf 1726, 3. Teil, Titel 12, Bl. 3.

[15] Vgl. Entwurf 1726, 3. Teil, Titel 12, Bl. 5.

[16] Gesamtplan *Azzoni*, 4. Teil, 10. Abhandlung, 1. und 2. Abschnitt, Bl. 100.

früher hatte vorlegen können, was er durch einen Eid glaubhaft zu machen hatte[17].

cc) In den Anmerkungen des anonymen Gutachters und der italienischen Rechtsgelehrten zum Entwurf 1776 wurden zur Ausgestaltung der Eventualmaxime im Grundsätzlichen keine, in den Einzelheiten nur unbedeutende Gegenvorschläge gemacht. Mit der Beschränkung des Verfahrens auf regelmäßig vier Schriften war man allgemein einverstanden[18].

Die Zulässigkeit neuen Vorbringens in Replik und Duplik war in diesem Entwurf an strengere Voraussetzungen geknüpft als im böhmischen und mährischen Recht und in den früheren Entwürfen. Gem. §§ 35 und 40 des Entwurfs[19] durften die Parteien in ihrer zweiten Schrift neue Tatsachen und Beweise nur dann vortragen, wenn sie sich „erböthe(n) zu schwören, daß ..." sie vor Einreichung ihrer Klage bzw. Einrede „*allen Fleiß* angewendet (hätten), um alle Umstände und Beweismittel in Erfahrenheit zu bringen". Nicht nur Vorsatz, sondern bereits Nachlässigkeit beim Anfertigen von Klage und Einrede führte somit zum Verlust zunächst nicht vorgebrachter Tatsachen und Beweismittel.

Gegen die Einführung eines Reinigungseides als einzigem Mittel zur Glaubhaftmachung sprachen sich Guadagni und die Mehrheit der Deputation aus[20]. Insbesondere Guadagni befürchtete die Zunahme von Meineiden. Die Deputation schlug vor, den Parteien aufzugeben, „Behelfe" zum Nachweis ihrer Unschuld vorzulegen, über die dann der Richter auf einer Tagsatzung zu entscheiden habe.

Die vorgetragenen Bedenken schlugen sich in den §§ 48 und 54 der Endfassung nieder. Zwar wurde der Reinigungseid als Mittel der Glaubhaftmachung nicht abgeschafft. Er sollte aber nur noch hilfsweise in Ermangelung anderer Behelfe abgelegt werden. Außerdem kehrte man, wie bereits dargestellt, zu dem alten Prinzip zurück, daß die Parteien nur das nicht verspätet vortragen durften, was sie zuvor „geflissentlich" verschwiegen hatten. Die größere Strenge Froidevos setzte sich in diesem Punkt nicht durch.

Einen weiteren Änderungsvorschlag, der allerdings nicht zum Erfolg führte, machten Tosi[21] und der anonyme Gutachter[22]. Wenn auch alle

---

[17] Gesamtplan *Azzoni*, 4. Teil, 10. Abhandlung, 3. und 4. Abschnitt, Bl. 101.

[18] OJ HC, Protoc. B. 81, S. 478, Sitzung v. 1. Dezember 1779.

[19] OJ HC, Protoc. B. 81, S. 71, 77.

[20] Vgl. 2. Teil, II. Kap., Fn. 80 und 81.

[21] OJ HC, K. 231, NÖ, Fz. 105/1 a, *Tosi* zu § 10.

[22] Koller-Akten 5, Nr. 314 zu § 10.

Beweismittel in Klage und Einrede sofort benannt werden müßten, so solle man doch den Eid hiervon ausnehmen. Der wichtige Schritt eines Eides müsse mit größter Vorsicht getan werden.

In der Stellungnahme zu den Anmerkungen der italienischen Rechtsgelehrten[23] wurde demgegenüber darauf hingewiesen, daß sich erst vor oder sogar erst nach der Beweisaufnahme herausstelle, ob ein angebotener Beweis tatsächlich erhoben werden müsse. Über die Ablegung eines Eides werde daher auch erst zu diesem Zeitpunkt entschieden. Anbieten könne man den Eid aber sofort, da es sonst zu unliebsamen Verzögerungen komme.

b) Wirkliche Gegensätze traten in den Beratungen über die Behandlung der Exzeptionen auf. Dieses Thema war bereits im böhmischen und österreichischen und überhaupt im gemeinen Recht umstritten gewesen.

Man unterscheidet zwischen dilatorischen und peremptorischen Einwendungen. Im ersten Fall wendet sich der Beklagte gegen die Durchsetzbarkeit, im zweiten Fall gegen den Bestand des Anspruchs.

Der Streit ging darum, ob der Beklagte zunächst die dilatorischen Einwendungen vortragen sollte, über die dann in einem Beiurteil vorab entschieden wurde, oder ob alle Einwendungen zugleich in den Prozeß eingeführt werden mußten. Schließlich bot sich als dritte Lösung noch an, nur einzelne dilatorische Einwendungen vorweg zu behandeln, die übrigen mit den peremptorischen zusammen in den Prozeß einzubringen.

aa) In den älteren Gerichtsordnungen wurden dilatorische und peremptorische Einwendungen getrennt vorgebracht und vom Gericht getrennt behandelt[24]. Wandte sich der Beklagte gegen den klägerischen Anspruch mit dilatorischen Einwendungen, so führte dies noch nicht zum eigentlichen Prozeßbeginn, zur Litiskontestation oder Streitbefestigung[25], wie der Anfang des streitigen Verfahrens auch genannt wurde. Die Streitbefestigung erfolgte erst mit dem Bestreiten des Anspruchs selbst durch die peremptorischen Einwendungen.

---

[23] OJ HC, K. 231, NÖ, Fz. 105/1 a, Beantwortung zu Tosi § 10.

[24] Tiroler LO (1573), B. II, Titel 48, Bl. 20; *Suttinger*, S. 174, Motiv 9. April 1576; GO Breslau (1591), Art. 26; GO Steyr (1622), Art. 48, Abs. 3; Mähr. LO, Nr. 64, allerdings nur für die seltenen mündlichen Verhandlungen, ansonsten galt in der Böhm. LO, C IX, und der mährischen LO, Nr. 121, das Prinzip, alle Einwendungen auf einmal vorzutragen; GO Kärnten (1638), Art. 33, Fol. 64 f.

Vgl. auch *Engelmann*, II, 3, § 54 (S. 141).

[25] Vgl. z. B. die GO Kärnten (1638), Art. 33, Fol. 64 f., wo der Ausdruck „Kriegsbefestigung" verwandt wird.

[26] §§ 38, 40, zitiert nach *Schmauß*, S. 968, 971.

Im Verlauf des 17. und 18. Jahrhunderts ging man aber mehr und mehr dazu über vorzuschreiben, daß alle Einwendungen in der Klageerwiderung auf einmal vorgetragen werden mußten, die dilatorischen und „in omnem eventum" die peremptorischen. Hiervon wurden nur einzelne dilatorische Einwendungen ausgenommen, die schon vor der Litiskontestation zu behandeln und zu entscheiden waren. Das galt in besonderem Maße für die forideklinatorischen Einwendungen, die Einwendungen also, die die Zuständigkeit des Gerichts betrafen.

Dieselbe Entwicklung läßt sich auch außerhalb der Erbstaaten beobachten. Der jüngste Reichsabschied von 1654[26] ordnete an, daß „jeder Beklagter oder Antworter, wann er vorzügliche oder andere dergleichen Exceptiones vorzunehmen hätte, dieselbe auf diesen ersten Termin ... vorbringen ..." müsse. „... Vor Erörterung des puncti compitentiae fori ..." müsse er sich zur Hauptsache nicht einlassen. Die forideklinatorischen Einwendungen wurden also zuerst behandelt. Alle anderen mußten dann zusammen vorgetragen werden.

Eine ähnliche Sonderstellung der forideklinatorischen Einwendungen findet sich beispielsweise auch im Codex Juris Bavarici von 1753[27] und in der Preussischen Cammer-Gerichts-Ordnung von 1748[28].

bb) Im Gegensatz dazu wurden in den Gerichtsordnungen der Erbstaaten alle dilatorischen Einwendungen gleich behandelt.

In Niederösterreich mußten die dilatorischen Einwendungen in der Hälfte der dreißigtätigen Frist vorgebracht werden, die der Beklagte zur Klageerwiderung hatte. Die peremptorischen Einwendungen waren mit der Einredeschrift in den Prozeß einzuführen[29]. Dies wurde aber schon kurze Zeit nach 1753, dem Jahr, in dem Holger seine Zusammenstellung des niederösterreichischen Rechts fertiggestellt hatte, geändert. In den Gerichtsordnungen Niederösterreichs von 1758[30] und Wiens von 1761[31] wird dem Beklagten aufgegeben, alle dilatorischen und peremptorischen Einwendungen auf einmal vorzutragen.

Diese für Österrerich neue Regelung, alle Einwendungen zusammen in der Exzeptionsschrift bei Gericht vorzubringen, war in den böhmischen und mährischen Ländern schon lange Gesetz[32]. Der Richter konnte

---

[27] Codex Juris Bavarici, 6. Kapitel, §§ 2, 3.

[28] Preussische CGO, Titel X, § 6.

[29] AdvO St- u. LG Wien (1700), § 36; G u. TaxO Universität Wien (1724), § 43: alle Einwendungen sind auf einmal vorzubringen, die dilatorischen aber zuerst zu behandeln; vgl. auch die Zusammenstellung *Holger*, Bl. 188 f.

[30] GO NÖ (1758) unter „Siebendens".

[31] P u. ExO Wien (1761) unter „Siebendens".

[32] Böhm. LO, C IX - XI; Mähr. LO, Nr. 121; Rescriptum v. 1. Oktober 1706 (*Kernlein*, S. 136): Anordnung für Böhmen und Schlesien; Entwurf 1726, 3. Teil, Titel 10, Bl. 1; Zusammenstellung *Waldstetten*, 4. Teil, 9. Ab-

jedoch — und dies stellte eine gewisse Ausnahme dar — bei bestimmten dilatorischen Einwendungen, zu denen auch die forideklinatorischen gehörten, einen Mangel der Klageschrift von Amts wegen rügen. Diese Rüge hatte jedoch nur eine hemmende Wirkung. Bestand nämlich der Kläger trotz des gerügten Mangels auf der Zustellung, so mußte die Zustellung der Klage durch das Gericht erfolgen[33].

cc) Im Entwurf 1726 beklagte die Kommission, daß man sich in der Praxis nicht an die gesetzlichen Vorschriften halte[34]. Die Parteien trügen vielmehr zunächst ihre dilatorischen Einwendungen vor und verzögerten damit den Prozeß. Die Kommission schlug vor, bei einer neuen Prozeßordnung die bestehende gesetzliche Regelung beizubehalten. Die Klageerwiderung sollte alle Einwendungen enthalten. Jedoch müsse dem Beklagten die Möglichkeit geboten werden, den Kläger vierzehn Tage vor Einreichung seiner Klageerwiderung auf etwaige Mängel in der Klage aufmerksam zu machen, damit der Kläger, ohne weitere Kosten zu verursachen, seine Klage ändern könne[35].

Von dieser zuletzt genannten Möglichkeit eines Hinweisrechts des Beklagten abgesehen, schlug auch Azzoni in seinem Gesamtplan vor, alle Einwendungen zusammen vorzutragen[36]. Da in den Jahren 1758 und 1761, wie oben dargestellt[37], auch Niederösterreich und Wien dieses Verfahren einführten, bestand in dieser wichtigen und umstrittenen Frage in fast allen Erbstaaten eine einheitliche Regelung.

Daher verwundert es, daß Froidevo in dem Entwurf 1776 hiervon wieder abwich, wenn auch nur für das schriftliche Verfahren.

Im ersten Kapitel des Entwurfs — über das Verfahren im allgemeinen — bestimmte § 6[38], daß der Beklagte alle Einwendungen, dilatorische und peremptorische, in der Exzeptionsschrift auf einmal vorbringen müsse. Im Grundsatz war Froidevo bei der Regelung geblieben, die in fast allen Erbstaaten galt.

Abweichend davon war jedoch im dritten Kapitel für das schriftliche Verfahren bestimmt, daß der Beklagte alle die Einwendungen, die die Zuständigkeit des Gerichts betrafen, bereits drei Tage vor Ablauf der für die Einwendungsschrift vorgeschriebenen Frist dem Gericht vor-

---

handlung, 1.-3. Abschnitt, Bl. 40; PO Böhmen (1753), Art. 6; PO Schlesien (1753), Art. 6; PO Mähren (1760), Art. 6.

[33] Böhm. LO, B XLI; Entwurf 1726, 3. Teil, Titel 10, Bl. 1.

[34] Entwurf 1726, 3. Teil, Titel 10, Bl. 8.

[35] Entwurf 1726, 3. Teil, Titel 10, Bl. 8.

[36] Gesamtplan *Azzoni*, 4. Teil, 9. Abhandlung, 1. Abschnitt, Bl. 97.

[37] 2. Teil, III. Kap., Fn. 30 und 31.

[38] OJ HC, Protoc. B. 81, S. 14.

tragen mußte[39]. Die forideklinatorischen Einwendungen erfuhren also im schriftlichen Verfahren eine Sonderbehandlung, die den zitierten Gesetzen anderer deutscher Staaten in dieser Zeit (Bayern, Preussen) entsprach[40].

Nach dem Entwurf von 1776 sollte der Richter zur Beratung über diese Einwendungen trotz schriftlichen Verfahrens eine Tagsatzung anberaumen und vorab hierüber erkennen.

Gegen diesen Gesetzesvorschlag wandte sich die Deputation, aber nicht etwa mit dem Ziel, die in den Erbstaaten geltende Regelung der gemeinsamen Behandlung aller Exzeptionen bestehen zu lassen. Die Deputation wollte vielmehr zur vollständigen Trennung zwischen dilatorischen und peremptorischen Einwendungen zurückkehren. Zur Begründung gab sie an, daß die Häufung aller Einwendungen zur „Weitläufigkeit“ führe und das Richteramt erschwere[41]. Die dilatorischen Einwendungen sollten nach Auffassung der Deputation vom Beklagten in der halben für die Exzeptionsschrift bemessenen Frist vorgebracht werden und vom Richter hierüber auf einer besonders anzuberaumenden Tagsatzung entschieden werden.

Die Behandlung der Einwendungen — von Froidevo als die wichtigste bei der AGO vorkommende Frage bezeichnet[42] — wurde auf einer gemeinsamen Sitzung von CompCoon und Deputation beraten[43]. Der Meinungsstreit ging dabei quer durch beide Gremien. Der Vorsitzende, Sinzendorf, gab schließlich den Ausschlag[44]. Er sprach sich für den Vorschlag Froidevos aus. Nach seiner Ansicht führe die gesonderte Behandlung der dilatorischen Einwendungen zu einer Vervielfältigung der Prozesse. Die Entscheidung im Hauptprozeß würde hinausgezögert, da gegen die Zwischenentscheidungen des Richters Rechtsmittel eingelegt werden könnten. Außerdem würden die dilatorischen Einwendungen von den Advokaten gerne dazu benützt, den Prozeßbeginn hinauszu-

[39] § 29 des Entwurfs 1776, OJ HC, Protoc. B. 81, S. 66: „Glaubte der Beklagte daß der Richter, bey welchem er beklagt wird, die Gerichtsbarkeit nicht gebühre, entweder weil die Streitsache, oder er Beklagter für seine Persohn dessen Gerichtsbarkeit nicht unterstehe, oder weil eben diese oder eine mit dieser zusammenhangende Streittsache (welche nemlich aus der nemlichen Geschichte entsprungen ist) schon bey einem anderen Richter anhängig ist, soll er längstens 3 Tage vor dem Ablaufe der ihm erteilten 1. Frist diese Einwendungen anbringen, widrigens damit nicht mehr gehöret werden, der Richter aber hat darüber bey einer auf eine kurze Zeit anzuberaumenden, und niemals zu erstreckenden Tagsatzung zu erkennen.“

[40] 2. Teil, III. Kap., Fn. 27 und 28.

[41] OJ HC, Protoc. B. 81, S. 14, Sitzung v. 17. Juni 1779.

[42] OJ HC, Protoc. B. 81, S. 501, Sitzung v. 15. Dezember 1779.

[43] OJ HC, Protoc. B. 81, S. 498 ff., Sitzung v. 15. Dezember 1779.

[44] OJ HC, Protoc. B. 81, S. 505, Sitzung v. 15. Dezember 1779.

schieben. Diesem Votum Sinzendorfs schlossen sich Mitglieder beider Kommissionen an[45]. Auf diese Weise fand § 29 des Entwurfs eine Mehrheit. Die Vorschrift wurde mit zwei Änderungen in die AGO übernommen (§§ 7, 40). Zum einen sollten die forideklinatorischen Einwendungen nicht drei Tage vor Ablauf, sondern in der Hälfte der für die Verfassung der Exzeptionsschrift vorgeschriebenen Frist bei Gericht eingereicht werden; zum anderen sollte der Richter hierüber nicht auf einer Tagsatzung, sondern schriftlich nach Anhörung des Klägers entscheiden.

[45] OJ HC, Protoc. B. 81, S. 506: Kronenfels, Haan und Kees, die vorher für die Deputation votiert hatten (S. 503), Sitzung v. 15. Dezember 1779.

IV. Kapitel

Der Beweis

Das Beweisverfahren in der AGO war gekennzeichnet durch die Exklusivität der Beweismittel, seine Abtrennung durch ein Beweisurteil und durch die Bindung des Gerichts an feste Beweisregeln.

Die Parteien konnten die Richtigkeit ihrer Behauptungen nur mit Hilfe der im Gesetz aufgezählten Beweismittel nachweisen. Die AGO unterschied fünf Beweismittel: das Eingeständnis, die Urkunden, die Zeugen, die Kunstverständigen[1] und die Parteieide. Der Augenschein, der als Beweismittel ebenfalls zugelassen war, wurde wie ein Beweis durch Kunstverständige behandelt und war in demselben Kapitel geregelt. Unter Eingeständnis verstand man nur das vor Gericht erklärte Eingeständnis. Das außergerichtliche Eingeständnis besaß nur ausnahmsweise einen Beweiswert, wenn eine Partei es auf ausdrückliche Befragung hin abgelegt hatte, obwohl sie wußte, daß dem Fragenden „daran gelegen" war, „die Wahrheit zu erfahren" (§ 110). Einen Beweis konnte man also nur mit einem bewußten Geständnis führen. Bloßes Reden und Erzählen außerhalb des Gerichts schadete dem Prozeßgegner nicht[2].

Eingeständnis und Urkunden erforderten kein Beweisverfahren. Demgegenüber mußten die Zeugen und Kunstverständigen vom Gericht gehört und die Parteieide vor Gericht abgelegt werden. Dies geschah in einem besonderen Verfahrensabschnitt, der erst begann, nachdem alle Schriftsätze zwischen den Parteien gewechselt waren. Über die Zulässigkeit jedes dieser Beweise entschied das Gericht zuvor durch Urteil (§§ 136, 187, 204 f.). In diesem sogenannten Beweisurteil wurden zu jeder entscheidungserheblichen, bestrittenen Tatsache die zum Beweise notwendigen Beweismittel — Zeugen, Kunstverständige und Parteieide — einzeln genannt und den Parteien auferlegt, die Beweise zu führen. Ein zweites Beweisurteil mit neuen Beweismitteln, die das Gericht zunächst nicht für notwendig gehalten hatte, war nicht zulässig (§ 106). Die Abschaffung einer solchen „Additionalweisung", die vor

---

[1] Die Kunstverständigen entsprechen unseren heutigen Sachverständigen.

[2] Auf eine besondere Darstellung des Eingeständnisses als Beweismittel wird im folgenden verzichtet, da dieses Kapitel in der AGO inhaltlich keine Besonderheiten aufweist und während der Beratungen im wesentlichen unbeachtet blieb. Vgl. hierzu: OJ HC, Protoc. B. 81, S. 171 ff.

1781 in den Erbstaaten sehr verbreitet war, bedeutete einen wesentlichen Schritt auf dem Wege zu einer wirksamen Prozeßbeschleunigung. Um ein Beweisurteil, das später nicht mehr korrigiert werden durfte, abfassen zu können, mußte das Gericht den Rechtsstreit im Tatsächlichen wie im Rechtlichen erfaßt und gelöst haben. Beweisurteile waren vorweggenommene, bedingte Endurteile. Das Prozeßergebnis hing allein davon ab, ob die Parteien die von ihnen vorgetragenen Behauptungen bewiesen. Im Endurteil wurden die vorläufigen Ergebnisse des Beweisurteils bestätigt oder aufgehoben. Wegen dieser Präjudizwirkung waren die Beweisurteile für die Parteien ebenso wichtig wie die Endurteile. Sie konnten daher das Beweisurteil mit Appellation und Revision angreifen. Erst nach Abschluß des Rechtsmittelverfahrens wurden die Beweise erhoben.

Das Beweisurteil und das hierdurch entstehende Beweisinterlokut waren dem österreichischen Recht fremd. In den böhmischen Ländern war diese Zweiteilung der Prozesse zwar bekannt. Durch ein Beweisurteil wurde den Parteien aber nur aufgetragen, einen Eid zu leisten. Der Zeugenbeweis erfolgte während des streitigen Verfahrens.

Die teilweise Vorwegnahme der Ergebnisse im Beweisurteil war nur deshalb möglich, weil das Gericht an feste Beweisregeln gebunden war. Jedes Beweismittel hatte einen bestimmten Beweiswert. Es wurde zwischen vollem und halbem Beweis unterschieden. Nur bei einem vollen Beweis war das umstrittene Faktum bewiesen. Einen vollen Beweiswert hatten das Eingeständnis, bestimmte Urkunden, zwei sich deckende Zeugenaussagen, die übereinstimmenden Urteile zweier Kunstverständiger und der Parteieid des Gegners der beweisführenden Partei. Zwei oder mehrere halbe Beweise ergaben einen vollen Beweis, so daß im vorhinein festgelegt werden konnte, unter welchen Voraussetzungen bestimmte Behauptungen bewiesen waren und welches Urteil dann gefällt werden mußte.

Während die Beschränkung der Parteien auf bestimmte, festgelegte Beweismittel und die Bindung des Richters an Beweisregeln als selbstverständlich empfunden wurden, konzentrierte sich die Kritik auf das Beweisurteil. Bis wenige Wochen vor Inkrafttreten der AGO war die Einführung eines Beweisurteils heftigen Angriffen ausgesetzt[3].

1. Die Urkunden

Bei der Darstellung der Urkunden als Beweismittel interessieren im wesentlichen vier Aspekte: die einzelnen Urkunden und die ihnen jeweils zukommende Beweiskraft (a), die Rekognoszierung der Urkunden

[3] Vgl. 1. Teil, VI. Kapitel, 2. und VII. Kapitel, 2 b).

durch die Gegenpartei (b), die Edierung von Urkunden (c) und die Möglichkeit des Gegners, die Unechtheit von Urkunden nachzuweisen, bzw. überhaupt einen Gegenbeweis gegen eine Urkunde zu führen (d).

a) Die AGO unterschied zwischen *öffentlichen* (§§ 111, 112) und *privaten* Urkunden (§§ 113 - 118). Bei den Privaturkunden nahmen die Bücher der Kaufleute, Fabrikanten und Handwerker eine Sonderstellung ein (§§ 119 - 121).

Öffentliche Urkunden und Privaturkunden *gegen* ihren Aussteller hatten einen vollen Beweiswert (§§ 111, 114). Es bedurfte also keiner weiteren Beweismittel, damit das Gericht die durch sie belegten Fakten als gegeben ansah. *Für* den Aussteller waren die Privaturkunden niemals ein taugliches Beweismittel. Hiervon ausgenommen waren jedoch die Handelsbücher, die, wenn sie ordentlich geführt waren und der Kaufmann, Fabrikant oder Handwerker einen untadligen Ruf besaß, insbesondere nicht schuldhaft „falliert" hatte, auch *für* ihren Aussteller einen halben Beweis ausmachten (§§ 119 - 121).

Diese Einteilung der Urkunden und ihre unterschiedliche Beweiskraft finden sich in allen Entwürfen[4]. Auch die Prozeßordnungen der Erbstaaten vor 1781 wichen von dieser im gemeinen Recht allgemein üblichen Differenzierung nicht ab[5]. Allerdings enthielten die Prozeßordnungen Österreichs selten eine vollständige Regelung. Nur mittelbar läßt sich einzelnen Vorschriften — z. B. über das Rekognoszierungsverfahren oder über Urkunden in der Vollstreckung — entnehmen, daß diese Gesetze von derselben Einteilung wie die AGO ausgingen[6].

Diese scheinbare Unvollständigkeit hatte ihren Grund meist darin, daß die genannten Prozeßordnungen reine Verfahrensordnungen waren. Regelungen mit „materiellem" Gehalt, wozu nach damaliger Auffassung auch die Festsetzung des Beweiswertes einer Urkunde gehörte, waren in ihnen nicht enthalten.

Haan und — ihm folgend — die Deputation wollten aus der AGO ebenfalls eine bloße Verfahrensordnung machen[7]. Folgerichtig stimmte die Deputation in den Beratungen mit Mehrheit dafür, das Kapitel über die Urkunden aus der AGO fortzulassen, mit Ausnahme der Bestimmungen über das Rekognoszierungsverfahren und über die Mög-

---

[4] Entwurf 1726, 3. Teil, Titel 17; Gesamtplan *Azzoni*, 4. Teil, 11. Abhandlung, 4. Abschnitt, Bl. 102 f., wo allerdings die Kaufmannsbücher nicht erwähnt sind; Entwurf 1776 §§ 107 - 114, OJ HC, Protoc. B. 81, S. 174 ff.

[5] Für Niederösterreich vgl. die Zusammenstellung *Holger*, Bl. 132; für die böhmischen Länder findet sich eine Zusammenstellung im Entwurf 1726, 3. Teil, zu Beginn des 17. Titels. Zum Urkundenbeweis durch Handelsbücher vgl. *Hänsel*, § 2 (S. 5 ff.).

[6] z. B. P u. ExO Wien (1761) unter „Drittens", wo die Rekognoszierung der Urkunden geregelt ist, ohne daß diese als Beweismittel erwähnt sind.

lichkeit, eine unleserliche Urkunde zu erneuern[8]. Alle anderen Vorschriften gehörten nach ihrer Auffassung „ad codicem" bzw. „ad legislationem", was bedeutete, daß diese zusammen mit dem materiellen Recht im Codex Theresianus geregelt werden sollten[9]. Dieser Gegensatz in den Vorstellungen von Deputation und CompCoon über den Charakter der Prozeßordnung wurde bei den Beratungen über die Beweismittel besonders deutlich. Zwar wurden weder von den Gutachtern noch von der Deputation Bedenken gegen den Inhalt der Vorschriften geäußert. Man nahm nur Anstoß daran, daß dies in einer Verfahrensordnung geregelt werden sollte statt in einem materiellen Gesetz.

Lediglich die Bestimmungen über den Beweiswert der verschiedenen Bücher stießen auch inhaltlich auf Widerspruch.

Froidevo hatte bei der Beweiskraft der Handelsbücher unterschieden, ob dieser Beweis gegenüber einem anderen Kaufmann, Fabrikanten oder Handwerksmann zu führen war — in diesem Fall sollten die Bücher ihren halben Beweiswert ohne zeitliche Begrenzung behalten (§§ 112, 115 des Entwurfs)[10] — oder gegenüber einem anderen Schuldner. Im zweiten Fall sollte der Beweisführende verpflichtet sein, binnen Jahr und Tag sich seine Forderung vom Schuldner unterschriftlich bestätigen zu lassen (§§ 113, 115 des Entwurfs)[11]. Unterließ er es, den Schuldner innerhalb dieser Frist zur Unterschriftsleistung aufzufordern und ihn im Weigerungsfall hierauf zu verklagen, so sollte er seine Forderung verlieren (§ 114 des Entwurfs)[12]. Die unterschiedliche Behandlung der Handelsleute und der sonstigen Schuldner ging auf einen Vorschlag des Kommerzienrates zurück[13]. Die Bestimmung, daß der Gläubiger seine Forderung verlor, hatte Froidevo dagegen auf Anweisung der Kaiserin[14] der Handlungs- und Falliten-Ordnung des Littoralis von 1758 entnommen. Nach Art. 5 § 2 dieses Gesetzes ging der

---

[7] Vgl. 1. Teil, VI. Kap., Fn. 12.

[8] OJ HC, Protoc. B. 81, S. 171, 173, 174, 175, 179, Sitzung v. 17. September 1779; S. 180, 182, 184, 185, Sitzung v. 24. September 1779; S. 188, Sitzung v. 30. September 1779; S. 201, Sitzung v. 1. Oktober 1779: Diese Protokollstellen enthalten Vorschläge der Deputation, von Froidevo vorgeschlagene Paragraphen wegzulassen; S. 185 f., Sitzung v. 24. September 1779; S. 190 f., Sitzung v. 30. September 1779; S. 196 f., 198 ff., Sitzung v. 1. Oktober 1779: in diesen Protokollstellen wird die Beibehaltung einzelner Vorschriften empfohlen.

[9] OJ HC, Protoc. B. 81, S. 174, 175, 179, 181, 182, 184.

[10] OJ HC, Protoc. B. 81, S. 180 f., 184.

[11] OJ HC, Protoc. B. 81, S. 182, 184.

[12] OJ HC, Protoc. B. 81, S. 182 f.

[13] StRPr 3115/1774 v. 6. Dezember 1774: Resolution der Kaiserin auf einen Vortrag der CompCoon v. 24. November 1774.

[14] In der zitierten Resolution, StRPr 3115/1774.

Gläubiger seiner Forderung verlustig, wenn er sie sich nicht binnen drei Jahren vom Schuldner unterschriftlich bestätigen ließ.

Die Deputation hielt diese Regelung für ungerecht[15]. Da eine normale Forderung erst in 32 Jahren verjähre, bestehe kein Grund, dem Kaufmann Forderungen binnen Jahr und Tag abzuerkennen.

In der endgültigen Fassung der AGO wurde diese Bestimmung daher geändert. Man verzichtete auf eine unterschiedliche Behandlung der Forderungen gegen einen Kaufmann und einen Nichtkaufmann. Derjenige, der ein Handelsbuch führte, sollte sich von seinen Schuldnern binnen Jahr und Tag nach Entstehen der Forderung diese auf einem eigenen Auszug unterschriftlich bestätigen lassen. Unterließ er dies, so sollte er zwar nicht seine Forderung, wohl aber die Möglichkeit verlieren, diese mit Hilfe des Handelsbuches beweisen zu können (§ 120). Diese Neufassung entsprach dem Vorschlag des italienischen Rechtsgelehrten Tosi[16]. Eine Regelung gleichen Inhalts findet sich aber auch in einem Patent Kaiser Leopolds aus dem Jahre 1693[17].

b) Stützte eine Partei ihre Beweisführung auf Urkunden, so mußte sie diese der Gegenpartei in Abschrift mit der Klage oder Einrede zukommen lassen (§§ 12, 122). Wollte die Gegenpartei, wozu sie berechtigt war, auch die Originale einsehen, um sich von deren Echtheit und Richtigkeit zu überzeugen, so kam es zum sogenannten *„Recognoscierungsverfahren“* (§§ 123 - 129).

Auf Verlangen des Gegners hatte die beweisführende Partei *außergerichtlich* die Einsicht zu gestatten. Dies sollte in der Hälfte der Zeit geschehen, die der Gegner zur Einreichung seiner Satzschrift hatte (§ 123).

Wurden bei diesem außergerichtlichen Termin Einwände gegen einzelne Urkunden erhoben oder weigerte sich die beweisführende Partei, die Urkunden außergerichtlich vorzulegen, so konnte der Gegner um die *gerichtliche* Einsicht ansuchen (§ 125). Zu diesem Zweck beraumte der Richter eine Tagsatzung an. War eine der Parteien bei dieser Tagsatzung säumig, so wurden die Urkunden für unbedenklich gehalten, wenn der Gegner, oder als Beweismittel nicht mehr zugelassen, wenn die beweisführende Partei nicht erschienen war (§ 126).

Auf dieser Tagsatzung wurde nicht entschieden, ob etwa erhobene Einwände gegen die Urkunden zu Recht bestanden. Ein Inzidentstreit

---

[15] OJ HC, Protoc. B. 81, S. 183, Sitzung v. 24. September 1779; so auch der anonyme Gutachter, Koller-Akten 5, Nr. 314 zu §§ 114, 115.

[16] OJ HC, K. 231, NÖ, Fz. 105/1 a, *Tosi* zu § 114.

[17] Abgedruckt unter § 21 der AdvO St- u. LG Wien (1700).

wurde hierüber nicht geführt. Die Einwände wurden nur im Protokoll festgehalten, und die Entscheidung wurde dem Urteil überlassen (§ 129).

Bei der Inrotulierung der Akten wurden dann nur die Urkunden in die Akten aufgenommen, die auf der Tagsatzung vom Prozeßgegner als bedenklich bezeichnet worden waren.

Dieses Rekognoszierungsverfahren war ohne größere Änderungen aus dem Entwurf 1776 übernommen worden[18]. Nur in einem Punkt bestand ein erwähnenswerter Unterschied. Nach dem Entwurf 1776 sollte die Rekognoszierung in der Kanzlei vorgenommen werden (§§ 121, 122 des Entwurfs)[19]. Dies hätte zu einer Entlastung des Richters geführt.

Die Deputation, die ohnehin an einer Ausweitung der richterlichen Kompetenzen interessiert war, veranlaßte mit ihrer Kritik die Änderung dieser Bestimmung[20]. Gemäß § 126 war in Zukunft der Richter zuständig, der hierfür eigens eine Tagsatzung anberaumte.

Nach Auffassung der Deputation stieß „diese ganz neue Verfahrensart" ... ohnehin „auf mehrere Bedenken"[21]. Mit dieser im Protokoll nicht näher erläuterten Bemerkung wird die Deputation allerdings kaum die Bestimmung gemeint haben, nach der die Kanzlei die Rekognoszierung vornehmen sollte. Die Kanzlei war nach mehreren österreichischen Gerichtsordnungen bereits vor 1781 zuständig gewesen[22]. Bei den nicht ständig tagenden Gerichten, den „judicia temporanea", konnte die Rekognoszierung zwischen den Sitzungszeiten nur durch die Kanzleien geschehen.

Die Kritik der Deputation wird sich vielmehr auf die Bestimmungen bezogen haben, nach denen die Rekognoszierung von den Parteien auch einverständlich ohne Mitwirkung des Gerichts vorgenommen werden konnte (§ 120 des Entwurfs)[23]. Diese Möglichkeit bestand in den Gerichtsordnungen vor 1781 nicht. In diesem Punkt setzte sich die Deputation nicht durch. Die außergerichtliche Rekognoszierung wurde in den §§ 123, 124 beibehalten, was unter dem Gesichtspunkt einer schnelleren Verfahrensabwicklung auch zweckmäßig war.

c) Mit *„Edierung"* war in den Prozeßordnungen des 17. und 18. Jahrhunderts die Herausgabe von Urkunden gemeint. Die rechtliche Bedeu-

---

[18] OJ HC, Protoc. B. 81, S. 190 - 196.

[19] OJ HC, Protoc. B. 81, S. 190, 191.

[20] OJ HC, Protoc. B. 81, S. 192 - 194, Sitzung v. 30. September 1779.

[21] OJ HC, Protoc. B. 81, S. 192, Sitzung v. 30. September 1779.

[22] GO Ö. u. d. E. (1681), § 8: die Rekognoszierung fand bei einem Expeditor statt, der dem Gericht berichtete; ebenso AdvO Magistrat Wien (1688), § 8; AdvO St- u. LG Wien (1700), § 93; G u. TaxO Universität Wien (1724), § 28.

[23] OJ HC, Protoc. B. 81, S. 190.

tung dieses Begriffs war jedoch nicht in allen Gesetzen gleich. In den Gesetzen Wiens und Niederösterreichs wurde hierunter die Herausgabe der Urkunden verstanden, die sich im Besitze der beweisführenden Partei befanden. Diese mußte sie dem Gegner zur Einsichtnahme und Überprüfung der Echtheit „in forma probante", d. h. in beglaubigter Abschrift, zur Verfügung stellen[24]. Edierung in diesem Sinne war nur die Vorbereitung der dann folgenden Rekognoszierung.

Im Gegensatz dazu wurde in der böhmischen Landesordnung[25] und in den Entwürfen 1726[26] und 1776[27] unter Edierung die Herausgabe der Urkunden verstanden, die die beweisführende Partei zur Beweisführung benötigte, die aber der Gegner oder ein Dritter in Besitz hatte. Bei einer Edierung in diesem Sinne war problematisch, ob die beweisführende Partei auf die Herausgabe einen Anspruch hatte. Nur um diese rechtliche Bedeutung des Begriffs „Edierung" geht es bei der nachfolgenden Untersuchung.

In der böhmischen Landesordnung war vorgeschrieben, daß jede Partei von ihrem Gegner die Herausgabe von Urkunden verlangen konnte[28]. Nach Ansicht der Prager Kommission war diese Formulierung zu allgemein[29]. Sie schlug vor, jede Partei solle zur Führung eines Beweises eine Urkunde nur dann herausverlangen dürfen, wenn diese von ihr allein oder von beiden Parteien zum gemeinsamen Gebrauch erstellt worden sei. Dritte, am Prozeß nicht beteiligte Personen sollten die Urkunden — nicht im Original, sondern in beglaubigter Abschrift — einer Partei nur dann überlassen müssen, wenn die Partei, die die Herausgabe verlangte, die Kosten hierfür übernähme.

Ganz ähnlich war die Regelung, die Froidevo in § 119 des Entwurfs 1776 vorgesehen hatte[30]. Nach dieser Vorschrift sollte eine Prozeßpartei zur Edierung einer Urkunde an den Gegner nur verpflichtet sein, wenn sie sich selbst zum Beweis auf diese Urkunde berufen hatte oder die Urkunde gemeinschaftlich oder zu dem Zwecke errichtet worden war, beiden Parteien als Beweismittel zu dienen. Unter denselben Voraussetzungen sollte auch eine dritte, am Prozeß nicht beteiligte Person eine Urkunde herausgeben müssen.

Nach Ansicht der Deputation mußte über die Edierung einer Urkunde der Richter entscheiden, was bei der Herausgabe von einem Dritten

---

[24] So z. B. AdvO St- u. LG Wien (1700), §§ 87 ff.

[25] Böhm. LO, B XXIII - XXVI.

[26] Entwurf 1726, 3. Teil, Titel 17, Bl. 18 f.

[27] §§ 119, 124 des Entwurfs, OJ HC, Protoc. B. 81, S. 189, 196.

[28] Böhm. LO, B XXIII.

[29] Entwurf 1726, 3. Teil, Titel 17, Bl. 18.

einen neuen Prozeß notwendig machte[31]. Die Kritik der Deputation hatte zur Folge, daß § 119 in die AGO nicht übernommen wurde.

Die Möglichkeiten des Prozeßgegners, sich gegen einen Urkundenbeweis zur Wehr zu setzen, waren im Entwurf 1726 sehr ausführlich dargestellt[32]. Im Gegensatz dazu enthielt die AGO hierzu nur drei Paragraphen (§§ 133 - 135).

Das rührte daher, daß der Entwurf 1726 auch den Gegenbeweis gegen öffentliche Urkunden in die Darstellung mit einbezog, während die Bestimmungen in der AGO nur den Beweis gegen private Urkunden betrafen. Vor allem aber begründete die Prager Kommission ihre Vorschläge sehr ausführlich, wobei sie in der Darstellung auch fremde Rechtssysteme, wie z. B. das sächsische Recht[33], und die Behandlung dieser Problematik in der Literatur berücksichtigte und die verschiedenen Ansichten gegeneinander abwog.

Nach den Vorschlägen der Prager Kommission sollte der Gegner der beweisführenden Partei einer Urkunde grundsätzlich widersprechen und ihre Richtigkeit bestreiten dürfen. Das sollte ihm auch bei öffentlichen Urkunden erlaubt sein[34]. Nur gegenüber den sogenannten „instrumenta intabulata“, d. h. gegenüber Urkunden, die sich bei den Akten der Landtafel befanden, sollte ein Gegenbeweis dann nicht zulässig sein, wenn diese Urkunden drei Jahre und 18 Wochen unwidersprochen bei der Landtafel „intabuliert“ gewesen waren[35]. Sie galten dann als unwiderlegbar richtig. Bei den anderen öffentlichen Urkunden war jeder Gegenbeweis zulässig; allerdings durfte er nicht mit Hilfe eines Parteieides geführt werden[36].

Die Vorschläge der Prager Kommission zur Behandlung der privaten Urkunden entsprachen genau den Regelungen, die 1781 in der AGO Gesetz wurden.

Der Beweisführung mit einer privaten Urkunde konnte der Prozeßgegner immer den Einwand entgegensetzen, die Urkunde sei unecht. Mit diesem Einwand zwang er die beweisführende Partei, die Echtheit

[30] Vgl. 2. Teil, IV. Kap., Fn. 15.
[31] OJ HC, Protoc. B. 81, S. 189 f., Sitzung v. 30. September 1779.
[32] Entwurf 1726, 3. Teil, Titel 17, Bl. 6 ff.
[33] Entwurf 1726, 3. Teil, Titel 17, Bl. 8.
[34] Entwurf 1726, 3. Teil, Titel 17, Bl. 6 f.
[35] Entwurf 1726, 3. Teil, Titel 17, Bl. 6.
[36] Entwurf 1726, 3. Teil, Titel 17, Bl. 7.

der Urkunde zu beweisen. Die Beweislast trug die beweisführende Partei[37]. Demgegenüber sollte nach dem Entwurf 1726 der Widersprechende die Beweislast tragen, wenn er die Echtheit einer öffentlichen Urkunde bestritt[38].

Die beweisführende Partei konnte den Nachweis der Echtheit mit zwei Beweismitteln führen: mit einem Schriftvergleich und mit Hilfe eines Parteieides, den sie dem Widersprechenden auftrug[39].

Der Schriftvergleich machte dabei, wie im Entwurf 1726 ausdrücklich betont wurde, einen vollen Beweis aus[40]. Dabei ist es im Prinzip auch in § 135 geblieben. Nach dieser Vorschrift kam es auf die Beschaffenheit der Umstände an, wieviel Glauben die Vergleichung der Handschriften verdiente. Diese Formulierung schließt ein, daß auch allein hiermit ein voller Beweis erbracht werden konnte.

Die Deputation lehnte die entsprechenden Vorschriften im Entwurf 1776 mit der Begründung ab, die allzu leichte „Zulassung zum Eid" sei bedenklich[41]. Die Einwände der Deputation blieben jedoch ohne Erfolg.

2. Der Zeugenbeweis

Im Mittelpunkt der Beratungen über das 14. Kapitel der AGO „Von dem ordentlichen Beweise durch Zeugen" stand die Frage, ob die Zeugenverhöre parallel zum streitigen Verfahren durchgeführt werden sollten, wie dies vor 1781 in den Erbstaaten allgemeiner Übung entsprach, oder ob ein Beweisinterlokut eingeführt werden sollte, wie dies im Entwurf 1776 vorgesehen war. Von diesem grundlegenden Streit abgesehen (a) bestand über die übrigen Vorschriften zum Zeugenbeweis, die den Beweiswert der einzelnen Zeugen (b), die Durchführung der Zeugenverhöre (c) und die Beweisschriften der Parteien (d) regelten, weitgehend Einigkeit.

a) Nach den Prozeßordnungen der Erbstaaten wurden die Zeugen regelmäßig gehört, sobald sie benannt waren. Währenddessen wechsel-

---

[37] § 133 und ebenso § 134, der eine Sonderregelung enthält, wenn die Urkunde von der Hand eines Verstorbenen ist; Entwurf 1726, 3. Teil, Titel 17, Bl. 6 f.

[38] Entwurf 1726, 3. Teil, Titel 17, Bl. 6.

[39] Auch in diesem Punkt besteht Übereinstimmung zwischen §§ 133, 134 und dem Entwurf 1726, 3. Teil, Titel 17, Bl. 6 f.

[40] Entwurf 1726, 3. Teil, Titel 17, Bl. 9 unten.

[41] OJ HC, Protoc. B. 81, S. 200, Sitzung v. 1. Oktober 1779. Dabei bezieht sich die Deputation auf den anonymen Gutachter, von dem auch die Begründung stammt, Koller-Akten 5, Nr. 314 zu §§ 128, 129.

ten die Parteien weiter ihre Satzschriften, so daß mit der letzten Satzschrift dem Richter bei der Inrotulierung der Akten auch die Protokolle über die Zeugenaussagen vorlagen[42]. Auch der Entwurf 1726 sah keine Änderung dieses Verfahrensablaufs vor[43].

Die in der Literatur aufgestellte Behauptung, Froidevo habe das Beweisinterlokut dem böhmischen Recht entnommen[44], ist nur bedingt richtig. Ein Interlokut gab es im böhmischen Recht, wenn die Entscheidung von einem Parteieid abhing, wenn also die eine Partei der anderen „die Klage ins Gewissen geschoben hatte"[45]. Aber auch dieses Beweisinterlokut läßt sich dem Text der Landesordnungen nicht eindeutig entnehmen. Im Entwurf 1726 heißt es hierzu, es sei „nicht genug deutlich exprimiret, ob der Richter nach verhandelten actis zuvor eine interlocutoriam, ob und an welcher Seithen das deferirt oder referirte Jurament statt habe, cum clausula, dass alsdann in der Hauptsach, was rechtens ist, ergehen werde verfassen, oder sogleich definitive sprechen solle, dass dieser oder jener das Juramentum veritatis praestiren solle, und sodann nach dessen Praestirung oder Weigerung der Reus von der Klag entweder absolviret oder condemniret werde"[46]. In der Praxis vieler Gerichte sei allerdings ein interlokutorisches Urteil üblich. Die Prager Kommission schloß sich dieser Praxis an und schlug vor, bei Parteieiden ein Beweisinterlokut beizubehalten bzw. einzuführen[47].

In den österreichischen Ländern war ein Beweisurteil nicht üblich. Haan beklagte daher in seinem „anonymischen" Gutachten, daß dieses neue Verfahren „mehr als die dermalen bestehende Ordnung" die Prozesse verlängere[48, 49].

---

[42] z. B. Böhm. LO, C XXIII; Mähr. LO, Nr. 127; G u. TaxO Universität Wien (1724), §§ 46 ff.; Zusammenstellung *Holger*, Bl. 150; P u. ExO Wien (1761) unter „Zehendens".

Anders dagegen: GO Steyr (1622), Art. 32, Abs. 1 (S. 70); GO Kärnten (1638), Art. 38. Die Formulierungen in diesen Gesetzen lassen ein Beweisurteil vermuten. Ein Einfluß auf die Kodifizierung wird von diesen Gesetzen aber nicht ausgegangen sein. Zur Schaffung eines Beweisinterlokuts wird Froidevo eher durch jüngere auswärtige Gesetze angeregt worden sein (z. B. Preussische CGO (1748), Titel XXVIII, § 4; Sächs. GO (1724), Titel XX, § 1). Zum Beweisurteil im sächsischen Recht vgl. *Engelmann*, II, 3, § 46 (S. 124).

[43] Entwurf 1726, 3. Teil, Titel 15, Bl. 2 ff.

[44] z. B. *v. Chorinsky*, S. 112 f.

[45] Hierunter verstand man die Möglichkeit einer Partei, der anderen Partei den Eid darüber aufzuerlegen, ob die Klage begründet war. Man stellte damit den Gegner vor die Alternative, den Anspruch einzuräumen oder einen Meineid zu leisten.

[46] Entwurf 1726, 3. Teil, Titel 18, Bl. 7.

[47] Entwurf 1726, 3. Teil, Titel 18, Bl. 8.

[48] Koller-Akten 5, Nr. 314 zu § 131.

[49] In einer älteren österreichischen Prozeßordnung, der AdvO St- u. LG Wien (1700), heißt es allerdings in § 53: „Wann einem die Weisung vom

Unter Berücksichtigung dieser bestehenden Rechtslage war die Bestimmung des § 131 des Entwurfs 1776, die Beweisführung durch Zeugen nur dann zuzulassen, wenn sie zuvor der Partei durch Urteil aufgetragen worden war, überraschend[50]. In diesem Urteil mußten die Tatsachen aufgeführt werden, über die der Beweis zu erheben war. Zu jeder Tatsache gehörte die Nennung der Zeugen, die hierzu gehört werden sollten[51].

Drei Tage nach Rechtskraft des Urteils mußte der Beweis angetreten werden (§ 139 des Entwurfs)[52].

Wie bereits ausgeführt, lehnten der anonyme Gutachter und die Deputation das Beweisurteil ab[53]. Ein Beweisurteil mache aus einem Prozeß zwei. Dies führe zu einer Verlängerung und Verteuerung der Prozesse, da gegen beide Urteile — das Beweis- und das Endurteil — Rechtsmittel zulässig seien. Ein Beweisurteil sei zudem widersinnig, da die Parteien zu etwas verurteilt würden, was sie ohnehin wollten. Schließlich sei es besser und sicherer, über eine Sache erst zu urteilen, wenn sie nach allen Seiten aufgeklärt sei, als „stückweise und eventualiter" zu entscheiden. Der Richter könne aber nur dann über den Streit Klarheit gewinnen, wenn er die Zeugen bereits während des Verfahrens höre[54]. Trotz dieser sehr heftigen und grundsätzlichen Kritik setzte sich die CompCoon bei der entscheidenden Sitzung des Staatsrats durch. Das Beweisurteil wurde in die AGO übernommen[55].

Die Protokolle enthalten zahlreiche Argumente gegen das Beweisurteil. Für seine Einführung wird nur ein Grund angeführt. Auf einer Sitzung der Deputation verteidigte Froidevo den Entwurf 1776 und äußerte die Überzeugung, daß die Prozesse durch das Beweisurteil eher verkürzt, „Juramente und Unkosten" vermindert würden[56]. Er führte jedoch nicht aus, welche Umstände zu dieser Annahme einer

---

Gericht/durch Verlaß/Abschied/Raths-Erledigung/oder Declaration aufferlegt wird/kan er gleich (nachdem selbige in rem judicatam erwachsen) durch die Desertirung zur Weisung getrieben werden ...". Ein mit Rechtsmitteln anfechtbares Beweisurteil war demnach in Österreich nicht völlig unbekannt.

[50] OJ HC, Protoc. B. 81, S. 201.

[51] OJ HC, Protoc. B. 81, S. 207.

[52] OJ HC, Protoc. B. 81, S. 211.

[53] Vgl. 1. Teil, VI. Kapitel 2. und 3 a).

[54] Koller-Akten 5, Nr. 314 zu § 131; OJ HC, Protoc. B. 81, S. 201 ff., Sitzung v. 1. Oktober 1779.

[55] Weder von den Sitzungen der CompCoon noch von denen des Staatsrates existieren zu § 131 Protokolle. An anderer Stelle des Protokolls der CompCoon findet sich aber ein Hinweis, aus dem sich ergibt, daß die Entscheidung für das Beweisurteil im Staatsrat getroffen wurde (OJ HC, Protoc. B. 207, S. 274, Sitzung v. 20. Februar 1781).

[56] OJ HC, Protoc. B. 81, S. 203 f., Sitzung v. 1. Oktober 1779.

Verkürzung und Verbilligung der Prozesse berechtigten. Einen Hinweis gibt vielleicht § 134 des Entwurfs[57], nach dem nur über entscheidungserhebliche Tatsachen Beweis erhoben werden durfte. Welche Tatsachen entscheidungserheblich waren, stand aber erst fest, nachdem dem Gericht alle Satzschriften der Parteien vorlagen. Auf diese Weise wurden in der Tat überflüssige Beweiserhebungen vermieden.

b) Gemäß § 137 war ein vollständiger Beweis erbracht, wenn die übereinstimmenden Aussagen zweier „unbedenklicher", eines „unbedenklichen" und mehrerer „bedenklicher" Zeugen, aber auch nur mehrerer „bedenklicher" Zeugen vorlagen. Neben „bedenklichen" und „unbedenklichen" gab es noch „verwerfliche" Zeugen, deren Aussagen ohne Beweiswert waren. Das Wort „verwerflich" enthielt im damaligen Sprachgebrauch kein Werturteil über die Person des Zeugen. Es bezog sich nur auf den prozessualen Wert seiner Aussage. Zu den verwerflichen Zeugen zählten z. B. nahe Verwandte, Ehegatten, Prozeßbevollmächtigte, aber auch Geisteskranke oder wegen bestimmter Verbrechen Vorbestrafte (§§ 140, 141).

Bedenkliche Zeugen waren entferntere Verwandte, Verschwägerte, Dienstboten, die im Prozeß ihres Dienstherren, und Juden, die für einen Juden gegen einen Christen aussagten (§ 142).

Die Aufnahme der Juden in die Gruppe der bedenklichen Zeugen, wenn sie für einen Juden gegen einen Christen aussagten, ließ im Vergleich zu früheren Regelungen bereits eine Liberalisierung erkennen. Im Entwurf 1726 war vorgeschlagen worden, es bei der bis dahin geltenden Regelung zu belassen und Juden gegen Christen als Zeugen überhaupt nicht zuzulassen[58]. Dieser Vorschlag wurde damit begründet, daß Juden in Christen Ungläubige sähen und sich daher befugt glaubten, sie zu betrügen und zu schädigen[59].

Bei sonst streng durchgeführtem formellem Beweisverfahren war der Richter in der Würdigung der Aussagen bedenklicher Zeugen frei. Wie viele bedenkliche Zeugen er für erforderlich hielt, damit ein voller Beweis erbracht war, lag in seinem Ermessen.

Das Beweissystem der AGO und die Klassifizierung der Zeugen waren im 17. und 18. Jahrhundert allgemein üblich[60]. Ebenso bestanden

[57] OJ HC, Protoc. B. 81, S. 207.

[58] Entwurf 1726, 3. Teil, Titel 14, Bl. 5 f.

[59] Nach dem Entwurf 1726, 3. Teil, Titel 14, Bl. 6, sollten auch die „Apostata", die Abtrünnigen, zum Zeugnis nicht zugelassen werden, da der, „welcher bey dem wahren Glauben wankelmüthig ist, auch in zeitlichen Sachen kein Glauben meritire".

[60] Als Beispiel: aus den Erbstaaten Böhm. StadtR, B 61; außerhalb der Erbstaaten: Codex Juris Bavarici (1753), 10. Kapitel, §§ 10 ff.

zwischen den einzelnen Entwürfen und der AGO nur geringfügige Unterschiede[61].

c) Nach Rechtskraft des Beweisurteils wurde auf Antrag der beweisführenden Partei ein Termin anberaumt, auf dem der Richter oder ein Vertreter die Zeugen verhörte (§§ 145, 150).

Vor diesem Termin mußte die Partei, die den Zeugen benannt hatte, die sogenannten „Weisartikel" einreichen. Diesen Weisartikeln konnte der Richter entnehmen, zu welchen Behauptungen er die Zeugen hören sollte, wobei jeder Weisartikel nur eine Tatsache enthalten durfte (§§ 146 - 148).

Die Weisartikel wurden dem Gegner zugestellt. Dieser konnte zu jedem Weisartikel seine Fragen, die sogenannten „Fragstücke" oder „Interrogatoria", formulieren (§ 151). Hatte er zu einzelnen Tatsachen eigene Zeugen benannt, so konnte er deren Verhörung beantragen und eigene Weisartikel einreichen (§ 169). Legte die Gegenpartei keine Fragstücke vor, so wurde der Zeuge dennoch verhört. Der Richter stellte ihm dann nur die im Gesetz vorgeschriebenen allgemeinen Fragen, die sich auf seine Person, seine Beziehungen zu den Parteien und zum Gegenstand des Verfahrens und — ohne Berücksichtigung von Einzelheiten — auf die in den Weisartikeln genannten Tatsachen bezogen (§§ 153, 154).

Die Notwendigkeit der Weisartikel und Fragstücke ergab sich daraus, daß die Zeugen in Abwesenheit der Parteien verhört werden mußten (§ 165). Auf diese Weise ermöglichte man den Parteien, mittelbar durch die Vorformulierung der Fragen auf die Zeugenverhöre Einfluß zu nehmen.

Der Richter war an die Weisartikel gebunden. Zu Tatsachen, die in den Weisartikeln nicht genannt waren, stellte der Richter keine Fragen.

Die Aussagen der Zeugen wurden zu Protokoll genommen und von ihnen unterschrieben (§ 165). Sodann wurde das Protokoll publiziert (§ 171).

In ähnlicher Weise wurden die Zeugenverhöre in den Erbstaaten auch vor 1781 durchgeführt. Eine Änderung, die zur Verkürzung der Prozesse beitrug, stellte das Verbot der „Additionalweisartikel", des Nachschiebens ergänzender Weisartikel, dar (§ 149). Additionalweis-

---

[61] Entwurf 1726, 3. Teil, Titel 14, Bl. 2 ff.; OJ HC, Protoc. B. 81, S. 206, 207, 210; Protoc. B. 207, S. 267 ff.: §§ 132, 133, 135, 136, 138 des Entwurfs 1776; in den Zusammenstellungen *Holgers* und *Waldstettens* von 1753 und im Gesamtplan *Azzoni* finden sich zu diesem Thema keine Anmerkungen.

[62] Entwurf 1726, 3. Teil, Titel 14, Bl. 8 f., mit Verweisungen auf böhmisches und mährisches Recht; für Österreich z. B. G u. TaxO Universität Wien (1724), § 51.

artikel und Additionalweisungen waren in den Prozeßordnungen der böhmischen und österreichischen Länder und ebenso nach dem Entwurf 1726 zulässig gewesen[62], wenn auch teilweise mit der Einschränkung, daß der Zeugenführer zuvor ein „Juramentum Calumniae" abzulegen hatte[63].

Trotz aller ohnehin bestehenden Übereinstimmungen zwischen den erbstaatlichen Gesetzen und den einzelnen Entwürfen ist die Ähnlichkeit zwischen der Regelung in der AGO und dem entsprechenden Abschnitt im Entwurf 1726[64] auffallend. Das gilt für die Bestimmungen, wie ein Zeuge, der einer fremden Gerichtsbarkeit unterliegt, verhört wird[65], für die Aufzählung der allgemeinen Fragstücke, die der Richter dem Zeugen stellt[66], ebenso für den Ersatz von Unkosten, die ein Zeuge durch Reise oder Arbeitsausfall aufwenden mußte[67]. § 154, nach dem der Richter „auf die klare Ursache des Wissens" bei jedem Zeugen dringen sollte, findet sich im Entwurf 1726 fast wörtlich wieder[68]. Diese und ähnliche Parallelen berechtigen zu der Vermutung, daß die CompCoon den Entwurf 1726 gekannt und bei den Kodifizierungsarbeiten verwandt hat.

Die Bestimmungen zu den Zeugenverhören wurden von Deputation und CompCoon nur kurz beraten. Änderungsvorschläge erfolgten nur selten.

Allein die Frage, ob die Adeligen, die bisher durch kaiserliches Privileg von der Ablegung des Zeugeneides befreit waren, in Zukunft dieses Privileg verlieren sollten, führte zu heftigen Kontroversen[69]. Nach § 155 des Entwurfs 1776[70] war *jeder* Zeuge verpflichtet, seine Aussage eidlich zu bekräftigen. Der anonyme Gutachter hatte diese Bestimmung kritisiert und vorgeschlagen, nicht nur die bestehenden Privilegien zu respektieren, sondern in Zukunft auch die Geistlichkeit in gleicher Weise zu bevorrechtigen[71]. Mit diesem Vorschlag drang Haan aber nicht einmal bei der Deputation durch, die seinen Vorstellungen sonst weitgehend folgte[72].

---

[63] So im Entwurf 1726, 3. Teil, Titel 14, Bl. 8.

[64] Entwurf 1726, 3. Teil, Titel 14 und 15.

[65] Entwurf 1726, 3. Teil, Titel 15, Bl. 7.

[66] Entwurf 1726, 3. Teil, Titel 14, Bl. 9.

[67] Entwurf 1726, 3. Teil, Titel 15, Bl. 5 f.

[68] Entwurf 1726, 3. Teil, Titel 14, Bl. 9.

[69] Vgl. 1. Teil, IV. Kapitel, 2 b aa).

[70] OJ HC, Protoc. B. 207, S. 6.

[71] Koller-Akten 5, Nr. 314 zu § 155.

[72] OJ HC, Protoc. B. 81, S. 224 f., Sitzung v. 21. Oktober 1779.

In der CompCoon waren die Meinungen geteilt[73]. Martini, Horten und Froidevo verlangten die Abschaffung der Privilegien. Die übrigen Kommissionsmitglieder stimmten für ihre Beibehaltung. Nur der Vorsitzende, Sinzendorf, enthielt sich der Stimme, da er grundsätzlich für die Abschaffung aller Eide eintrat. Durch kaiserliche Resolution vom 6. März 1781[74] wurde der Streit zugunsten des Adels entschieden und § 161 (= § 155 des Entwurfs) um den Zusatz erweitert, daß nur der Zeuge, „der nicht durch ausdrückliches landesfürstliches Privilegium von Beschwörung der Zeugenschaft befreyet ist“, einen Eid ablegen mußte.

d) Erst mit der Publizierung der Protokolle erfuhren die Parteien den Inhalt der Zeugenaussagen. Dann begann der „*Weisungsprozeß*“.

Unter Weisungsprozeß wurde der Verfahrensabschnitt zwischen der Publizierung der Zeugenaussagen und der Inrotulierung der Akten verstanden. Die Parteien hatten Gelegenheit, zum Ergebnis der Beweisaufnahme in „Probations-“ bzw. „Impugnationsschriften“ Stellung zu nehmen.

In der AGO war der Weisungsprozeß in den §§ 172 - 175 geregelt. Man hatte die in allen Erbstaaten bestehende einheitliche Übung, Beweisschriften zu verfassen, beibehalten[75]. Ein Unterschied zwischen böhmischem und österreichischem Recht bestand nur in der Anzahl der Beweisschriften. In Böhmen waren vier[76], in Österreich zwei Beweisschriften üblich[77]. In den österreichischen Gesetzen läßt sich die Zahl der Beweisschriften allerdings nicht immer eindeutig ermitteln. Wegen der Gleichzeitigkeit des Schriftwechsels der Parteien mit dem Beweisverfahren traten zwischen Satz- und Beweisschriften Überschneidungen auf.

In der AGO — wie bereits im Entwurf 1776 — war der Weisungsprozeß auf zwei Schriften beschränkt (§ 175 = § 169 des Entwurfs 1776)[78]. Eine Pflicht, zum Beweisergebnis Stellung zu nehmen, gab es nicht. Die Parteien konnten auch sofort die Inrotulierung der Akten beantragen.

---

[73] OJ HC, Protoc. B. 207, S. 6 ff. und 270 f., Sitzung v. 12. Juli 1780 und v. 20. Februar 1781.

[74] StRPr 545/1781 v. 6. März.

[75] Einen Überblick über die gesetzlichen Bestimmungen in den böhmischen Ländern gibt der Entwurf 1726, 3. Teil, Titel 16, Bl. 1 ff.; zum österreichischen Recht vgl. Zusammenstellung *Holger*, Bl. 150 f.

[76] Entwurf 1726, 3. Teil, Titel 16, Bl. 1.

[77] AdvO St- u. LG Wien (1700), §§ 59 ff.

[78] OJ HC, Protoc. B. 207, S. 20.

Im Entwurf 1776 lag die Entscheidung, ob ein Weisungsprozeß durchgeführt wurde, allein bei der beweisführenden Partei. Verzichtete sie darauf, eine Probationsschrift bei Gericht einzureichen, so entfiel damit für den Gegner die Impugnationsschrift[79]. Dies wurde bei der letzten Überarbeitung des Entwurfs durch die CompCoon geändert[80]. Gemäß § 173 hatte der Gegner der beweisführenden Partei das Recht, auch dann zum Beweisergebnis Stellung zu nehmen, wenn der Beweisführer keine Beweisschrift eingereicht hatte.

Ganz im Gegensatz zu der knapp gefaßten Regelung des Weisungsprozesses in der AGO beschäftigte sich die Prager Kommission im Entwurf 1726 sehr viel ausführlicher mit diesem Verfahrensabschnitt[81]. Zusätzlich nahm sie im selben Kapitel zu einem Problem Stellung, das in der AGO — allgemeiner gehalten — in § 137 behandelt war, nämlich zu der richterlichen Würdigung sich widersprechender Beweismittel, insbesondere unterschiedlicher Zeugenaussagen. Nach § 137 hatte der Richter „die Vollständigkeit des Beweises nach genauer Überlegung aller Umstände zu beurteilen". Trotz an sich bestehender fester Beweisregeln verblieb dem Richter hier ein Spielraum zur eigenständigen Würdigung.

Im Gegensatz dazu waren im Entwurf 1726 eine Reihe von Beispielsfällen aufgeführt, wie der Richter in den verschiedenen denkbaren Situationen die Beweise zu werten hatte[82]. Zwei Zeugenaussagen sollten auch dann einen vollen Beweis ausmachen, wenn ein dritter Zeuge das Gegenteil bekundet hatte. Ein Zeuge, der ein Faktum bestätigte, hatte mehr Gewicht als zehn Zeugen, die erklärten, hiervon nichts zu wissen. Trotz aller zahlenmäßigen Abwägungen konnte aber auch die Prager Kommission nicht umhin, dem Richter im Einzelfall zu gestatten, auf Grund der besonderen Umstände oder des persönlichen Eindrucks den Wert eines Beweises anders einzustufen.

3. Der Beweis durch Kunstverständige und durch Augenschein

a) Der Beweis durch Kunstverständige durfte — wie der Zeugenbeweis — nur geführt werden, wenn er zuvor durch richterlichen Spruch angeordnet worden war. Auch diesem Beweis ging ein Beweisurteil voraus (§ 187).

Nur ausnahmsweise, wenn eine Veränderung der zu begutachtenden Sache befürchtet werden mußte, durfte der Kunstverständige bereits vor dem Beweisurteil zugezogen werden (§ 188).

---

[79] §§ 166, 167 des Entwurfs 1776, OJ HC, Protoc. B. 207, S. 17 ff.

[80] OJ HC, Protoc. B. 207, S. 275, Sitzung v. 20. Februar 1781.

[81] Entwurf 1726, 3. Teil, Titel 16.

[82] Entwurf 1726, 3. Teil, Titel 16, Bl. 5 ff.

War das Beweisurteil rechtskräftig, so bestimmte der Richter Ort und Zeit der Beweisaufnahme und lud hierzu die Parteien und zwei Kunstverständige. Die Begutachtung durch zwei Kunstverständige war notwendig, da — wie beim Zeugenbeweis — nur die übereinstimmende Aussage zweier Kunstverständiger einen vollen Beweis ausmachte (§ 196). Der Richter selbst mußte an diesem Termin nicht teilnehmen. Er konnte sich durch zwei Gerichtsabgeordnete vertreten lassen (§ 189).

Die Kunstverständigen mußten ihr Gutachten an Ort und Stelle schriftlich oder mündlich zu Protokoll erstatten, „ehe die Parteyen von dem Augenscheine auseinander gehen" (§ 198). Eine „Überschau", wie ein Obergutachten genannt wurde, war nicht zugelassen. Nur wenn die Auffassungen beider Kunstverständiger differierten, mußte ein dritter Gutachter gehört werden, dessen Meinung den Ausschlag gab, wenn er sich einem der Vorgutachten anschloß. Kam er zu einem von beiden Erstgutachtern abweichenden Ergebnis, so mußte die Beweisaufnahme mit zwei neuen Kunstverständigen von vorne beginnen (§ 197).

Was für die Begutachtung durch Kunstverständige angeordnet war, galt entsprechend für die Schätzung des Werts einer Sache durch „Schätzleute" (§ 201). „Schätzleute" waren ebenfalls Kunstverständige. Nur befaßten sich ihre Gutachten allein mit dem Wert einer Sache. Von besonderer Bedeutung waren die Schätzungen im Exekutionsrecht.

b) Der Augenschein war als selbständiges Beweismittel in der AGO nicht geregelt. Wohl konnte ein „gerichtlicher Augenschein" angeordnet werden. Dieser fand aber in Anwesenheit zweier Kunstverständiger statt, lief letztlich also auf eine Begutachtung hinaus (§ 202).

Aus dieser fehlenden gesetzlichen Regelung darf nicht gefolgert werden, daß der bloße Augenschein ohne Beweiswert gewesen wäre. Gemäß § 195 Satz 2 des Entwurfs 1776 sollte es dem Richter gestattet sein, „außer den Gerichts Tagen, und ohne den Lauf des Processes zu hemmen, auf begehren ein oder des anderen Theils die Streitsache in Augenschein zu nehmen. Nur soll dieser Augenschein keinen Theil des Processes ausmachen, und lediglich dazu dienen, dass der Richter sich einen richtigen Begrif von der Streitsache machen könne"[83].

Nach Ansicht der Deputation, die diese Bestimmung kritisierte, mußte es dem Richter unbenommen sein, auch ohne Antrag der Parteien „einen Augenschein mit Zuziehung der Interessenten anzuordnen"[84]. Sie schlug daher vor, man solle den Augenschein als selbständiges Beweismittel in einem besonderen Kapitel regeln. In dem von ihr

---

[83] OJ HC, Protoc. B. 207, S. 41.

[84] OJ HC, Protoc. B. 81, S. 266 ff., Sitzung v. 18. November 1779.

vorgelegten Entwurf dieses Kapitels[85] war vorgesehen, daß der Richter auf Verlangen der Parteien einen gerichtlichen Augenschein ohne Beiziehung von Kunstverständigen durchführen mußte. Aber auch von Amts wegen sollte er einen Ort oder eine Sache besichtigen können, wenn er dies vor Entscheidung der Streitsache für notwendig erachtete[86].

[85] OJ HC, Protoc. B. 81, S. 267 - 270, Sitzung v. 18. November 1779. Da dieses Kapitel, das aus sechs Paragraphen besteht, in der AGO unberücksichtigt geblieben ist, wird es im folgenden im Wortlaut wiedergegeben:

§ ... Wenn ein oder der andere Theil vermeinte, dass zu Behauptung, oder Vertheidigung seines Rechts diensam sei, dass der Richter die Lage des Orts, welcher in dem Streitte verflochten ist, in Augenschein nehme, stehet demselben bevor, hierumen bey dem Richter anzulangen, und zwar der Kläger längstens binnen der Hälfte, der zur Erstattung der Replik ihme anberaumten Frist, der Beklagte aber längstens binnen der Hälfte der zu Erstattung der Duplik ihme anberaumten Frist, widrigens nach Verfliessung dieses Termins ein, oder der andere Theil anmit nicht mehr gehöret werden solle. Übrigens ist dem Richter unbenohmen, falls er vor Entscheidung der Streitsache die Fürnehmung eines Augenscheins nöthig zu sein erachtete, selben von Amts wegen zu veranlassen.

§ ... Wer einen gerichtlichen Augenschein anzuverlangen gedenkt, hat vorläufig sich angelegen zu halten, dass über die Lage des Orts eine Mappa aufgenohmen werde, welche Mappa bei der Augenscheinstagsatzung unfehlbar beizubringen sein wird.

§ ... Über dieses Anlangen hat der Richter, falls er selbst den Augenschein fürzunehmen gedenket, zu Fürnehmung dieses gerichtlichen Augenscheins, Tag, Stund, und Orth sogleich zu benennen, und zu selben alle Theilnehmenden fürzufordern, bey ordentlich besetzten Gerichten dagegen sind zwei Commissarien zu ernennen, von welchen sodann zu Fürnehmung des Augenscheins, mit Zuziehung aller Interessenten Tag, Stund und Ort zu bestimmen ist.

§ ... Bei dem Augenschein stehet jedem Theile bevor, an dem strittigen Ort seine Bemerkungen, und aus der Lage des Orts entnehmende Behelfe dem Richter an Handen zu lassen, und was er eigentlich zu beschreiben bitte, anzuzeigen; doch sind bey dem Augenschein keine Notdurften zu verhandeln, weder ist in die Behelfe der Streitsache, soweit sie nicht auf die Lage des Orts die unmittelbare Beziehung haben, einzugehen.

§ ... Der Richter, oder die von ordentlich besetzten Gerichten abgeordneten Commissarien haben die Lage des Orts gründlich und genau, mit Rücksicht auf die von den Teilnehmenden an Handen gelassenen Bemerkungen zu besichtigen, falls selbe mit der mappa übereins stimmete, die mappam zu adjustiren, oder aber die dabei aufgefallenen Gebrechen deutlich und genau anzumerken, alle bey dem Augenschein aufgefallenen Bemerkungen umständlich zu beschreiben, sich aber in das aus dem fürgenohmenen Augenschein etwa entstehende Recht nicht im geringsten einzulassen, und ist hierüber von dem Richter eine ordentliche genaue Beschreibung von den allenfalls abgeordneten Commissarien aber an den Richter eine förmliche Relation zu erstatten.

§ ... Die gerichtliche Beschreibung, oder die vor denen gerichtlichen Commissarien zu erstattende Relation ist längstens binnen 8 Tagen zu verfertigen, denen Parteien, auf Anlagen Abschriften hiervor zu erteilen. Worüber sodann vor denenselben die weitere Verhandlung in der Hauptsache fortzusetzen ist.

[86] Im Entwurf 1726 war eine Vorschrift über den Beweiswert des Augenscheins vorgesehen gewesen (Entwurf 1726, 3. Teil, Titel 13, Bl. 4). Mit dem Augenschein sollte ein ganzer Beweis geführt werden können. Da die Depu-

Die CompCoon ging auf den Vorschlag der Deputation nicht ein[87]. Sie fügte lediglich dem ersten Satz des § 195 des Entwurfs 1776[88] (= § 202) das Wort „gerichtlich“ bei, um klarzustellen, daß diese Vorschrift nur für den gerichtlichen Augenschein zu gelten habe. Es sei selbstverständlich und bedürfe keiner Regelung, so meinte sie, daß der Richter sich die Streitsache jederzeit anschauen könne, um von ihr einen eigenen Eindruck zu gewinnen[89].

c) In auffälligem Gegensatz zu der Ausführlichkeit, mit der in der AGO der Beweis durch Kunstverständige und Augenschein geregelt war, stehen die spärlichen Hinweise auf dieses Beweismittel, die sich in den Entwürfen und Länderprozeßordnungen finden.

Im Entwurf 1726 war zu den Kunstverständigen nichts vermerkt. Nur der richterliche Augenschein war als Beweismittel mit vollem Beweiswert aufgeführt[90]. Im Gesamtplan Azzonis war keines der beiden Beweismittel erwähnt. Die Prozeßordnungen des 17. und 18. Jahrhunderts führten, wenn überhaupt, nur die zur Durchführung der Exekution notwendigen Schätzungen auf, ohne gleichzeitig zu regeln, wie und von wem diese Schätzungen vorgenommen wurden[91]. Eine Ausnahme bildet § 14 der „Advocaten-Ordnung bey dem Wiennerischen Stadt-Magistrat“ von 1688, in dem sich die Begriffe „geschworne Schätzleuthe“ und „geschworne Werckleuthe“ finden, wobei „Werckleuthe“ so viel bedeutete wie „Kunstverständige“[92]. Diese Bestimmung gibt außerdem einen kurzen Überblick über den Ablauf der Schätzung und der gegen das Ergebnis der Schätzung zulässigen Rechtsmittel. Die Advokatenordnung von 1688 ist ein Beweis dafür, daß das in der AGO geregelte Verfahren trotz fehlender schriftlicher Vorbilder der damals üblichen Praxis entsprach und daß das bis dahin geltende Recht — nur geringfügig geändert — übernommen worden ist. Eine zusätzliche Bestätigung ist die weitgehende Übereinstimmung, die zwischen den Kommissionsmitgliedern während der Beratungen zu diesem Kapitel bestand.

---

tation eine reine Verfahrensordnung schaffen wollte, fehlte in ihrem Entwurf eine entsprechende Bestimmung.

[87] OJ HC, Protoc. B. 207, S. 41 ff., Sitzung v. 16. August 1780.

[88] OJ HC, Protoc. B. 207, S. 41.

[89] OJ HC, Protoc. B. 207, S. 42, Sitzung v. 16. August 1780. Unter „gerichtlichem Augenschein“ verstand man das offizielle Beweisverfahren mit Zuziehung der Kunstverständigen. Das Gegenteil hiervon war die rein informatorische Besichtigung des Beweisobjektes durch den Richter.

[90] Vgl. 2. Teil, IV. Kap., Fn. 86.

[91] AdvO St- u. LG Wien (1700), § 9; GO OHofMarsch (1714), § 10; G. u. TaxO Universität Wien (1724), § 13.

[92] In § 193 des Entwurfs 1776 (OJ HC, Protoc. B. 81, S. 259) wurde noch das Wort „Werkverständiger“ gebraucht. Erst in der endgültigen Fassung der AGO wurde es durch „Kunstverständiger“ ersetzt.

d) Außer der Kontroverse zum Beweis durch Inaugenscheinnahme wurden nur zu zwei weiteren Punkten von der Deputation und der CompCoon unterschiedliche Ansichten vertreten.

Zum einen wehrte sich die Deputation wie bereits beim Zeugenbeweis gegen die Einführung des Beweisurteils[93]. Ihre Gegenvorstellungen führten jedoch auch hier zu keinem Erfolg.

Ein weiterer Streit, der auch für das Exekutionsrecht von Bedeutung war, entspann sich an der Frage der Zulässigkeit einer Überschau bzw. Überschätzung.

Der italienische Rechtsgelehrte Martini[94] hatte sich für die Beibehaltung einer Überschätzung ausgesprochen[95]. Dem stimmte die Mehrheit der Deputation mit der Begründung zu, die bisher übliche Überschätzung habe den Vorteil gehabt, daß der Richter, der den Wert einer Sache selbst nicht bestimmen könne, vom Urteil der Fachleute unabhängiger gewesen sei. Zudem wisse man aus Erfahrung, daß meist beide Parteien eine Überschätzung wollten, da das Ergebnis der Schätzung dem einen zu hoch, dem anderen zu niedrig erscheine[96].

Im Gegensatz zu dieser eindeutigen Stellungnahme waren bei der Frage, ob man eine Über*schau*, also die Überprüfung eines Gutachtens, nicht nur über den Wert, sondern über die Beschaffenheit einer Sache zulassen sollte, die Meinungen bei der Deputation geteilt[97]. Pelser, Pregent und Wiesenthal stimmten dafür, eine Überschau wie bisher zuzulassen. Sogar eine „Hofbeschau", ein weiteres Obergutachten, sollte nach ihrer Ansicht möglich sein. Die übrigen Mitglieder der Deputation befürworteten dagegen den Vorschlag im Entwurf 1776, die Überschau abzuschaffen. Kunstverständige, die erfahren und zudem vereidigt seien, verdienten Vertrauen. Im übrigen werde auch die Überschau durch Kunstverständige vorgenommen. Man ersetze also nur ein Gutachten durch ein anderes. So erwägenswert diese Argumente der Deputation waren, lag in ihrem Vorbringen doch eine gewisse Inkonsequenz. Mit derselben Berechtigung hätte man dies auch gegen die Überschätzung einwenden können, deren Beibehaltung aber mehrheitlich von der Deputation empfohlen wurde.

---

[93] OJ HC, Protoc. B. 81, S. 248 ff., Sitzung v. 11. November 1779.
[94] Vgl. 1. Teil, VI. Kap., Fn. 2; einer der vier italienischen Gutachter.
[95] OJ HC, K. 231, NÖ, Fz. 105/1 a: *Martini* zu § 193.
[96] OJ HC, Protoc. B. 81, S. 264, Sitzung v. 18. November 1779.
[97] OJ HC, Protoc. B. 81, S. 259 ff., Sitzung v. 18. November 1779.

Die CompCoon beließ es im einen wie im anderen Fall bei der Fassung des Entwurfs 1776[98], die mit geringfügigen Änderungen in der AGO Gesetz wurde[99].

4. Der Beweis durch Parteieide

In der AGO wurde zwischen vier verschiedenen Parteieiden als Beweismittel unterschieden, dem Haupteid (a), dem Erfüllungseid (b), dem Schätzungseid und der eidlichen Angabe (c). Ein weiteres Kapitel beschäftigte sich mit den Eiden „insgemein" (d), bezog sich also auf Parteieid und Zeugeneid.

a) Statt eines anderen Beweismittels konnte jede Partei bei den vom Gegner bestrittenen Behauptungen diesem auftragen, sein Bestreiten eidlich zu bekräftigen und die Unrichtigkeit der Behauptung zu beschwören (§ 203). Wurde der Eid abgelegt, so galt die Behauptung als nicht bewiesen und falsch. Verweigerte der Gegner dagegen den Eid, so ging man von der Richtigkeit der Behauptung aus. Der Eid hatte somit die Wirkung eines vollen Beweises. Er wurde *„Haupteid"* oder „juramentum litis decisivum" genannt, weil mit ihm allein der Beweis für oder gegen eine bestrittene Tatsache geführt werden konnte, der Streit hierüber also ohne weitere Beweismittel entschieden wurde.

aa) Die Bezeichnung „juramentum litis decisivum" verdankte dieser Eid jedoch eigentlich seiner von der Regelung in der AGO abweichenden Funktion, die er im gemeinen Recht besaß[100]. So wurde der Eid beispielsweise an den böhmischen Gerichten dem Gegner nicht über einzelne Tatumstände aufgetragen. Ihm wurde vielmehr die ganze Klage „ins Gewissen geschoben"[101]. Der Beklagte hatte einen Eid darauf zu leisten, daß der geltend gemachte Anspruch nicht begründet war. Beschwor er dies, so wurde die Klage als unbegründet zurückgewiesen. Verweigerte er den Eid, so wurde der Klage entsprochen.

Der Beklagte brauchte den Eid jedoch nicht anzunehmen. Er konnte ihn „zurückschieben"[102]. Nun hing es vom Kläger ab, ob er den Eid leistete und damit den Prozeß gewann oder durch die Ablehnung des Eides den Rechtsstreit verlor.

---

[98] OJ HC, Protoc. B. 207, S. 40 f., Sitzung v. 16. August 1780.

[99] Die Anmerkungen zu den §§ 184 - 193 des Entwurfs 1776 (= §§ 191 - 200) fehlen im Protokoll der CompCoon. Möglicherweise war hierin die Auseinandersetzung der CompCoon mit den Argumenten der Deputation enthalten.

[100] *Engelmann,* II, 3, § 56 (S. 149).

[101] Böhm. LO, D XXVIII.

[102] Böhm. LO, D XXIX.

Da die richterliche Entscheidung ausschließlich vom Verhalten der Parteien abhängig war und kein Beweisergebnis — nicht einmal in den engen Grenzen fester Beweisregeln — gewürdigt werden mußte, betrachtete man den Haupteid nicht so sehr als Beweismittel. Er galt eher als eine „species transactionis", als ein Versuch, den Prozeß gütlich beizulegen[103].

Denselben Zweck erfüllte der Haupteid im Entwurf 1726. Nach der Vorstellung der Kommission sollte er jedoch nicht nur über die ganze Klage, sondern zusätzlich zu einzelnen Behauptungen geleistet werden können und damit mehr den Charakter eines Beweismittels erhalten. Aus Gründen der Gleichbehandlung wollte man dieses Recht dem Beklagten ebenfalls einräumen. Dieser sollte dem Kläger über die ganze Exzeption oder über bestimmte Tatsachen den Eid auftragen dürfen[104]. Die Erweiterung des Haupteides auf Einzeltatsachen begründete die Kommission damit, daß es unbillig sei, eine Partei, die einzelne Behauptungen mit liquiden Beweisen belegen könne, zu zwingen, ihr gesamtes Vorbringen von der Eidesleistung des Gegners abhängig zu machen[105].

Nach den Bestimmungen des Entwurfs 1776 konnte nur noch über Tatumstände der Eid geleistet werden. Die Möglichkeit, den Rechtsstreit insgesamt durch den Haupteid zu erledigen, war entfallen. Den Beratungsprotokollen läßt sich nicht entnehmen, welche Beweggründe die CompCoon veranlaßt haben, von einem Eid über die ganze Klage abzusehen. Es ist sogar unklar, ob es sich überhaupt um eine Änderung handelte oder ob sich diese Funktion des Haupteides in der Praxis nicht schon vorher durchgesetzt hatte. Die gutachtlichen Äußerungen zum Entwurf 1776 und die Stellungnahmen der Deputation, in denen weder die Aufgabe des Haupteides kritisiert noch eine Änderung hierzu beantragt wurde, lassen das vermuten[106].

Selbst wenn der Haupteid lediglich über Parteibehauptungen aufgetragen wurde, behielt er in gewissem Umfang seinen Vergleichscharakter. Die Parteien konnten sich mit seiner Hilfe über einzelne Tatkomplexe verständigen, indem sie einen zu- oder zurückgeschobenen Eid nicht ablegten. Als Mittel des Vergleichs wurde der Haupteid auch während der Kodifizierung noch angesehen. So bestimmte § 203, daß nur derjenige den Haupteid auftragen durfte, der berechtigt war, sich

---

[103] *Engelmann*, II, 3, § 56 (S. 150 f.).
[104] Entwurf 1726, 3. Teil, Titel 18, Bl. 3.
[105] Entwurf 1726, 3. Teil, Titel 18, Bl. 2.
[106] OJ HC, Protoc. B. 81, S. 271 f., Sitzung v. 22. November 1779.

über die Streitsache zu vergleichen. Auch gebrauchte die Deputation im Zusammenhang mit dem Haupteid den Begriff „species transactionis“[107].

bb) Gemäß § 204 konnte der Prozeßgegner, dem der Haupteid aufgetragen war, „sein Gewissen mit einem Gegenbeweis vertreten“. Fiel dieser Gegenbeweis nicht rechtsbeständig aus, so konnte er den Haupteid nicht mehr annehmen. Die umstrittene Behauptung galt als bewiesen.

Demnach hatte der Prozeßgegner drei Möglichkeiten zu reagieren, wenn ihm ein Haupteid aufgetragen worden war. Er konnte den Eid annehmen, er konnte ihn zurückschieben oder einen Gegenbeweis versuchen. Die beweisführende Partei war dagegen gezwungen, den zurückgeschobenen Haupteid anzunehmen. Tat sie das nicht, so galt das Gegenteil ihrer Behauptung als richtig (§ 211).

Der Entwurf 1726 hatte für den Gegner der beweisführenden Partei zusätzlich das Recht zur Verweigerung des Eides vorgesehen[108]. Machte der Gegner hiervon Gebrauch, so galt der Eid weder als geleistet noch als zurückgeschoben. Der Beweis durfte vielmehr mit dem Haupteid gar nicht geführt werden. Das sollte beispielsweise dann gelten, wenn der Eid über ein entscheidungsunerhebliches Faktum aufgetragen worden war oder wenn der Beklagte dem klägerischen Anspruch eine erhebliche Einwendung entgegensetzen konnte, die zu beweisen er in der Lage war. Ebenso durfte der Gegner der beweisführenden Partei den Eid über einen ihm unbekannten Umstand ablehnen[109].

In der AGO, nach der es kein Eidesverweigerungsrecht gab, wurde dasselbe Ergebnis dadurch erreicht, daß der Haupteid entweder durch den Richter für unzulässig erklärt werden konnte oder die Eidesformel kraft Gesetzes eine Einschränkung enthielt. So durfte gemäß § 208 der Richter den Eid nur über entscheidungsrelevante Tatsachen auferlegen. Nach § 206 brauchte der Eid nur mit dem Zusatz „meines Wissens und Erinnerns“ abgelegt zu werden, wenn der Schwörende die Tatsachen, die er beschwor, nicht selbst vorgetragen hatte[110].

Anders als im Entwurf 1726, nach dem unter bestimmten Voraussetzungen auch die beweisführende Partei ein Recht zur Verweigerung

---

[107] OJ HC, Protoc. B. 81, S. 271, Sitzung v. 22. November 1779.

[108] Entwurf 1726, 3. Teil, Titel 18, Bl. 4 - 7.

[109] Entwurf 1726, 3. Teil, Titel 18, Bl. 5 f.

[110] Die Deputation empfand diese Formulierung als „unanständig“, da weder durch das Gesetz noch durch den Richter die Abfassung der Eidesformel beeinflußt werden dürfe (OJ HC, Protoc. B. 81, S. 273 f., Sitzung v. 22. November 1779).

des Eides haben sollte[111], mußte sie nach der AGO den zurückgeschobenen Eid in jedem Fall ablegen.

cc) Gemäß § 208 wurde der Haupteid durch interlokutorisches Urteil aufgetragen. Innerhalb von drei Tagen nach Rechtskraft des Urteils mußte der Gegner der beweisführenden Partei erklären, ob er den Eid annehmen oder zurückschieben wollte. Unterblieb eine solche Erklärung, so galt der Eid als zurückgeschoben. Zur Ablegung des Eides wurde eine Tagsatzung anberaumt. Erschien die zum Eid verpflichtete Partei nicht, so wurde das Gegenteil dessen, was für sie günstig war, als bewiesen angesehen (§§ 209 - 211).

Die Deputation sprach sich erneut gegen ein Beweisurteil aus[112]. Sie schlug vor, die Parteien sollten in der halben ihnen zur Abfassung von Replik und Duplik eingeräumten Frist dem Gegner die Eidesformel mitteilen. Auf einer hierfür anberaumten Tagsatzung sollten die Parteien erklären, ob sie den Eid annähmen oder zurückschöben. Auf einer weiteren Tagsatzung mußte der Eid dann abgelegt werden.

Auf diese Vorschläge der Deputation ging die CompCoon nicht ein[113]. Die Vorschriften des Entwurfs 1776 wurden unverändert in die AGO übernommen.

Bereits im Entwurf 1726 war vorgesehen gewesen, den Parteien einen Haupteid durch interlokutorisches Urteil aufzuerlegen[114]. Dabei stützte man sich auf eine Bestimmung der böhmischen Landesordnung[115], deren Wortlaut allerdings — das räumte auch die Kommission ein — nicht eindeutig war. Der Richter hatte nach dieser Vorschrift der Partei den Eid zwar „auf(zu)tragen". Unklar blieb aber, in welcher Form dies geschehen sollte.

Im Unterschied zur AGO sollte sich nach dem Entwurf 1726 die Partei, der ein Eid auferlegt worden war, schon vor dem Urteil entscheiden, ob sie den Eid annehmen wollte, so daß in dem Beweisurteil der Eid bereits einer bestimmten Partei hätte aufgetragen werden können[116]. In dem nach der AGO abgefaßten Beweisurteil blieb die zum Eid verpflichtete Partei zunächst ungenannt.

b) Der *Erfüllungseid* (juramentum suppletorium) diente, wie der lateinische Name besagt, der Ergänzung eines unvollständig angebotenen Beweises. Hatte eine Partei zu einer Behauptung Beweismittel benannt,

---

111 Entwurf 1726, 3. Teil, Titel 18, Bl. 7.

112 OJ HC, Protoc. B. 81, S. 276 ff., Sitzung v. 22. November 1779.

113 OJ HC, Protoc. B. 207, S. 47, Sitzung v. 23. August 1780.

114 Entwurf 1726, 3. Teil, Titel 18, Bl. 9.

115 Böhm. LO, D XXVIII.

116 Entwurf 1726, 3. Teil, Titel 18, Bl. 9.

die nicht ausreichten, einen ganzen Beweis zu führen, die aber doch wenigstens einen halben Beweiswert besaßen, so konnte sie der Richter zum Erfüllungseid zulassen (§ 212). Zusammen mit den übrigen Beweismitteln wurde auf diese Weise aus einem halben ein voller Beweis. Der Erfüllungseid war dem Haupteid daher in seiner Funktion insoweit verwandt, als er bei der Beweisführung jedes andere Beweismittel ersetzen konnte. Er unterschied sich vom Haupteid jedoch in zwei wesentlichen Punkten. Einmal konnte mit dem Erfüllungseid kein ganzer, sondern allenfalls ein halber Beweis erbracht werden. Zum anderen wurde der Erfüllungseid nicht von der beweisführenden Partei dem Gegner aufgetragen. Die beweisführende Partei selbst mußte diesen Eid leisten, wenn er ihr vom Richter im Beweisurteil zugesprochen wurde.

Der Richter durfte eine Partei zum Erfüllungseid nur zulassen, wenn sich diese zuvor hierzu erboten oder dem Gegner über dieselbe Tatsache den Haupteid aufgetragen hatte. In beiden Fällen war von ihr zu erkennen gegeben worden, daß sie bereit war, den Beweis notfalls mit einem Parteieid zu erbringen.

Fehlte ein Anerbieten zum Eid, so galt die behauptete Tatsache als nicht bewiesen. Die übrigen, von der Partei benannten Beweismittel wurden nicht erhoben. Der Gegner mußte auch nicht die Unrichtigkeit der Behauptung beschwören, wie dies im gemeinen Recht und auch in einzelnen Erbstaaten üblich gewesen war. Ein solcher „Ablehnungseid" war nicht mehr zulässig (§ 213).

Nach dem Entwurf 1726 sollte es dem Richter überlassen bleiben, welcher Partei, der beweisführenden oder ihrem Gegner, er zu einer wenigstens halbbewiesenen Behauptung einen Ergänzungseid auftrug[117]. Man wollte den Ergänzungseid also in beiden Formen beibehalten, für die behauptende Partei als Erfüllungs-, für die bestreitende als Ablehnungseid. Der Richter sollte seine Entscheidung danach treffen, welche Partei eine „genügliche Wissenschaft" von dem streitigen Faktum hatte. Besaßen beide Seiten eine gleiche Kenntnis bzw. Unkenntnis, so war die glaubwürdigere Partei zum Eid zuzulassen[118].

Während der Kodifizierungsberatungen zur AGO war der Erfüllungseid von nur untergeordneter Bedeutung. Im Gesamtplan Azzonis

[117] Entwurf 1726, 3. Teil, Titel 18, Bl. 10 f.
[118] Entwurf 1726, 3. Teil, Titel 18, Bl. 10.

war er nicht berücksichtigt. Die Deputation lehnte seine Regelung in der AGO ab, da dieser Eid „quoad formam judicii nichts besonderes" habe[119]. Mit dieser Formulierung wollte sich die Deputation nicht gegen diesen Eid als Beweismittel wenden. Sie hielt seine Regelung in einer Prozeßordnung, die nach ihrer Ansicht eine reine Verfahrensordnung sein sollte, lediglich für überflüssig, da es nach ihrer Ansicht verfahrensmäßig nichts zu regeln gab. Die CompCoon stimmte dafür, ihn als „Gattung des Beweises" in der AGO beizubehalten, und setzte sich mit dieser Meinung auch durch[120].

Nur ein Wort wurde in § 205 des Entwurfs 1776[121] (= § 212) geändert. Nach dieser Bestimmung *sollte* der Richter die beweisführende Partei zum Erfüllungseid zulassen, wenn alle Voraussetzungen gegeben waren. Diese Fassung des Textes hielt die CompCoon für mißverständlich, da es „in arbitrio judicis" stehe, wann eine „halbe Prob" erbracht sei. Die Formulierung des Entwurfs schränke den Ermessensspielraum des Richters ein. Es sei daher besser zu schreiben: „Der Richter *kann* ... den Erfüllungseid auferlegen[122]." Durch diese Neufassung des § 212 entstand aber der falsche, nicht beabsichtigte Eindruck, als habe der Richter auch bei ausreichend angebotenen Beweismitteln ein Ermessen dahin, den Erfüllungseid zu verweigern und so die beweisführende Partei scheitern zu lassen. Wie die Stellungnahme der CompCoon zeigt, sollte diese Freiheit dem Richter nicht eingeräumt werden.

c) Mit einem *„Schätzungseid"* konnte die Höhe eines Schadens[123], mit der *„eidlichen Angabe"* der Umfang eines Vermögens nachgewiesen werden. Obwohl gemeinrechtlich verbreitet, hatten beide Beweismittel in den Prozeßordnungen der Erbstaaten und in den Entwürfen keine der Regelung in der AGO entsprechenden Vorbilder. Bei den Beratungen der Kommissionen ging man nur kurz auf sie ein.

Hatte der Beklagte dem Kläger widerrechtlich Gewalt angetan, eine Sache veräußert, verderben oder Schaden nehmen lassen, obwohl er wußte, daß sie einem Dritten gehörte oder ein Dritter einen Anspruch auf sie hatte, oder etwas in einer bestimmten Zeit nicht übergeben, geliefert oder getan, wozu er verpflichtet gewesen wäre, so konnte der Kläger die Höhe seines Schadens mit dem Schätzungseid beschwören. Dies genügte zum Beweis. Insofern ähnelte der Schätzungseid einem

---

[119] OJ HC, Protoc. B. 81, S. 282, Sitzung v. 25. November 1779.

[120] OJ HC, Protoc. B. 207, S. 49, Sitzung v. 23. August 1780.

[121] OJ HC, Protoc. B. 207, S. 48.

[122] OJ HC, Protoc. B. 207, S. 49, Sitzung v. 23. August 1780.

[123] Die Deputation nannte den Schätzungseid daher ein „juramentum suppletorium quoad quantum" (OJ HC, Protoc. B. 81, S. 283, Sitzung v. 25. November 1779).

Haupteid, da er einen vollen Beweis über das umstrittene Faktum, die Höhe des Schadens, erbrachte.

Um willkürlichen Bezifferungen seines Schadens durch den Kläger vorzubeugen, übte der Richter ein Kontrollrecht aus. Der Kläger mußte die Höhe seines Schadens in den Satzschriften angeben und sich gleichzeitig zum Schätzungseid erbieten. Erschien der Betrag dem Richter überhöht, so konnte er in dem Beweisurteil, durch das dem Kläger der Eid aufgegeben wurde, den Betrag herabsetzen. Der Kläger durfte den Eid nur auf den geminderten Betrag leisten (§ 216).

Die eidliche Angabe diente dagegen zum Beweis der Größe eines Vermögens oder der Höhe von Forderungen. Machte eine Partei hierzu Angaben, so durfte ihr von der Gegenseite aufgegeben werden, die Richtigkeit der von ihr behaupteten Beträge zu beschwören (§ 217). Eine eidliche Angabe konnte ebenso einer am Verfahren nicht beteiligten Person abverlangt werden, wenn Gründe für die Annahme gegeben waren, daß sie von Unregelmäßigkeiten und Vertuschungsversuchen wußte (§ 220). Gemäß § 213 des Entwurfs 1776[124], der § 220 entsprach, waren es am ehesten die Ehefrau, die Kinder und die Dienstboten des Schuldners, von denen man eine Kenntnis solcher Manipulationen und betrügerischen Angaben erwarten konnte. Auf Veranlassung der CompCoon wurde diese Aufzählung von Beispielen in § 220 fortgelassen[125].

Im Gegensatz zum Schätzungseid war die eidliche Angabe eine Hilfe für den Gegner der beweisbelasteten Partei, der die Aufstellungen und Unterlagen über Vermögensverhältnisse nur schwer nachprüfen konnte. Die Deputation bemerkte allerdings zu Recht, daß dieser Eid in einem normalen Rechtsstreit nur von geringer Bedeutung sei. Sein Hauptanwendungsgebiet liege bei den „Abhandlungen", also bei Nachlaß-, Konkurs- und Unterhaltssachen[126]. Mit ihrem Vorschlag, diese beiden Kapitel aus der AGO zu streichen, da deren Inhalt „ad legislationem" gehöre und es daher genüge, diese beiden Eidesformen in einem allgemein gefaßten Kapitel zu nennen, drang die Deputation allerdings nicht durch[127].

d) Nach Rechtskraft des Beweisurteils mußte der Eid binnen vierzehn Tagen abgelegt werden. Geschah dies nicht, so wurde das Gegenteil dessen, was mit dem Eid bewiesen werden sollte, als richtig unter-

---

[124] OJ HC, Protoc. B. 207, S. 52.

[125] OJ HC, Protoc. B. 207, S. 52, Sitzung v. 23. August 1780.

[126] OJ HC, Protoc. B. 81, S. 286 f., Sitzung v. 25. November 1779.

[127] OJ HC, Protoc. B. 81, S. 288, Sitzung v. 25. November 1779; die CompCoon lehnte dies ohne nähere Begründung ab (OJ HC, Protoc. B. 207, S. 51 f., Sitzung v. 23. August 1780).

stellt (§ 224). Dieselben Konsequenzen waren bei einer unterlassenen Eidesleistung nach dem Entwurf 1726 beabsichtigt[128]. Allerdings konnten sich sowohl nach dem Entwurf 1726[129] als auch nach der AGO (§§ 225 - 228) die Parteien im Verhinderungsfall entschuldigen.

In § 223 des Entwurfs 1776[130] war vorgesehen, daß jede Partei, der ein Eid aufgetragen worden war, auch nach Rechtskraft des Beweisurteils einen Beweis oder Gegenbeweis noch mit anderen Beweismitteln versuchen durfte. Allerdings mußte sie auf Antrag des Gegners ein „Juramentum Calumniae" ablegen, daß sie „währenden Prozesse allen Fleiß angewandt hätte, alle Beweis- und Gegenbeweismittel in Erfahrenheit zu bringen, und die neuerdings beigebrachten dennoch nicht in Erfahrenheit gebracht hätte ...". Nach Auffassung der Deputation gehörte eine solche Regelung in das Kapitel über die „restitutio in integrum"[131]. Für böswillige Parteien sei dies im übrigen eine willkommene Möglichkeit, die Prozesse zu verschleppen. Ohne Begründung lehnte die CompCoon diesen Änderungsvorschlag der Deputation ab[132]. Sie paßte § 223 des Entwurfs 1776 lediglich den neu gefaßten §§ 48, 54 (= §§ 35, 40 des Entwurfs 1776)[133] an und machte die Ersetzung des Eides durch andere Beweismittel wie schon den Vortrag von Neuerungen in Replik und Duplik davon abhängig, daß die Partei „durch standhafte Behelfe", hilfsweise durch einen Eid dartat, die neuen Beweise während des Prozesses nicht „geflissentlich" verschwiegen zu haben (§ 231)[134].

Schlug der Versuch einer neuen Beweisführung fehl und wurde der Beweis nicht erbracht, so konnte der Eid nicht nachgeholt werden (§ 232). Diese Regelung entsprach § 204, nach dem eine Partei, der der Haupteid aufgetragen worden war, ihr „Gewissen mit einem Gegenbeweis ... vertreten" durfte, ihr aber nicht gestattet war, den Haupteid noch abzulegen, wenn der Beweis mißlang[135].

Da die Parteieide erst nach Rechtskraft des Beweisurteils abgelegt werden durften, traten teilweise erhebliche Verzögerungen auf, wenn

---

[128] Entwurf 1726, 3. Teil, Titel 18, Bl. 9.

[129] Entwurf 1726, 3. Teil, Titel 18, Bl. 9.

[130] OJ HC, Protoc. B. 81, S. 295.

[131] OJ HC, Protoc. B. 81, S. 295 f., Sitzung v. 29. November 1779. Zu der von den Vorstellungen der CompCoon abweichenden Auffassung der Deputation vom Rechtscharakter der „restitutio in integrum" vgl. 2. Teil, II. Kapitel, 3 b cc).

[132] OJ HC, Protoc. B. 207, S. 55 f., Sitzung v. 23. August 1780.

[133] Vgl. 2. Teil, III. Kap., Fn. 19.

[134] Zur Änderung der §§ 35, 40 vgl. 2. Teil, III. Kapitel, 2 a cc).

[135] Vgl. 2. Teil, IV. Kapitel, 4 a bb).

gegen das Beweisurteil ein Rechtsmittel eingelegt wurde. Schöpften die Parteien den Instanzenweg aus, so bestand ohne weiteres die Gefahr, daß die Partei, der ein Eid aufgetragen war, starb und das Beweisurteil insoweit hinfällig wurde. Für die Rechtsnachfolger der verstorbenen Partei hätte dies in aller Regel den Verlust des Prozesses bedeutet.

Um den Prozeßausgang von solchen Zufälligkeiten unabhängig zu machen, bestimmte § 233, daß die Eidesablegung fingiert wurde, wenn die verstorbene Partei sich zuvor dem Gericht gegenüber zum Eid erboten hatte und nicht sie für die Verzögerung des Rechtsstreits durch Einlegung eines Rechtsmittels verantwortlich war. Cavriani hielt es für „unschicklich“, eine Partei, die ein Urteil im Rechtsmittelverfahren überprüfen lasse, dadurch zu bestrafen, daß man beim Tode der Gegenpartei den Eid als erbracht ansehe und weitere Beweise nicht verlange. Der Einwand Cavrianis wurde jedoch nicht beachtet[136].

Die Prager Kommission hatte im Entwurf 1726 eine ähnliche Regelung getroffen[137]. Jedoch sollte der Eid in jedem Fall als geleistet gelten, wenn die zum Eid verpflichtete Partei sich vorher bereit erklärt hätte zu schwören, auch wenn sie selbst Appellation oder Revision eingelegt hätte.

Die §§ 234 - 237 regelten die Rechtsfolgen, wenn eine Partei oder ein Zeuge einen Meineid schwor. Diese Vorschriften beschränkten sich nicht auf prozeßrechtliche Anordnungen, sondern legten außerdem Schadensersatzpflichten fest (§§ 235 - 237) und begründeten die Zuständigkeit des Strafrichters zur Untersuchung der Tat von Amts wegen (§ 234). Es stellte daher keine Überraschung dar, daß die Deputation diese Paragraphen als „ad forman judicii nicht gehörig“[138] ablehnte.

Nur in § 237 waren auch prozeßrechtliche Folgen festgelegt, wenn ein Zeuge eines Meineides überführt worden war. Die aufgrund dieses Meineides siegreiche Partei durfte nämlich das ihr im Urteil Zugesprochene nur behalten, wenn die verbleibenden gültigen Beweismittel noch einen vollen Beweis ausmachten. Erbrachten sie dagegen — auch nicht mit einem noch nachträglich zulässigen Erfüllungseid — keinen

---

[136] OJ HC, Protoc. B. 207, S. 289 f., Sitzung v. 21. Februar 1781, zu § 225 des Entwurfs 1776.

[137] Entwurf 1726, 3. Teil, Titel 18, Bl. 9 unter Berufung auf eine königliche Pragmatica v. 2. Juli 1661, wiedergegeben im Entwurf 1726, 3. Teil, Titel 18, Bl. 13.

[138] OJ HC, Protoc. B. 81, S. 298 f., Sitzung v. 25. November 1779.

[139] Vgl. zu diesem Verfahren: *v. Födransperg*, 3. Teil, S. 62 ff.; *Mayrhofer*, S. 281; *Wanggo*, S. 155 f.; *Nippel*, 1. Bd., S. 594.

vollen Beweis, so konnte die unterlegene Partei bei Gericht beantragen, daß der Gegner zur Herausgabe des Erlangten und zur Erstattung der Unkosten verurteilt wurde[139].

Der übertriebene Gebrauch der Eide und die Gefahr von Meineiden hatten die CompCoon zu der Überlegung veranlaßt, ob man auf die Zeugeneide nicht ganz verzichten könne[140]. Vor allem Sinzendorf hatte dies befürwortet und ein eigenes Gutachten zu diesem Thema gefertigt[141]. Die Mehrheit der CompCoon bekannte sich aber zur Notwendigkeit der Eide. Der größere Teil der Menschen sei nun einmal so beschaffen, daß der Eid großen Eindruck auf sie mache. In den Gesetzen und ebenso in der Religion habe der Eid eine lange Tradition. Einem unbeschworenen Zeugnis werde eben kein Glauben beigemessen[142]. Der Kaiser pflichtete der Meinung der Mehrheit bei und bestimmte in einer Resolution, daß man es bei den Eidesablegungen belassen solle. Allerdings sei die größte Vorsicht zu üben und kein Eid leichtsinnig zu veranlassen[143].

Damit blieb es bei den im Entwurf 1776 vorgeschlagenen Eiden und den dort geregelten Zulässigkeitsvoraussetzungen.

---

140 OJ HC, Protoc. B. 207, S. 382 ff., Sitzung v. 21. März 1781; S. 398 ff., Sitzung v. 3. April 1781.

141 OJ HC, Protoc. B. 207, S. 383 f., Sitzung v. 21. März 1781.

142 OJ HC, Protoc. B. 207, S. 384 f., Sitzung v. 21. März 1781. Mit diesem Thema beschäftigt sich auch das Votum 35 aus 1781 (Kaunitz-Voten 1777 - 1781). Dieses Votum lehnt die Ansichten Sinzendorfs ab und spricht sich für eine Beibehaltung der Eide aus.

143 StRPr 683/1781 v. 23. März: Resolution v. 2. April; außerdem OJ HC, Protoc. B. 207, S. 398 ff., Sitzung v. 3. April 1781 und S. 448 ff., Sitzung v. 8. Mai 1781. Zu diesem Thema auch die beiden Kaunitz-Voten (1777 - 1781) Nr. 35 und 51 aus 1781.

V. Kapitel

Inrotulierung der Akten und Urteil

1. Die Inrotulierung der Akten

Nach Abschluß des streitigen Verfahrens wurden die Akten inrotuliert. Die Satzschriften und alle Beilagen wurden bei Gericht in Gegenwart der Parteien zusammengelegt (§ 238), hierüber ein Verzeichnis gefertigt — Rotulus oder Direktorium genannt — und sodann alle Unterlagen dem Richter übergeben. Die so zu einer Akte zusammengefügten Schriftstücke bildeten die alleinige Grundlage für die richterliche Entscheidung[1].

2. Das Urteil

Das 24. Kapitel „Von den Urtheilen (Sententia)" legte den Inhalt der Urteile fest und regelte ihre Zustellung an die Parteien.

a) Für die Abfassung der Urteile war dem Richter keine Frist gesetzt. In allgemeiner Form war in § 247 angeordnet, daß er die Streitsache „nach Möglichkeit" zu beschleunigen habe. Eine Fristsetzung war auch zuvor in den Erbstaaten nicht üblich gewesen[2]. Während der Kodifizierungsarbeiten wurde dies nur von dem italienischen Rechtsgelehrten Signorini vorgeschlagen[3]. Man lehnte eine zeitliche Fixierung der Urteilsabfassung jedoch mit der Begründung ab[4], daß der Umfang der einzelnen Streitsachen zu verschieden sei und die einzelnen Referenten zudem nicht die gleiche Anzahl von Fällen zugewiesen erhielten. Zur Kontrolle der Bearbeitungszeiten könne man den Gerichten allenfalls aufgeben, alle Entscheidungen in einer tabellarischen Übersicht zu erfassen und bei jeder Entscheidung den Zeitpunkt der Akteninrotulierung und der Publizierung zu vermerken. Durch das jeweils übergeordnete Gericht könnten diese Listen von Zeit zu Zeit geprüft werden.

Schon die Prager Kommission hatte im Entwurf 1726 Überlegungen angestellt, wie man die Zeit „post Rotulum" bis zur Publizierung der

---

[1] Auf die Besonderheiten der Inrotulierung wurde bereits im Zusammenhang mit den Prozeßmaximen hingewiesen. Vgl. 2. Teil, II. Kapitel, 1 b) und 4 c).

[2] Entwurf 1726, 3. Teil, Titel 21, Bl. 1 f.; Zusammenstellung *Holger*, Bl. 191.

Urteile verkürzen könne[5]. Der Grund für die extrem langen Wartezeiten — von der Akteninrotulierung bis zur Entscheidung mußten die Parteien oft länger warten als zuvor der eigentliche Prozeß gedauert hatte — bestand nach Auffassung der Kommission in der Arbeitsüberlastung der Gerichte. Die böhmischen „judicii temporanei" seien während der Sitzungsperioden ausschließlich damit beschäftigt, die Akten früherer Gerichtstermine aufzuarbeiten. Dadurch würden „manche acta post Rotulum auf das weitere, anderte, dritte, ja wohl vierte Landrecht verschoben ..."[6], obwohl an sich das Urteil noch während derselben Sitzungsperiode erlassen werden sollte, in der die Akten inrotuliert worden seien.

Die Kommission schlug ein sehr einfaches Mittel zur Behebung dieses Übelstandes vor. Man müsse eine Sitzungsperiode nur um die Zeitspanne prolongieren, die nötig sei, alle Rückstände aufzuarbeiten. „Und obzwar solches denen Herren Assessoribus in etwas schwerfallen dürfte, so ist doch bei reifer Überlegung der Sach diese Ungelegenheit nicht so gross, dass dessentwegen das bonum Publicum in accelerandis Processibus hinterstellig gelassen werden sollte[7]."

b) Die meisten Bestimmungen des 24. Kapitels galten dem Inhalt der Urteile. Jedes Urteil mußte die Parteien und den Streitgegenstand

---

[3] OJ HC, K. 231, NÖ, Fz. 105/1 a, *Signorini* zu § 238: Diese Anmerkung ist nur in Bruchstücken erhalten. Aus der Beantwortung der Anmerkung ergibt sich aber eindeutig, was Signorini gemeint hat.

[4] OJ HC, K. 231, NÖ, Fz. 105/1 a, Antwort zu Signorini § 238.

[5] Entwurf 1726, 3. Teil, Titel 21, Bl. 1 f.

[6] Entwurf 1726, 3. Teil, Titel 21, Bl. 1.

[7] Entwurf 1726, 3. Teil, Titel 21, Bl. 1 f.

[8] § 239 des Entwurfs 1776 (= § 248) — OJ HC, Protoc. B. 207, S. 65 — schrieb nur vor, die Parteien im Urteil zu benennen. Die Erweiterung des § 248 um den letzten Satz: „Nach Benennung der Parteyen ist auch der Gegenstand ..." ging auf einen Vorschlag der Deputation zurück, den diese allerdings nicht zu § 239, sondern zu § 242 des Entwurfs 1776 (= § 251) gemacht hatte. Die Deputation hatte § 242 wie folgt neu gefaßt:

„Nach Benennung der Parteyen ist auch der Gegenstand, worüber die Nothdurften verhandelt werden, und der richterliche Ausspruch erlassen wird, in dem Sentenz auf eine genaue und deütlich bestimmte Art auszudrücken. Der Spruch selbst solle dem Gegenstand gemäs deütlich und klar abgefasset, in selbem aber von den Beweggründen, die der Richter zu dessen Abfassung bestimmet haben, nichts erwähnet werden."

Dieser Text der Deputation fand bei der endgültigen Formulierung des § 251, der vollständig verändert wurde, keine Berücksichtigung. Er wurde statt dessen teilweise in den neuen § 248 übernommen.

Inhaltlich dürfte der Vorschlag der Deputation keine Änderung gewesen sein. Es ist anzunehmen, daß die Bezeichnung des Urteilsgegenstandes und der Urteilsausspruch auch nach der Vorstellung der CompCoon Bestandteile des Urteils waren und daß man nur auf eine gesetzliche Regelung verzichtet hatte.

bezeichnen und einen genauen Urteilsausspruch enthalten (§ 248)[8]. In Beiurteilen — im Gegensatz zu den Endurteilen waren dies die Zwischenentscheidungen wie z. B. die Beweisurteile —, in denen den Parteien zur Beendigung des Prozesses etwas aufgetragen wurde, mußte zugleich festgelegt werden, in welcher Zeit diese Auflage zu erfüllen war und welche prozessualen Konsequenzen es hatte, wenn die Partei dem nicht nachkam (§ 240 des Entwurfs 1776[9] = § 249). Das hatte zur Folge, daß nach Erlaß eines Beweisurteils, in dem eine Partei beispielsweise zum Eid oder zur Zeugenführung zugelassen wurde, zugleich das Beweisergebnis für den Fall feststand, daß die Partei säumig blieb. Das Gegenteil dessen, was die beweispflichtige Partei vorgetragen hatte, wurde für wahr gehalten. Indem man jeweils ein negatives Beweisergebnis unterstellte, konnte man somit aus dem Beweisurteil bereits den Inhalt des Endurteils ablesen[10].

Kontrovers waren die Meinungen der verschiedenen Beratungsgremien zu § 242 des Entwurfs 1776[11] (= § 251).

Gemäß § 242 des Entwurfs sollten die Urteile erster Instanz mit Entscheidungsgründen abgefaßt werden[12].

Damit waren der anonyme Gutachter[13] und die Deputation[14] nicht einverstanden. Sie wiesen übereinstimmend darauf hin, daß die Aufnahme von Gründen in das Urteil in Österreich niemals gebräuchlich gewesen und auch in den böhmischen Ländern nicht von allen Stellen praktiziert worden sei. Die Veröffentlichung der Entscheidungsgründe schade dem Ansehen der Richter, da diese sich grundsätzlich nur gegenüber den oberen Richtern, nicht aber gegenüber den Parteien rechtfertigen müßten. Zudem verlängerten sich hierdurch die Urteile. Die Prozesse würden teurer. Man gebe schließlich den Parteien Anlaß zur Kritik und fördere damit Appellation und Revision[15].

Nur Pregent und Kronenfels stimmten für die Publizierung der Entscheidungsgründe. Jede Urteilsbegründung stelle eine Belehrung der Parteien dar. Dies trage eher zur Verringerung als zur Vermehrung der Appellationen bei[16].

---

9 OJ HC, Protoc. B. 207, S. 66.

10 Vgl. 2. Teil, Einleitung zum IV. Kapitel.

11 OJ HC, Protoc. B. 207, S. 69.

12 Zur Entwicklung der Begründungspflicht bei Urteilen vgl. *Sprung*, Begründungspflicht, S. 43 ff.; zur Regelung in den österreichischen Territorien vor 1781, insbesondere S. 56 ff.

13 Koller-Akten 5, Nr. 314 zu § 242.

14 OJ HC, Protoc. B. 81, S. 310 ff., Sitzung v. 9. Dezember 1779.

15 OJ HC, Protoc. B. 81, S. 310 f., Sitzung v. 9. Dezember 1779

16 OJ HC, Protoc. B. 81, S. 310, Sitzung v. 9. Dezember 1779.

Aus dem Deputationsprotokoll zu § 242 des Entwurfs 1776 gewinnt man den Eindruck, mit der Veröffentlichung der Entscheidungsgründe habe die CompCoon eine grundlegende Neuerung geplant. Dabei war es nach den Gesetzen der böhmischen Länder[17] und ebenso nach dem Entwurf 1726[18] durchaus üblich, die „rationes decidendi" in das Urteil aufzunehmen. Vor allem entsprach § 242 des Entwurfs 1776 inhaltlich einer kaiserlichen Resolution aus dem Jahre 1772, die bestimmte, daß „die Ausdrückung der rationum decidendi quoad judices primae instantiae allgemein einzuführen" sei[19].

Mit der Frage der Veröffentlichung der Entscheidungsgründe hatte sich bereits ein halbes Jahr vor der Deputation die schon erwähnte von der Kaiserin 1779 eingesetzte Kommission beschäftigt, die prüfen sollte, ob bis zum Inkrafttreten der AGO nicht bestimmte Probleme vorab provisorisch zu regeln seien[20]. Da dieser Kommission sowohl Mitglieder der CompCoon als auch Mitglieder der Deputation angehörten, waren die Meinungen kontrovers[21].

Sinzendorf sprach sich sehr nachdrücklich für eine Aufnahme der Entscheidungsgründe in das Urteil auf. Dabei hob er nicht nur hervor, daß es den Parteien dann leichter fiele, die Aussichten eines Rechtsmittels zu prüfen. Zusätzlich würde das Vertrauen der Parteien in die Arbeit des Unterrichters erhöht. Die Mehrarbeit für den Richter veranschlagte er nicht besonders hoch, da dieser die Motive ohnehin in seinem Votum aufführen müsse[22].

Dieser Auffassung Sinzendorfs widersprachen Seilern, Hüttner, Pergenstein und vor allem Kees. Die Argumente entsprachen denen, die später auch von der Deputation vorgebracht wurden: Verlängerung und Verteuerung der Prozesse; die Gefahr, daß der Richter einer ungerechten Kritik ausgesetzt werde, durch die sein Ansehen leiden könne, und auch die Verleitung der Parteien, gegen ein in seinem Ausspruch richtiges Urteil ein Rechtsmittel letztlich erfolglos einzulegen, weil die Begründung des Unterrichters falsch war[23].

---

[17] Böhm.LO, F LXXVIII; Mähr.LO, Nr. 225; Böhm. StadtR, B 88.

[18] Entwurf 1726, 3. Teil, Titel 21, Bl. 6.

[19] StRPr 1987/1772 v. 11. August: Resolution auf einen Vortrag der CompCoon v. 28. Juli 1772.

[20] Vgl. 2. Teil, I. Kap., 3 c). Fünf Probleme sollten von der Kommission beraten werden. Der dritte Punkt lautete: „Ob der Unterrichter in seinem Abschied die Rationes decidendi ausdrücken soll?". Vgl. hierzu *Anonymus*, NZ 1863, 177.

[21] Zum Folgenden vgl. ausführlich *Anonymus*, NZ 1863, 177 ff.

[22] *Anonymus*, NZ 1863, 177 f.

[23] *Anonymus*, NZ 1863, 177, 178.

Kienmayer[24], dem sich Zenker anschloß, unterbreitete schließlich einen Kompromißvorschlag, der dann als § 251 in der AGO Gesetz wurde. Die Urteile sollten zunächst ohne Begründung publiziert werden. Es bleibe dann den Parteien überlassen, sich auf den Kanzleien eine Abschrift der Motive aushändigen zu lassen. Das solle ihnen aber nur bei den Urteilen gestattet sein, gegen die ein Rechtsmittel eingelegt werden konnte, also bei allen Urteilen erster Instanz und bei den Berufungsurteilen, durch die die untergerichtliche Entscheidung nicht bestätigt wurde (§ 260)[25, 26].

c) Gemäß § 241 des Entwurfs 1776[27] sollten die Urteile weder verkündet noch in anderer Weise publiziert werden. Statt dessen war ihre gleichzeitige Zustellung durch das Gericht an alle am Prozeß beteiligten Parteien vorgesehen.

Hiervon abweichend schlug der anonyme Gutachter vor, alle Urteile in ein Verzeichnis einzutragen und dieses Verzeichnis bei Gericht auszuhängen. Die Parteien hätten dann Gelegenheit, diese Liste einzusehen und sich die Urteile auf der Kanzlei abzuholen[28]. Obwohl die Deputation sich dieser Kritik des Zustellungsverfahrens anschloß und § 241 unter Berücksichtigung der Anmerkung Haans neu formulierte[29],

---

[24] Michael Franz Freiherr von Kienmayer war Hofrat beim Kaiserlichen Obersthofmarschallamt (vgl. *Wurzbach*, 11. Teil, S. 250).

[25] So entschied sich auch die CompCoon, OJ HC, Protoc. B. 207, S. 69 f., Sitzung v. 6. September 1780.

[26] Diese Regelung findet sich bereits in der App- u. AdvO Schlesien (1704) unter 9.) und in der noch älteren GO Breslau (1591) Art. 57. Ein Zusammenhang zu den Kodifizierungsarbeiten läßt sich allerdings nicht feststellen.

Vgl. hierzu auch *Sprung*, Begründungspflicht, S. 59, der diese Regelung damit begründet, daß der alleinige Zweck von Urteilsgründen zum damaligen Zeitpunkt darin gesehen wurde, den Parteien die Abschätzung der Erfolgsaussichten eines Rechtsmittels zu erleichtern. Für diese Ansicht spricht, daß bei den nicht rechtsmittelfähigen Urteilen in keinem Fall eine Begründung gegeben wurde.

[27] OJ HC, Protoc. B. 207, S. 67.

[28] Koller-Akten 5, Nr. 314 zu § 241.

[29] OJ HC, Protoc. B. 207, S. 67 f., wo dieser Formulierungsvorschlag wiedergegeben ist:

„Kein Spruch ist den Partheien öfentlich vorzulesen, oder kundzumachen, sondern es soll bey Gericht ein genaues Verzeichnis deren zu erheben stehenden Urtheilen Tag für Tag zur allgemeinen Einsicht der Partheien angehäftet, den Partheien aufbemelden die Abschrift des Sentenzes sogleich hinausgegeben und mit sothaner Abschrift der Tag, an welchem der Sentenz zu erheben gewesen, angemerket werden, massen von sothanem Tage anzurechnen, der Sentenz in seine Rechts Kraft zu wachsen anfängt."

Die Sitzungsprotokolle der CompCoon und der Deputation sind im vorliegenden Fall widersprüchlich. Nach dem Protokoll der CompCoon hat sich die Deputation dem Gutachten Haans, dem „anonymischen" Gutachten, angeschlossen. In diesem Protokoll findet sich auch der neu gefaßte § 241. Nach dem Protokoll der Deputation (OJ HC, Protoc. B. 81, S. 308 f., Sitzung v.

blieb es bei der vom Gericht veranlaßten Zustellung in § 241 des Entwurfs 1776. Die Vorschrift wurde ohne Änderung als § 251 übernommen.

---

9. Dezember 1779) war die Mehrheit mit § 241 des Entwurfs einverstanden. Auf diese vereinzelt vorkommenden Differenzen zwischen beiden Protokollen wurde bereits hingewiesen (vgl. 1. Teil, VI. Kap, Fn. 21). Im vorliegenden Fall wird dem Protokoll der CompCoon gefolgt, da die Angaben dort zu konkret sind, als daß man einen Irrtum annehmen könnte. Das Protokoll der Deputation muß insoweit unvollständig sein.

VI. Kapitel

Die Rechtsmittel[1]

Die AGO gewährte den Parteien vier Möglichkeiten, gegen eine Entscheidung des Gerichts vorzugehen: Appellation, Revision, Nullitätsklage und Beschwerde.

1. Die Appellation

Glaubte sich eine Partei durch ein Urteil beschwert — gleichgültig, ob durch ein End- oder Beiurteil —, so konnte sie hiergegen Appellation einlegen (§ 252)[2]. Fünf Besonderheiten kennzeichneten das Appellationsverfahren nach der AGO:

— Die Appellationsanmeldung wurde mit der Appellationsbegründung, den sogenannten Appellationsbeschwerden, beim Richter erster Instanz, dem „judex a quo", eingereicht (§ 253). (a)

— Der Gegner richtete seine Erwiderung ebenfalls an die untere Instanz. Erst nach Abschluß des Appellationsverfahrens reichte der erstinstanzliche Richter alle Prozeßunterlagen zur Entscheidung an das Appellationsgericht weiter (§ 256). (b)

— Neue Tatsachen und Beweise durften im Appellationsverfahren nicht vorgetragen werden (§ 257).

— Wurde eine Partei durch ein Urteil in verschiedenen Punkten belastet, so mußte sie in der Appellationsschrift klarstellen, gegen welchen Teil des Urteils sich ihre Appellation richtete. Soweit das Urteil nicht gerügt wurde, erwuchs es in Rechtskraft (§ 258). (c)

— Während des Appellationsverfahrens durfte die zunächst siegreiche Partei aus dem erstinstanzlichen Urteil nicht vollstrecken (§ 259). (d)

---

[1] Hiermit ist jeder Antrag der Parteien gemeint, der auf die Überprüfung einer richterlichen Entscheidung, Anordnung oder sonstigen Maßnahme gerichtet war. Zur Terminologie vgl. Rosenberg / Schwab, § 135, I, 1, 1. Abs. (S. 757).

[2] Die beiden in § 252 genannten Ausnahmen — die Appellation war unzulässig wider ein Beiurteil, „wodurch der Hauptsache kein Urtheil zuwächst" und „wider einen Spruch, wodurch wechselseitige Beschimpfungen aufgehoben worden sind" — waren von untergeordneter Bedeutung und werden im folgenden nicht behandelt.

a) Die Parteien mußten die Appellation binnen vierzehn Tagen nach Zustellung des Urteils beim „judex a quo“ einreichen und die Appelationsbeschwerden „offen“ beifügen (§ 253). Die Begründungsfrist konnte um vierzehn Tage verlängert werden (§ 254).

Daß die Appellationsbegründung „offen“, d. h. unverschlossen, dem erstinstanzlichen Richter übergeben werden mußte, war erst in den Beratungen nach 1776 beschlossen worden. Nach § 244 des Entwurfs 1776[3] sollte es den Parteien überlassen bleiben, ob sie die Appellationsschriften „ofen oder versiegelter“ vorlegten. Wählte der Rechtsmittelführer die verschlossene Form der Appellationseinlegung, so sollte der „judex a quo“ zum Öffnen des Schriftsatzes nicht befugt sein. Er hatte ihn vielmehr versiegelt an das Appellationsgericht weiterzureichen.

Die Mehrheit der Deputation erblickte in dieser Anordnung einen dem richterlichen Ansehen nachteiligen Mißtrauensbeweis[4]. Der eigentliche Zweck einer solchen Geheimhaltung, dem Richter keine Kenntnis von Beschwerden über ihn selbst zu geben, könne ohnehin nicht erreicht werden, da der Appellationsrichter ihn zu belastenden Vorwürfen hören müsse[5].

Die Deputation hatte mit ihrem Änderungsantrag Erfolg. Bei der letzten Überprüfung des Entwurfs 1776 entschied sich die um Mitglieder der Deputation erweiterte CompCoon für eine Überreichung der Appellationsschriften in unverschlossener Form. Zur Begründung führte sie an, daß eine Versiegelung der Satzschriften nur zu „Schmeh Schriften“ Anlaß gebe[6].

Die Zuständigkeit des unteren Gerichts für die Einlegung der Appellation stellte gegenüber dem Recht der Erbstaaten vor 1781 keine Neuregelung dar[7]. Sie wurde während der Beratungen widerspruchslos akzeptiert. Auch über eine Vereinheitlichung der Appellationsfrist auf vierzehn Tage — sie hatte zuvor zwischen zehn und 52 Tagen geschwankt[8] — einigte man sich schnell[9].

b) In wesentlichen Punkten wurde das nach dem Entwurf 1776 vorgesehene Appellationsverfahren abgeändert.

---

[3] OJ HC, Protoc. B. 207, S. 71 f.

[4] OJ HC, Protoc. B. 81, S. 315, Sitzung v. 9. Dezember 1779. Pregent, Wiesenthal und Kronenfels stimmten für § 244 des Entwurfs 1776.

[5] Dieses Argument erwähnt auch *v. Harrasowsky*, Rechtsmittel, S. 451, Fn. 22.

[6] OJ HC, Protoc. B. 207, S. 295 f., Sitzung v. 27. Februar 1781.

[7] Zusammenstellung *Waldstetten*, 4. Teil, 15. Abhandlung, 1. Abschnitt; Zusammenstellung *Holger*, Bl. 194 ff.

[8] *v. Harrasowsky*, Rechtsmittel, S. 449.

Nach § 246 des Entwurfs[10] sollte der „judex a quo" die Appellationsanmeldung, die Appellationsbeschwerden und sämtliche Prozeßunterlagen binnen acht Tagen nach Einlegung der Appellation an das Gericht zweiter Instanz übersenden. Dieses konnte, ohne den Gegner zu hören, sofort entscheiden; es konnte die Gegenseite aber auch zur Stellungnahme auffordern. Ein zweiseitiger Appellationsprozeß war somit nicht zwingend vorgeschrieben. Fand er aber statt, so geschah dies beim Appellationsgericht[11]. In § 246 des Entwurfs hatte man die in Österreich geltende Regelung übernommen[12], von der sich die Bestimmungen der Appellationsordnung Böhmens und Mährens allerdings nur dadurch unterschieden, daß in den böhmischen Ländern die Anhörung des Gegners im Appellationsverfahren zwingend vorgeschrieben war[13]. Die Zuständigkeit der zweiten Instanz für die Durchführung des Appellationsverfahrens galt allgemein.

Trotz dieser Kontinuität der gesetzlichen Regelung wurde § 246 des Entwurfs 1776 heftig kritisiert, wobei fast jedes Mitglied der Deputation einen eigenen Gegenvorschlag machte. Nach Pelser sollte die Appellationseinrede ganz abgeschafft, die Entscheidung also immer ohne Anhörung des Gegners getroffen werden[14]. Kronenfels wollte ein mündliches Appellationsverfahren einführen[15]. Nur Kees und Wiesenthal stimmten für eine Beibehaltung der Regelung des § 246 des Entwurfs 1776[16]. In gleicher Weise gingen die Meinungen bei der CompCoon auseinander[17]. Ein einheitlicher Beschluß kam zunächst nicht zu-

---

[9] Nach dem Protokoll der CompCoon (OJ HC, Protoc. B. 207, S. 72) wollte die Deputation eine Verlängerung der Frist auf 30 Tage. Nach dem Deputationsprotokoll (OJ HC, Protoc. B. 81, S. 316, Sitzung v. 9. Dezember 1779) war man mit der Frist einverstanden. Es blieb bei einer vierzehntätigen Frist mit der Möglichkeit einer Verlängerung um weitere vierzehn Tage.

[10] OJ HC, Protoc. B. 207, S. 73.

[11] OJ HC, Protoc. B. 207, S. 73: § 246 des Entwurfs entsprach den §§ 255, 256 der AGO. § 246 lautete:

„Der Richter erster Instanz hat die appellations Anmeldung, die Beschwerden, und sämmtliche process Akten, welche immittels in guter Ordnung bey Gerichte aufzubehalten wären mit seinem Einbegleitungs Bericht binnen 8 Tägen, vom Tage der eingereichten Beschwerden an dem oberen Richter zu beförderen, dieser aber die Sache, sobald möglich, entweder zu entscheiden, oder, wenn er es nöthig findet, die Gegenparthey mit einer appellations Einrede binnen 14 Täg über die appellations Beschwerde zu vernehmen."

[12] Nach den Appellationsordnungen für Österreich unter und ob der Enns von 1760 galt ein im wesentlichen gleiches Verfahren. Auch die P u. ExO Wien (1761) verweist unter „Fünf und zwanzigsten" auf die AppO Ö. u. d. E.

[13] AppO Böhmen (1734) unter 4.), die auch für Mähren und Glatz galt.

[14] OJ HC, Protoc. B. 81, S. 325, Sitzung v. 10. Dezember 1779.

[15] OJ HC, Protoc. B. 81, S. 326, Sitzung v. 10. Dezember 1779.

[16] OJ HC, Protoc. B. 81, S. 326, Sitzung v. 10. Dezember 1779.

stande. Erst im Februar 1781, wenige Monate vor Publizierung der AGO, fand sich eine Mehrheit für das Appellationsverfahren, wie es in § 246 des Entwurfs vorgesehen war[18].

Dennoch wurde § 246 des Entwurfs nicht in die AGO übernommen. An seine Stelle traten die Bestimmungen der §§ 255, 256 mit einer in allen Punkten abweichenden Regelung. Gemäß § 255 führte der erstinstanzliche Richter das Appellationsverfahren durch. Von ihm wurde der Gegenseite die Appellationsbeschwerde zugestellt. Es lag dann allein bei der Partei zu entscheiden, ob sie zur Appellationsbegründung Stellung nehmen wollte. Erst nach Abschluß des Appellationsprozesses übergab der Unterrichter sämtliche Prozeßunterlagen dem Appellationsgericht, das „bald möglich" zu entscheiden hatte (§ 256).

Aus den Gesetzesmaterialien zur AGO ist nicht ersichtlich, auf wessen Veranlassung und mit welcher Begründung zwei Monate vor dem Publikationstermin der Ablauf der Appellation in einer Weise geändert wurde, wie dies vorher kein Kommissions- oder Deputationsmitglied angetragen hatte.

c) Das Verbot, in der Appellation neue Tatsachen und Beweise vorzutragen, galt im Gegensatz zum Neuerungsverbot im schriftlichen Verfahren (§§ 48, 54) ohne Ausnahme (§ 257). Es entsprach den gesetzlichen Bestimmungen und der allgemeinen Übung vor 1781[19] und wurde während der Kommissionsberatungen ohne nennenswerte Gegenäußerung akzeptiert[20].

Ähnlich problemlos verliefen die Beratungen zu § 248 des Entwurfs 1776[21], nach dem der Appellationsbewerber im einzelnen angeben mußte, ob er die Überprüfung des ganzen Urteils oder nur einzelner Teile verlangte. Auch diese Vorschrift besaß Vorbilder in den Ländergesetzen[22]. Als § 258 wurde sie unverändert in der AGO Gesetz.

---

[17] OJ HC, Protoc. B. 207, S. 76 f., Sitzung v. 6. September 1780: Holger beantragte, die Appellationseinrede obligatorisch zu machen. Mit diesem Vorschlag setzte er sich aber nicht durch.

[18] OJ HC, Protoc. B. 207, S. 298, Sitzung v. 27. Februar 1781.

[19] Rescriptum v. 27. August 1670 für Schlesien (*Kernlein*, S. 33); AppO Ö. u. d. E. (1760); AppO Ö. o. d. E. (1760); P u. ExO Wien (1761) unter „Fünf und zwanzigstens"; Hofdekret v. 6. Mai 1779 an das i. ö. Gubernium (OJ HC, K. 131, Fz. G, St. 8896); allgemein für den gemeinen Prozeß: *Engelmann*, II, 3, S. 156 ff. Vgl. hierzu *König*, S. 74, dort Fn. 208.

[20] OJ HC, Protoc. B. 81, S. 327, Sitzung v. 10. Dezember 1779; OJ HC, Protoc. B. 207, S. 78 und 298, Sitzungen v. 6. September 1780 und v. 27. Februar 1781 zu § 247 des Entwurfs 1776.

[21] OJ HC, Protoc. B. 207, S. 78.

[22] z. B. AppO Böhmen (1734) unter 4.).

d) Die Appellation sollte nach § 249 des Entwurfs 1776[23] keinen Suspensiveffekt haben, die Exekution also nicht hindern können. Allerdings war beabsichtigt, die Vollstreckung nur bis zur Sicherung des Gläubigers, nicht bis zu seiner Befriedigung zuzulassen[24].

Der anonyme Gutachter und die Deputation hielten dies für bedenklich, weil während der Appellation als einem ordentlichen Rechtsmittel die Entscheidung grundsätzlich „in suspenso" zu bleiben habe. § 249 des Entwurfs verstoße gegen den Rechtssatz: quod pendente appellatione nihil sit innovandum[25]. Man solle daher der Appellation die hemmende Wirkung belassen[26].

Der Änderungsantrag des anonymen Gutachters bzw. der Deputation zielte auf eine Beibehaltung des bis dahin bestehenden Rechtszustandes. Sowohl in den österreichischen als auch in den böhmischen Ländern war die Vollstreckung während des Rechtsmittelprozesses überwiegend eingestellt bzw. nicht zugelassen worden[27]. Nach der Vorstel-

---

[23] OJ HC, Protoc. B. 207, S. 79 f.

[24] Die Formulierung des § 249 des Entwurfs war recht umständlich, da alle Vollstreckungsmöglichkeiten einzeln aufgezählt waren:

„Über jene Punkten, wider welche nicht ausdrücklich appelliret worden ist, soll nach verstrichener Appellationsfrist sogleich die Execution ertheilet werden, in Ansehung jener aber, wider welche die Appellation angewendet worden ist, soll es auf folgende Art gehalten werden:

a) wenn der Appellations Werber schuldig erkannt worden ist, eine Handlung zu unterlassen, soll er sich davon währender Appellation enthalten,
b) wenn er schuldig erkannt worden ist, auf sein liegendes Gut ein dingliches Recht dem Gegentheil einzuräumen, soll es auf dessen Anlangen vorgemercket werden,
c) wenn er einer Summe Geld's schuldig erkannt worden ist, soll dem Obsiegenden die Execution, bis er durch die würckliche Pfändung seine Sicherheit erhalten wird ertheilt werden,
d) wäre er schuldig erkannt worden, ein liegendes Gut einzuräumen, oder ein bestimmtes fahrendes Gut zu übergeben, so ist solches auf Anlangen des Obsiegers, jedoch zu Unkösten des jenigen, welcher am Ende unterliegen wird, zu sequestriren,
e) wenn er endlich schuldig erkannt worden ist, ein unbestimmtes fahrendes Gut zu liefern, oder eine Arbeit zu verrichten, soll dem Obsieger verwilliget werden das Gut, wo er am besten kann, zu kaufen, oder die Arbeit von einem dritten verrichten zu lassen: Wegen des Schadens ist ihme in diesen beyden Fällen, auch währender Appellation die Execution, bis er durch die würckliche Pfändung seine Sicherheit erlanget haben wird, zu ertheilen, doch soll er den Schaden immitels bescheinigung, und nach dem Antrag der Sache, wenn der Spruch bestättiget werden solte, ihn rechtlich erweisen."

[25] Koller-Akten 5, Nr. 314 zu § 249; OJ HC, Protoc. B. 81, S. 328 f., Sitzung v. 8. Mai 1780.

[26] Tosi hatte zu § 249 vorgeschlagen, auf die Durchführung nur dann zu verzichten, wenn der Schuldner eine Sicherheitsleistung erbrächte, OJ HC, K. 231, NÖ, Fz. 105/1 a, *Tosi* zu § 249.

[27] Appellationsedikt Kaiser Leopolds v. 13. März 1670 (CA I, S. 86 ff. (87)); AdvO St- u. LG Wien (1700), § 76; Wechsel GO, NÖ (1763), Zweiter Titel, § IV.

lung der Deputation sollte die Exekution nur dann durchgeführt werden, wenn der Gläubiger Gefahr lief, daß die Realisierung seines Anspruchs durch die Appellation vereitelt würde. Dann sollte ihm die Vollstreckung gegen eine Sicherheitsleistung gestattet werden[28]. Gegen die Stimmen Froidevos und Hortens nahm die CompCoon die von der Deputation vorgelegte Fassung an[29]. Sprachlich, aber nicht inhaltlich geändert ging sie als § 259 in die endgültige Fassung der AGO ein[30].

2. Die Revision

Wie die Appellation so war auch die Revision ein ordentliches Rechtsmittel mit Devolutiv- und Suspensiveffekt. Gemäß § 260 galten für die Revision die Bestimmungen zur Appellation hinsichtlich Form, Frist und Verfahren entsprechend.

Zwei nur für die Revision geltende Besonderheiten waren in den §§ 260, 261 festgelegt. In Ergänzung des § 259, gemäß dem die Vollstrekkung durch die Appellation gehemmt bzw. unterbrochen wurde und nur in Ausnahmefällen vorläufige Vollstreckungsmaßnahmen zugelassen waren, bestimmte § 261, daß diese im Interesse des Gläubigers durchgeführten Exekutionsschritte bis zum Ende des Revisionsverfahrens aufrechtzuerhalten seien. Der Appellant konnte aber von seinem Gegner, auf dessen Antrag hin trotz eingelegter Apppellation vollstreckt worden war, Schadensersatz verlangen, wenn er in der Revision siegreich blieb und die Vollstreckungsmaßnahmen daher aufgehoben werden mußten.

Die zweite Besonderheit betraf die Zulässigkeit der Revision. Nach § 260 durfte die Revision nur gegen die Appellationsurteile eingelegt werden, die die erstinstanzliche Entscheidung nicht bestätigten. Lagen zwei Urteile der unteren Instanzen mit gleichlautendem Urteilsausspruch vor, so war die Revision unzulässig.

In den böhmischen Ländern gab es für die Adeligen nur zwei Instanzen. Daher finden sich zur Appellation nur wenige Bestimmungen. Als Beispiel die App- u. AdvO Schlesien (1704), unter 11.): Die Appellation hatte an sich Suspensiveffekt. Leistete der Gläubiger aber Sicherheit, so wurde vollstreckt. Geregelt war dagegen der Einfluß der Revision auf das Vollstrekkungsverfahren. Vgl. hierzu Entwurf 1726, 3. Teil, Titel 23, Bl. 5 f. Hieraus ergibt sich, daß im böhmischen Recht die Revision die Exekution unterbrach bzw. hinderte. Die Prager Kommission wollte die hemmende Wirkung aber weitgehend einschränken.

[28] OJ HC, Protoc. B. 81, S. 343 f., Sitzung v. 8. Mai 1780.

[29] OJ HC, Protoc. B. 207, S. 80, Sitzung v. 27. Februar 1781.

[30] Die letzte Abfassung des Textes stammt wahrscheinlich von Kees. Jedenfalls ist sie in seiner Handschrift an den Rand des Protokolls geschrieben, OJ HC, Protoc. B. 207, S. 79 f.

Die Begrenzung der Revisionen, sei es unter dem Aspekt der sogenannten „duae conformes sententiae" oder auch aus anderen Gründen, hatte in den Gesetzen vor 1781 und in den Entwürfen keine einheitliche Behandlung erfahren. In den Kodifizierungsberatungen war dies das einzige und eigentliche Problem des Revisionsrechts, mit dem sich die CompCoon schon sehr frühzeitig beschäftigte[31].

a) Es gab im 17. und 18. Jahrhundert in den Erbstaaten verschiedene Prozeßordnungen, nach denen die Revision nach zwei oder, abhängig vom Instanzenaufbau, auch drei gleichförmigen Urteilen unzulässig war[32]. Eine solche Beschränkung galt aber nicht allgemein. Im 18. Jahrhundert findet sich die restriktive Behandlung der Revision mehr und mehr nur noch in den böhmischen Ländern, während in Österreich der Gesetzgeber dahin tendierte, die Überprüfung von Appellationsurteilen auch dann zu gestatten, wenn diese das erstinstanzliche Urteil bestätigt hatten.

So beabsichtigte die Prager Kommission im Entwurf 1726 unter Berufung auf eine kaiserliche „Pragmatica" von 1712, „die Revisio a duabus conformibus sententiis" auch fernerhin nicht zuzulassen[33]. Ebenso läßt sich dem Gesamtplan Azzonis, der, wie dargestellt, stark von böhmischem Recht beeinflußt war, entnehmen, daß man die Einführung dieser Regelung in allen Erbstaaten zumindest prüfen wollte[34].

Demgegenüber war in der Zusammenstellung des österreichischen Rechts durch Holger eine Einschränkung von Revisionen unter dem Gesichtspunkt übereinstimmender Urteile nicht erwähnt. Haan, der in seinem „anonymischen" Gutachten durchweg für die Einführung österreichischer Rechtsgrundsätze votierte, bemerkte zum Problem der Zulässigkeit von Revisionen, man solle es bei der „bishero mit gutem Nutzen bestandenen Revisionsordnung fernerhin ... belassen" und die Revision nicht „bloß deswegen, weil zwei untere Richter einander in der Meinung gefolget, allgemein ab ... schlagen"[35].

b) Die CompCoon neigte während der Kodifizierungsberatungen stärker zu einer Einführung der in Böhmen üblichen Behandlung der Revisionen. Nachdem ihr bereits 1768 die Kaiserin in einem Billett aufgegeben hatte, den Rechtssatz von der Unzulässigkeit der Revision

[31] Vgl. 1. Teil, III. Kapitel, 1 a).

[32] z. B. RevO Ö. u. u. o. d. E. (1669): Unzulässigkeit der Revision nach drei gleichförmigen Urteilen; Patent v. 12. Oktober 1698 für Schlesien (OJ HC, K. 131, Fz. G, St. 2065); Wechsel GO für Ö. u. d. E. (1717), 3. Titel, § 1. Zur Entwicklung dieses Grundsatzes vgl. *König*, S. 32 f.

[33] Entwurf 1726, 3. Teil, Titel 24, Bl. 4; die Pragmatica v. 8. Juli 1712 ist im Anhang dieses Titels unter Nr. 4 (Bl. 29) wiedergegeben.

[34] Gesamtplan *Azzoni*, 4. Teil, 15. Abhandlung, 3. Abschnitt, Bl. 110.

[35] Koller-Akten 5, Nr. 314 zu § 250.

nach gleichlautenden Urteilen bei Abfassung der Prozeßordnung „in die reiffe Betrachtung“ zu nehmen[36], folgte sie dieser Anregung im Entwurf 1776 und legte in § 250 des Entwurfs[37] fest, daß die Revision nicht zuzulassen sei, wenn im Appellationsurteil die Appellation abschlägig beschieden worden sei[38].

Hiergegen wurden von der Deputation[39] und, wie erwähnt, von Haan[40] Bedenken vorgetragen. Die Kritik, die von Haan, der Deputation und auch von anderer Seite[41] gegen § 250 des Entwurfs erhoben wurde, stützte sich im wesentlichen auf drei Argumente. Zum einen würden zwei gleiche Urteile nicht garantieren, daß diese Entscheidungen auch gerecht und frei von Fehlern seien. Die Oberste Justizstelle habe in der Vergangenheit häufig Appellationsurteile abgeändert, obwohl der Urteilsausspruch mit der Entscheidung erster Instanz übereingestimmt habe. Man könne zum anderen bei einer Reduzierung der Revision auf divergierende Entscheidungen nicht ausschließen, daß eine Appellationsinstanz Urteile nur deshalb bestätige, um eine weitere Anfechtung auszuschließen. Schließlich dürfe man den Rechtsweg zur obersten Instanz, zum Hofe nämlich und damit zur Kaiserin, nicht versperren oder erschweren, weil die Parteien sonst ihre Zuflucht zu den außerordentlichen Rechtsmitteln nähmen[42].

Die Deputation schlug ihrerseits vor, die Zulässigkeit der Revision vom Erreichen einer Revisionssumme in Höhe von 300 Gulden abhängig zu machen[43]. Liege die Beschwer des Revisionsführers unterhalb dieses Betrages, so dürfe die Revision nur eingelegt werden, wenn der Streit um ein „jus oder onus perpetuum“[44] gehe oder wenn die Partei arm sei.

---

[36] Vgl. 1. Teil, III. Kap., Fn. 8.

[37] OJ HC, Protoc. B. 207, S. 82.

[38] Man sah hierin ein „geeignetes Sperr- bzw. Filtermittel für den Zugang zu den höheren Instanzen“ (so *König*, S. 34).

[39] OJ HC, Protoc. B. 81, S. 344 ff., Sitzung v. 8. Mai 1780.

[40] Vgl. 2. Teil, VI. Kap., Fn. 35.

[41] Nach *v. Harrasowsky*, Rechtsmittel, S. 453, soll sich auch die Kommission in diesem Sinne geäußert haben, die sich 1779 auf Anweisung der Kaiserin (vgl. 2. Teil, I. Kap., Fn. 26 und 2. Teil, V. Kap., Fn. 20) mit dem Erlaß einer provisorischen Prozeßordnung beschäftigt hatte.

[42] Nach *v. Harrasowsky*, Rechtsmittel, S. 453, soll die oben erwähnte (2. Teil, VI. Kap., Fn. 41) Kommission zusätzlich die Befürchtung gehabt haben, Appellationsgerichte könnten erstinstanzliche Urteile deshalb bestätigen, weil unanfechtbare Urteile ohne Entscheidungsgründe publiziert würden. Auf diese Weise könnten sich die Gerichte der Abfassung der Urteilsgründe entziehen.

[43] OJ HC, Protoc. B. 81, S. 347, Sitzung v. 8. Mai 1780.

[44] z. B. Dienstbarkeit, Zins u. ä.

Die CompCoon ging bei ihrer abschließenden Beratung des § 250 des Entwurfs auf die nicht unberechtigte Kritik der Deputation kaum ein. Eine Auseinandersetzung mit den vorgetragenen Bedenken erfolgte nicht. Lediglich Holger stimmte für den Änderungsantrag der Deputation[45].

Die Einführung einer Revisionssumme lehnte die CompCoon als „unbillig" ab[46], so daß § 250 unverändert als § 260 in der endgültigen Fassung der AGO beibehalten wurde.

3. Die Nullitätsklage

Gemäß § 252 des Entwurfs 1776 waren Appellation und Revision die allein zulässigen Rechtsmittel. Insbesondere die gemeinrechtlich übliche „Nullitätsklage", mit der die Nichtigkeit eines Urteils gerügt wurde, sollte nicht mehr erhoben werden dürfen[47].

Die Deputation hatte hiergegen nichts einzuwenden gehabt[48]. Im September 1780 erging jedoch — auf einen Vortrag der Obersten Justizstelle hin — eine Anordnung der Kaiserin, daß „(d)er Recours (an sie), oder die Oberste Justiz Stelle, ... so wie bishero auch in Hinkunft offen zu lassen" sei, wenn über eine „Nullität, offenbahre Ungerechtigkeit, oder sonsten über ein von dem Unterrichter zugefügtes klares Unrecht interponiert" werde[49]. Die Kaiserin wollte damit — gerade im Hinblick auf die Unzulässigkeit der Revision nach zwei gleichen Urteilen — jeder Partei die Möglichkeit erhalten, bei offensichtlichem Unrecht unmittelbar eine Entscheidung der Revisionsstelle herbeizuführen[50].

---

[45] OJ HC, Protoc. B. 207, S. 82 ff., Sitzung v. 6. September 1780.

[46] OJ HC, Protoc. B. 207, S. 85 f., Sitzung v. 25. Oktober 1780.

[47] OJ HC, Protoc. B. 207, S. 88; § 252 lautete:
„Wider einen Spruch soll künftig keine nullitätsklage, und kein anderes Mittel stat haben, als die Appellation, und revision: doch wird durch einen Spruch, durch eine Erkanntnis, durch ein Endurtheil, Beiurtheil u. d. g.: nichts anderes verstanden, als die endliche, oder bedingnisweise Entscheidung der Hauptsache, oder eines Nebenstreites, welche nach vernommenen, oder in Folge dieser Ordnung für vernommen zu haltenden beiden Theilen ergangen ist."

[48] OJ HC, Protoc. B. 81, S. 350, Sitzung v. 8. Mai 1780.

[49] StRPr 1475/1780 v. 12. September: Resolution auf einen Vortrag der OJSt v. 4. September 1780.

[50] Gerade mit diesem Thema, ob nach zwei gleichförmigen Urteilen wenigstens der „Recours" noch zulässig sei, hatte sich der Vortrag der OJSt befaßt, auf den hin die Resolution der Kaiserin ergangen war (StRPr 1475/1780 v. 12. September). Vgl. hierzu *König*, S. 110.

Unter Berücksichtigung dieser Weisung der Kaiserin beschloß die CompCoon im Oktober 1780, den „in allen Ländern gewöhnliche(n) recurs zum Landes Fürsten" als zusätzliches Rechtsmittel in die AGO aufzunehmen[51]. Da eine Entscheidung normalerweise durch Appellation und Revision überprüft werden konnte, sollte der Rekurs nach der Vorstellung der CompCoon auf die Fälle beschränkt bleiben, in denen die Revision nicht zulässig war, nämlich nach den die erste Instanz bestätigenden Appellationsurteilen. Blieb der Rechtsmittelführer nach zwei Instanzen durch eine Nichtigkeit oder ein offensichtliches Unrecht beschwert, dann hatte er die Möglichkeit des Rekurses binnen sechs Wochen unmittelbar zur Obersten Justizstelle. Diese hatte die Akten der unteren Instanz anzufordern und bei Begründetheit des Rechtsmittels deren Entscheidung aufzuheben.

Aber auch dieser zweite Entwurf der CompCoon zur Nullitätsklage wurde nicht verwirklicht. Im Februar 1781 legte Kees fünf neu verfaßte Paragraphen vor, die als §§ 262 - 266 in die endgültige Fassung der AGO eingingen[52]. Hiernach war die Nullitätsklage, wie sie nun genannt wurde, neben Appellation und Revision zugelassen. Ziel der Nullitätsklage war nicht die Abänderung, sondern die Aufhebung eines Urteils der unteren Instanzen. Nach erfolgreicher Nullitätsklage begann ein neues Verfahren (§ 264). Die Klage war begründet, wenn das Urteil „eine offenbare Nullität" enthielt. Nichtigkeitsgründe waren z. B. die Inkompetenz des Gerichts, ein nicht zu beseitigender Mangel in der Person des Richters, ein fehlerhaft besetztes Gericht oder die Handlungsunfähigkeit einer Partei[53].

Die Nullitätsklage mußte in derselben Frist wie Appellation und Revision beim „judex a quo" erhoben werden (§ 263). Gleichzeitig mußten Appellation und Revision eingelegt werden, wenn das Urteil nicht nur wegen seiner Nichtigkeit, sondern auch wegen anderer Mängel angegriffen wurde (§ 262). Der Rechtsmittelrichter überprüfte das Urteil zunächst auf mögliche Nichtigkeitsgründe und hob es auf, wenn er die Klage begründet fand. Ansonsten erging ein Appellations- bzw. Revisionsurteil, wenn zusätzlich diese Rechtsmittel eingelegt worden waren (§ 266). Da jeder Richter ein Urteil von Amts wegen auf seine Wirksamkeit überprüfen mußte und es im Falle der Nichtigkeit aufzuheben hatte (§ 265), war die Bedeutung der Nullitätsklage gering.

---

[51] OJ HC, Protoc. B. 207, S. 88 f., Sitzung v. 25. Oktober 1780. Froidevo hielt gegen die übrigen Stimmen an § 252 des Entwurfs fest.

[52] OJ HC, Protoc. B. 207, S. 302, Sitzung v. 28. Februar 1781.

[53] Diese Nichtigkeitsgründe sind nicht im Gesetz, sondern bei *v. Harrasowsky*, Rechtsmittel, S. 457 f., genannt. *Rizy*, 2. Teil, § 262 (S. 49 ff.); *Scheidlein*, 2. Teil, S. 46, der für die Nichtigkeit des Urteils eine „offenbare" Inkompetenz des Gerichtes verlangt. Vgl. hierzu auch ausführlich *Nippel*, 2. Bd., S. 30 ff.

Über den von Kees vorgelegten Entwurf wurde in der CompCoon keine Einigkeit erzielt. Ohne erneute Beratung wurden diese Bestimmungen auf Anordnung des Kaisers in die AGO aufgenommen[54]. Aus dem ursprünglich von der Kaiserin konzipierten außerordentlichen Rekurs „ad principem" war ein in seiner Anwendungsbreite relativ unbedeutendes Rechtsmittel geworden. Eine Korrektur zweier gleichlautender Entscheidungen, die an sich mit dem Rekurs hätte erreicht werden sollen, war mit der Nullitätsklage nicht mehr möglich.

4. Die Beschwerde

Bei Verstößen gegen die „Form des Prozesses" konnten die Parteien sich unmittelbar beim Rechtsmittelrichter beschweren. Da alle Rechtsverletzungen einschließlich der formellen, soweit sie in eine Entscheidung einflossen, durch die oberen Gerichte im Rechtsmittelprozeß beanstandet und ihre Folgen, wenn möglich, beseitigt wurden, blieb die Beschwerde auf die Fälle beschränkt, in denen der Richter während des laufenden Verfahrens Formvorschriften mißachtete. Der Zweck der Beschwerde bestand darin, daß die Parteien bei prozessualen Verstößen bereits während des Verfahrens das Eingreifen der übergeordneten Instanz veranlassen konnten. So konnte sich eine Partei beispielsweise über ungebührliche Prozeßverzögerungen beim Appellationsrichter beschweren.

Bei begründeter Beschwerde hatte der Rechtsmittelrichter den unteren Richter „zur Verantwortung" zu ziehen. Das Gesetz legte nicht fest, welche Maßnahmen ergriffen werden mußten. Je nach Art des Verstoßes kamen Anweisungen oder bloße Rügen in Betracht. In jedem Fall blieb die Maßnahme darauf beschränkt, dem prozessualen Verstoß abzuhelfen. Darüber hinausgehende disziplinarische Schritte oder die Durchsetzung von Schadensersatzansprüchen der Parteien gegen den unteren Richter — wie bei der in der AGO nicht geregelten Syndikatsklage — waren nicht das Ziel der Beschwerde.

Die Beschwerde war bereits nach dem Entwurf 1776[55] vorgesehen gewesen. Während sie nach dem Entwurf unbefristet erhoben werden konnte, mußte sie gemäß § 267 binnen vierzehn Tagen eingelegt werden[56].

---

[54] OJ HC, Protoc. B. 207, S. 387 f., Sitzung v. 28. März 1781.

[55] § 253 des Entwurfs, OJ HC, Protoc. B. 207, S. 90.

[56] Diese Änderung erfolgte auf Antrag der Deputation, OJ HC, Protoc. B. 207, S. 90.

VII. Kapitel

Die Exekution

Das 31. Kapitel „Von der Execution" stellte die erste umfassend kodifizierte Regelung der Vollstreckung in den Erbstaaten dar. Zwar läßt sich fast jede Bestimmung in diesem Abschnitt auf eine der zahlreichen Gerichts-, Advokaten- und Exekutionsordnungen zurückführen, nach denen vor 1781 die Urteile vollzogen wurden. Keines dieser Gesetze erfaßte das Vollstreckungsverfahren aber abschließend. In der böhmischen und mährischen Landesordnung gab es beispielsweise fast ausschließlich Vorschriften über die Exekution in Grundstücke, da für den Adel, für den die Landesordnungen galten, Mobilien als Vollstreckungsobjekte uninteressant waren. Einzelne Regelungen waren in den Ländergesetzen, obwohl allgemein verbreitet, gar nicht erfaßt. So wurde die Versteigerung gepfändeter Gegenstände an vielen Gerichten praktiziert[1, 2]. In den Ländergesetzen finden sich hierzu entweder gar keine oder diese Verwertungsmöglichkeit nur andeutende Bestimmungen.

Im Verhältnis zu den §§ 299 ff., in denen der Ablauf der Exekution — übersichtlich gegliedert — geregelt war, nahm § 298, die erste Vorschrift dieses Kapitels, eine Sonderstellung ein. § 298 betraf zum einen nicht die Durchführung der Vollstreckung, sondern deren Voraussetzungen. Die Exekution durfte nur erteilt werden „über einen richterlichen Spruch, oder gerichtlichen Vertrag". Bedeutsamer aber war, daß der Gläubiger auf Grund des § 298 die Möglichkeit hatte, in einem erheblich verkürzten Verfahren einen Vollstreckungstitel zu erlangen, wenn er seinen Anspruch mit Urkunden belegen konnte, denen ein „vollkommener Glaube" zukam, mit denen also ein vollständiger Beweis geführt werden konnte.

---

[1] StRPr 1229/1773 v. 3. Juni; Entwurf 1726, 3. Teil, Titel 25, Bl. 17 ff.

[2] Die österreichischen Gerichtsordnungen beschränkten sich auf die Anordnung, daß nach vorgenommener Schätzung „Anbott und Edict" zu erfolgen habe. Das Edict sei „ad valvas" (d. h. an die Flügeltüren) anzuschlagen, also zu veröffentlichen. Damit mußte nicht einmal notwendig die Einleitung der Versteigerung gemeint sein. Auch die Aufforderung an Verwandte oder „Befreundete" des Schuldners, das Gut auszulösen, wurde auf diese Weise bekanntgemacht. Als Beispiele: ExO Ö. u. d. E. (1655), 4. Titel, § 2; AdvO Magistrat Wien (1688), § 1.

§ 298 stellte eine Fortführung des österreichischen Exekutivprozesses dar, war also wie dieser nichts anderes als ein verkürztes Erkenntnisverfahren. Inhaltlich hätte diese Vorschrift besser in das Kapitel über das mündliche Verfahren gepaßt, wie dies im Entwurf 1776 auch vorgesehen war[3].

1. Der Exekutivprozeß

Bestimmungen zum Exekutivprozeß gab es nur in den Gesetzen der österreichischen Länder. Durch die Einflußnahme österreichischer Ju-

a) Nach österreichischem Recht mußte der Richter die Vollstreckung ohne vorangegangenen Prozeß einleiten, wenn ihm der Gläubiger eine Schuldurkunde vorlegte, mit der ein ganzer Beweis über den Anspruch erbracht wurde[4]. Ohne Anhörung des Schuldners erging dann der „Gebotsbrief", d. h. die Aufforderung, innerhalb einer bestimmten Zeit, meistens vierzehn Tagen, zu zahlen[5]. Kam der Schuldner diesem Verlangen nicht nach, so erließ der Richter den „Warnungsratschlag", mit dem die Pfändung unter kurzer Fristsetzung angedroht wurde[6]. Wenn auch diese Frist verstrich, ohne daß der Schuldner den Anspruch des Gläubigers erfüllte, bewilligte der Richter die Pfändung[7].

Einwendungen gegen den Anspruch fanden, falls sie in den Gesetzen überhaupt erwähnt sind, nur Beachtung, wenn der Schuldner seinerseits „liquide" Beweismittel vorweisen konnte. Ansonsten wurde der Vortrag des Schuldners „ad separatum judicium" verwiesen und die Exekution fortgesetzt[8].

Diese „parata executio" mit Hilfe der „instrumenta quarantigiata", wie Urkunden mit vollem Beweiswert auch genannt wurden, war vor allem für die Kaufleute von großer praktischer Bedeutung. Sie konnten ihre Ansprüche in vielen Fällen mit Schuldurkunden belegen. Zudem waren die Kaufmanns- und Handelsbücher, die an sich nur einen halben Beweis bewirkten, „semiliquide" waren[9], im Exekutivprozeß den liquiden Beweismitteln gleichgestellt[10].

---

[3] Vgl. 2. Teil, I. Kap., 3 c).

[4] Zur Entwicklung des österreichischen Exekutivprozesses vgl. *v. Chorinsky*, S. 3 ff.

[5] ExO Ö. u. d. E. (1655), 1. Titel, § 1; GO Ö. u. d. E. (1681), § 1; AdvO St- u. LG Wien (1700), § 1; GO OHofMarsch (1714), § 1; G u. TaxO Universität Wien (1724), § 8; P u. ExO Wien (1761) unter „Viertens" und „Fünftens".

[6] ExO Ö. u. d. E. (1655), 2. Titel, § 1: Pfändung innerhalb von acht Tagen; GO OHofMarsch (1714), § 1: Pfändung innerhalb drei Tagen.

[7] ExO Ö. u. d. E. (1655), 3. Titel, § 1; AdvO Magistrat Wien (1688), § 1.

[8] AdvO St- u. LG Wien (1700), § 7.

[9] Handlungs- u. FallitenO (1758), Art. 5, § 1.

[10] AdvO Magistrat Wien (1688), § 2; Handlungs- u. FallitenO (1758), Art. 5, § 2; zum Beweiswert der Handelsbücher vgl. 2. Teil, IV. Kapitel, 1 a).

Im Unterschied zu Österreich war in den böhmischen Ländern nur der Gläubiger bevorzugt, der aus einer hypothekarischen Schuldverschreibung vollstreckte. Die Exekution war dabei auf das belastete Grundstück beschränkt[11].

b) Im Gesamtplan Azzonis wurde in der Überschrift zur 18. Abhandlung die Vollstreckung aus „untadelhaften Schuldbriefen" zwar erwähnt. Daraus kann aber nicht mit Sicherheit geschlossen werden, daß die Übernahme des Exekutivprozesses in das neue Gesetzbuch tatsächlich beabsichtigt war[12].

In der 1772 von Holger erarbeiteten Gliederung[13] war der Exekutivprozeß ebenfalls genannt. In seiner 25. Vorfrage war Holger ausführlich hierauf eingegangen[14]. Bei „liquiden" Klagen sollte der Gebotsbrief sofort erlassen werden. Der Schuldner durfte seine Einwendungen erst nach vollzogener Pfändung (Sperre) vorbringen. Dabei waren offensichtlich unbegründete Einwendungen sofort zu verwerfen. Halb beweisbare Einwendungen aber mußte der Schuldner im ordentlichen Verfahren geltend machen. Die Pfändung sollte zur Sicherung des Gläubigers bis zum Abschluß des Prozesses aufrechterhalten bleiben, vor Prozeßende aber nicht bis zu seiner Befriedigung fortgesetzt werden dürfen. Dem Schuldner konnte auf seinen Antrag hin die Aussetzung der Exekution bewilligt werden, wenn er seine Exzeptionen vollständig und sogleich bewies oder eine Kaution leistete.

Der Übernahme des Exekutivprozesses in die neue Prozeßordnung stimmte die CompCoon zunächst zu[15]. Abweichend von den Vorschlägen Holgers sollte jedoch nach der Klageeinreichung durch den Gläubiger zunächst eine Tagsatzung anberaumt werden. Machte der Schuldner Einwendungen gegen den Anspruch geltend, so war die Vollstreckung zunächst auszusetzen. Der Richter hatte — wenn eben möglich — auf der Tagsatzung über die Einwendungen des Schuldners sofort zu entscheiden. Konnte er dies nicht, so war der Schuldner ins ordentliche Verfahren zu verweisen, der Gläubiger mußte jedoch durch die Pfändung gesichert bleiben.

Demgegenüber fehlte im Entwurf 1776 die Möglichkeit einer sofortigen Vollstreckung aus Urkunden. § 285 des Entwurfs 1776[16], der § 298 entsprach, bestand nur aus dem ersten Satz des § 298: „Die Execution soll nicht ertheilet werden, als über einen richterlichen Spruch, oder

---

[11] Entwurf 1726, 3. Teil, Titel 26, Bl. 3 f.

[12] Gesamtplan *Azzoni*, 4. Teil, 18. Abhandlung, Bl. 2 f.

[13] Vgl. 1. Teil, III. Kap., Fn. 33.

[14] Im einzelnen vgl. hierzu *v. Chorinsky*, S. 100 f.

[15] *v. Chorinsky*, S. 102.

[16] OJ HC, Protoc. B. 207, S. 107.

gerichtlichen Vertrag." Nach Chorinsky hatte man diese Änderung mit der Begründung vorgenommen, daß gegen jemanden, der nicht gehört worden sei, auch nicht gesprochen und erst recht nicht vollstreckt werden dürfe — „quia inauditus non sit condemnandus"[17]. Im übrigen sei es unpraktikabel und unwirtschaftlich, die mit hohen Kosten verbundene Exekution bis zur Pfändung voranzutreiben und erst dann über die — möglicherweise begründeten — Einwendungen zu entscheiden[18].

Ein geringer prozessualer Vorteil sollte dem Kläger, der seinen Anspruch mit Urkunden belegen konnte, auch nach dem Entwurf 1776 verbleiben. Gemäß § 12 des Entwurfs[19] war für diese Fälle das kürzere mündliche Verfahren vorgesehen[20].

Gegen die Abschaffung des Exekutivprozesses äußerten Haan in seinem „anonymischen" Gutachten[21] und, ihm folgend, die Deputation[22] Bedenken. Die neue Regelung schade dem „Kredit". Dieses Wort stand häufig stellvertretend für die Interessen von Handel und Gewerbe, an deren Prosperität dem Staat naturgemäß sehr gelegen war. Es müsse daher — so Haan und die Deputation — auch in Zukunft aus Wechseln und Schuldverschreibungen sofort vollstreckt werden können. Die Deputation schlug daher vor, § 285 des Entwurfs 1776 um den folgenden Halbsatz zu erweitern:

„... Ausgenommen wann der ExecutionsWerber einen landtäflich= oder grundbüchlich= vorgemerckten Schuldschein, oder ein instrumentum quarentigiatum für sich hätte, worüber dem Beklagte ohne weiteren, binnen einer bestimmten Frist seiner Schuldigkeit genüge zu leisten aufzutragen kommet[23]."

Diese von der Deputation vorformulierte Bestimmung bildete die Grundlage für die weitere Beratung der CompCoon und für den Beschluß der endgültigen Fassung des § 298[24]. § 298 war ein Kompromiß zwischen § 285 des Entwurfs und dem Änderungsantrag der Deputation. Die Vorschrift entsprach dem Vorschlag, den die CompCoon bereits

---

[17] *v. Chorinsky,* S. 105; so auch *v. Canstein,* vgl. 1. Teil, IV. Kap., Fn. 30 und Fn. 32.

[18] *v. Chorinsky,* S. 105, verweist wegen dieser Argumente auf einen von der CompCoon der Kaiserin vorgelegten Vortrag v. 5. September 1775.

[19] OJ HC, Protoc. B. 81, S. 21.

[20] Vgl. 2. Teil, I. Kapitel, 3 a) und c).

[21] Koller-Akten 5, Nr. 314 zu § 285.

[22] OJ HC, Protoc. B. 81, S. 365, Sitzung v. 12. Mai 1780.

[23] OJ HC, Protoc. B. 207, S. 107 f.

[24] OJ HC, Protoc. B. 207, S. 108 ff., Sitzung v. 8. November 1780.

1772 auf Holgers Plan hin gemacht hatte[25]. Nach § 298 wurde der Schuldner in jedem Fall zunächst auf einer Tagsatzung gehört. Auf dieser Tagsatzung entschied der Richter über die Einwendungen des Schuldners sofort und endgültig, wenn dies nach den vorgelegten Beweismitteln möglich war. In diesem Fall war der Exekutivprozeß nicht mehr als ein mündliches Erkenntnisverfahren, das auf einer Tagsatzung durchgeführt wurde. Fehlte es an präsenten Beweismitteln, so daß der Richter nicht sofort entscheiden konnte, so wurde die Pfändung — bis zur Sicherung, nicht aber bis zur Befriedigung — bewilligt und der Prozeß in ein normales Verfahren übergeleitet.

2. Das Vollstreckungsverfahren

Die §§ 299 ff. waren nach dem Ziel der Vollstreckung — Herausgabe einer Sache (§§ 302 - 308), Vornahme oder Unterlassen einer Handlung (§§ 309 f.) und Vollstreckung wegen einer Geldschuld (§§ 311 ff.) und nach dem Vollstreckungsobjekt — Immobilien, Mobilien, Forderungen — gegliedert.

a) In den §§ 302 - 308 war die Vollstreckung zur *Herausgabe* von Sachen geregelt, wobei zwischen unbeweglichen und beweglichen Sachen unterschieden wurde.

War der Schuldner verpflichtet, dem Gläubiger „ein liegendes Gut einzuräumen" (§ 302), so ersuchte der Richter in einem Schreiben die örtliche Behörde, die Vollstreckung — die Eintragung des Gläubigers im Grundbuch und die Verschaffung des Besitzes — vorzunehmen §§ 302 f.). Ebenso wurde verfahren, wenn der Schuldner verpflichtet war, dem Gläubiger ein dingliches Recht an einem Grundstück zu bestellen. Auch in diesem Fall erfolgte die Eintragung im Grundbuch durch die örtliche Behörde nach vorherigem Gesuch durch das Gericht (§ 304).

Die Entscheidung über die Vollstreckung traf somit das Gericht, ihre Durchführung oblag der örtlichen Obrigkeit. Dies war eine schon vor 1781 allgemein übliche Verteilung der Zuständigkeiten, die sich zwangsläufig daraus ergab, daß die Grundbücher und Landtafeln nicht bei Gericht geführt wurden und die Gerichte nicht über die Machtmittel verfügten, eine Exekution gegen den Willen des Schuldners gewaltsam durchzuführen.

So war auch in dem Entwurf 1726 — wie es schon die böhmische und mährische Landesordnung angeordnet hatten — ein Zusammenwirken der verschiedenen Obrigkeiten vorgesehen[26]. Wurde im Wege der Voll-

[25] Vgl. 2. Teil, VII. Kap., Fn. 15.

streckung die Herausgabe eines Grundstückes verlangt, so erging nach böhmischem und mährischem Recht auf Grund des Urteils zunächst durch die Königliche Landtafel[27] an den Schuldner eine Anmahnung, mit der die Übergabe binnen einer Frist von vierzehn Tagen gefordert wurde[28]. Befolgte der Schuldner diese Aufforderung nicht, so erließ die Landtafel den sogenannten „Zwod", auch „erste Einführung" genannt, durch den der Gläubiger ein Recht „zu dem Gut", aber noch keinen Besitz erhielt. Es folgte sodann die Ausstellung des „Gewährlosbriefs", durch den der Schuldner „aus Besitz und Gewähr" des Gutes gesetzt werden sollte. Der „Gewährlosbrief" wurde dem Burggrafenamt übergeben, damit dieses dem Gläubiger den Besitz am Grundstück verschaffen konnte. Der „Gewährlosbrief" entsprach in seiner Funktion dem Ersuchschreiben des § 304. Allerdings wurde er nicht vom Gericht, sondern von der Landtafel an die örtliche Obrigkeit gerichtet. In österreichischen Gesetzen war für das entsprechende Gesuch der Name „Compaßschreiben" gebräuchlich[29].

Das Burggrafenamt stellte einen zweiten „Gewährlosbrief" aus, der dem Schuldner in Gegenwart eines Bevollmächtigten des Gläubigers zugestellt wurde. Weigerte sich der Schuldner auch jetzt noch, das Grundstück zu räumen, so wurde er „manu militari" hiervon vertrieben[30].

Das in den böhmischen Ländern übliche Vollstreckungsverfahren mutet umständlich an. Ein prinzipieller Unterschied zur Regelung in der AGO bestand jedoch nicht. Froidevo hatte lediglich im Entwurf 1776 die zahlreichen Warnungen an den Schuldner fortgelassen — diesem wurde bereits im Urteil eine Frist gesetzt (§ 299) — und die verschiedenen Schreiben auf ein richterliches Gesuch an die örtlich zuständige Behörde reduziert. In den Beratungen wurden diese Bestimmungen ohne Beanstandungen akzeptiert[31].

Anders als bei den Immobilien bedurfte es bei der Vollstreckung auf Herausgabe von Mobilien, den „fahrenden" Gütern, nicht der Mitwirkung fremder Obrigkeiten. Auf Anweisung des Richters nahm der

---

[26] Entwurf 1726, 3. Teil, Titel 25, Bl. 1 f.

[27] Zur Zuständigkeit der Landtafel vgl. Böhm. LO, J IV f.

[28] Entwurf 1726, 3. Teil, Titel 25, Bl. 1 f.; Böhm. LO, G XI f.; Mähr. LO, Nr. 241 f.

[29] AdvO St- u. LG Wien (1700), § 11; GO OHofMarsch (1714), § 6; G u. TaxO Universität Wien (1724), § 12.

[30] Entwurf 1726, 3. Teil, Titel 25, Bl. 1 f.; Böhm. LO, G XV; Mähr. LO, Nr. 245.

[31] OJ HC, Protoc. B. 81, S. 367 ff., Sitzung v. 29. Mai 1780; OJ HC, Protoc. B. 207, S. 111 ff., Sitzung v. 8. November 1780; OJ HC, Protoc. B. 207, S. 311 ff., Sitzung v. 6. März 1781.

Gerichtsbediente dem Schuldner die Sache fort (§ 305). Diese Art der Vollstreckung galt selbst dann, wenn der Schuldner zur Herausgabe eines „unbestimmenten fahrenden Gutes" (res mobilis in genere) verpflichtet war (§ 307). Besaß der Schuldner keine Sache dieser Beschaffenheit, so bewilligte der Richter dem Gläubiger auf Antrag, daß er sich eine solche Sache kaufen durfte. In Höhe des Kaufpreises hatte der Gläubiger einen Schadensersatzanspruch gegen den Schuldner, zu dessen Erfüllung er wie bei jeder anderen Geldschuld die Zwangsvollstreckung betreiben konnte, ohne daß er zuvor einen neuen Prozeß führen mußte (§ 308).

Die Möglichkeit, statt der Sache selbst Schadensersatz zu verlangen und wegen dieses Schadensersatzanspruchs ohne neuen Titel beim Schuldner zu vollstrecken, räumte das Gesetz dem Gläubiger auch ein, wenn er eine bestimmte Sache (res mobilis in specie), zu deren Herausgabe der Schuldner verpflichtet war, nicht vorfand. Dabei war es gleichgültig, ob diese Sache nicht mehr existierte oder sich im Besitz eines Dritten befand (§ 306). Statt Schadensersatz zu verlangen, konnte der Gläubiger aber auch in dem zuletzt genannten Fall „nach Maßgabe der bürgerlichen Gesetze" (§ 306) gegen den Dritten vorgehen. War dieser nicht herausgabebereit, so machte dies für den Gläubiger einen neuen Prozeß notwendig.

Diese Bestimmungen über die Herausgabevollstreckung bei beweglichen Sachen enthielten im Vergleich zum geltenden Recht keine Neuregelung. In den Beratungen wurden hiergegen keine grundsätzlichen Bedenken erhoben.

b) Die Vollstreckung wegen *Vornahme* oder *Unterlassung* einer *Handlung* war Gegenstand der §§ 309 und 310.

War der Schuldner zur Verrichtung einer Arbeit (factum) verpflichtet, die auch ein Dritter vornehmen konnte — nach heutigem Sprachgebrauch zu einer vertretbaren Handlung —, so gestattete der Richter dem Gläubiger auf Antrag, diese Handlung durch einen anderen vornehmen zu lassen und wegen der aufgewandten Kosten beim Schuldner zu vollstrecken (§ 309). Diese Vorschrift entsprach § 307, in dem die Vollstreckung auf Herausgabe einer vertretbaren Sache festgelegt war.

Wenn dagegen nur der Schuldner die Arbeit leisten konnte, die Handlung also unvertretbar war, mußte er durch Geld- oder Haftstrafen, die vom Richter festgesetzt wurden, zu ihrer Vornahme gezwungen werden (§ 310). Wie bei der Herausgabe einer Speziessache konnte sich der Gläubiger aber auch darauf beschränken, gegen den Schuldner wegen des Schadens zu vollstrecken, der ihm durch die Verweigerung der Leistung entstanden war (§ 310).

Der italienische Rechtsgelehrte Signorini[32] hielt es für bedenklich, den Schuldner mit Zwangsmaßnahmen zu der geschuldeten Tätigkeit anzuhalten. Niemand könne zu etwas gezwungen werden, was er nicht leisten wolle. Dieser Vorschlag Signorinis wurde mit der Begründung abgelehnt[33], dies führe zu einer unberechtigten Einschränkung der Gläubigerrechte. Wer sich vertraglich eine bestimmte Arbeit ausbedungen habe, wolle nicht deren Wert. Im übrigen sei es nicht richtig, daß niemand zu einer bestimmten Tätigkeit gezwungen werden dürfe. So könne sich auch nicht jeder Rekrut vom Wehrdienst loskaufen.

c) Der weitaus größte Teil des 31. Kapitels befaßte sich mit der Vollstreckung wegen *Geldzahlungsansprüchen*, der in der Praxis wichtigsten Materie jeden Vollstreckungsrechts.

aa) Der Gang der Vollstreckung war abhängig vom Gegenstand der Exekution. Wurde wegen eines Geldzahlungsanspruches in die Immobilien oder Mobilien des Schuldners vollstreckt, so unterschied man drei Verfahrensabschnitte. Zunächst wurde die Sache gepfändet, dann geschätzt und schließlich dem Gläubiger unter Anrechnung des Schätzpreises auf seine Forderung übereignet.

Die Pfändung wurde vom Gericht angeordnet (§§ 322, 341). Das Pfandrecht entstand durch Vornahme der Pfändung, bei Immobilien also dadurch, daß die zuständige Obrigkeit auf Ersuchen des Richters die entsprechende Eintragung im Grundbuch vornahm (§ 322). Zur Pfändung von Mobilien begab sich der Gerichtsbediente mit dem Gläubiger oder dessen Vertreter zum Schuldner, überreichte ihm eine Abschrift der richterlich bewilligten Pfändung und versiegelte die Güter, die er pfänden wollte, oder nahm sie, wenn es möglich war, mit.

Die Pfändung und die nachfolgende Schätzung und „Einantwortung" der Güter — d. h. ihre Übertragung auf den Gläubiger — unterschieden sich nur unwesentlich von dem vor 1781 in den verschiedenen Erbstaaten praktizierten Verfahren[34].

Bei der Pfändung von Forderungen wurde in der AGO zwischen der Vollstreckung in einen Besoldungs- und Pensionsanspruch und in eine sonstige Forderung unterschieden (§§ 312, 314). In beiden Fällen erhielt der Gläubiger die Forderung durch den Richter übertragen. Bei einer Besoldung oder Pension geschah dies dadurch, daß der Richter die zuständige Kasse informierte, damit diese bei Fälligkeit der Forderung

---

[32] OJ HC, K. 231, NÖ, Fz. 105/1 a, *Signorini* zu § 297.

[33] OJ HC, K. 231, NÖ, Fz. 105/1 a, Antwort zu Signorini § 297.

[34] Entwurf 1726, 3. Teil, Titel 25, Bl. 2 f., 7 ff., mit einem Überblick über das Verfahren in den böhmischen Ländern; Zusammenstellung *Waldstetten*, 4. Teil, 17. Abhandlung; für die österreichischen Länder: AdvO St- u. LG Wien (1700), §§ 9 - 14.

dem Gläubiger das ihm Zustehende ausbezahlte (§ 312). Wenn der Gläubiger in eine andere Forderung des Schuldners vollstrecken wollte, nahm der Gerichtsbediente — wie bei der Mobiliarsvollstreckung — den Schuldschein an sich und vermerkte hierauf den Übergang der Forderung auf den Gläubiger. Es war dann Sache des Gläubigers, den Drittschuldner in Kenntnis zu setzen und die Forderung bei ihm einzuziehen. Das Risiko für Verität und Bonität der Forderung trug der Schuldner. Die „Zession" des Anspruchs erfolgte immer nur erfüllungshalber (§ 313).

Nach § 300 des Entwurfs 1776[35] waren staatliche Gehälter und Pensionen stets nur zur Hälfte pfändbar. Diese Pfändungsbeschränkung sollte an die Stelle der bis dahin üblichen Regelung treten, nach der Pensionen unter 600 Gulden unpfändbar waren, Pensionen über 600 Gulden dagegen zur Hälfte gepfändet werden konnten. Hierin erblickte man eine Ungerechtigkeit, da eine Pension in Höhe von 599 Gulden unpfändbar sei, einer Pension von 601 Gulden dagegen mehr als 300 Gulden abgezogen werden dürften[36].

Demgegenüber sprach sich die Deputation dafür aus, in der AGO auf die Anordnung von Pfändungsbefreiungen ganz zu verzichten. Gehälter und Pensionen sollten uneingeschränkt pfändbar sein. Allerdings wollte man nach den Ländergesetzen bestehende Freigrenzen nicht antasten[37]. Die CompCoon folgte dem mehrheitlich und übernahm diesen Vorschlag in § 313[38]. Möglicherweise geschah dies in dem Bemühen, ähnliche Auseinandersetzungen um Privilegien wie bei den Bestimmungen zum Zeugeneid zu vermeiden[39].

bb) Jede Vollstreckung begann nur auf Antrag des Gläubigers (§ 301). In diesem Antrag mußte der Gläubiger auch die Güter benennen, in die er die Exekution führen wollte (§ 311). Dieses Auswahlrecht des Gläubigers war gemeinrechtlich üblich[40]. Ebenso gingen die Gerichtsordnungen der Erbstaaten von dem Grundsatz aus: cum regulariter creditor habeat jus electionis[41].

Das Wahlrecht des Gläubigers war jedoch in den meisten Prozeßgesetzen beschränkt. So war dem Gläubiger häufig eine bestimmte Reihenfolge vorgeschrieben. Beispielsweise durfte er auf die Immo-

---

[35] OJ HC, Protoc. B. 207, S. 117.

[36] So Martini und Froidevo, OJ HC, Protoc. B. 207, S. 118, Sitzung v. 8. November 1780.

[37] OJ HC, Protoc. B. 81, S. 372 f., Sitzung v. 2. Juni 1780.

[38] OJ HC, Protoc. B. 207, S. 118, Sitzung v. 8. November 1780.

[39] Vgl. 1. Teil, IV. Kapitel, 2 b aa).

[40] *Mittermaier*, 3. Beitrag, § VI (S. 123).

[41] z. B. AdvO St- u. LG Wien (1700), § 5.

bilien des Schuldners erst greifen, wenn er seine Befriedigung zunächst aus den Mobilien versucht hatte[42]. In Böhmen hatte man diese Beschränkung mit der Novellierung der Landesordnung 1640 wieder fallenlassen[43]. Dem Gläubiger stand es frei, nach seinem Belieben zwischen den Gütern des Schuldners auszuwählen. Allerdings konnte der Schuldner die Pfändung von Mobilien, die er behalten wollte, dadurch abwenden, daß er dem Gläubiger Immobilien anbot[44]. Die Prager Kommission wollte in dem neuen Gesetzbuch für die böhmischen Länder das Wahlrecht des Gläubigers beibehalten[45].

Die Frage blieb jedoch umstritten und war Gegenstand einer der Vorfragen[46], die Holger als Referent dem Staatsrat zur Entscheidung vorlegte. Die auf diese Vorfrage erlassene Resolution der Kaiserin traf hierzu noch keine Entscheidung, sondern übertrug das Problem der CompCoon zur erneuten Beratung[47]. Entgegen der Entwicklung im böhmischen Recht ging die Tendenz zum damaligen Zeitpunkt wohl eher dahin, die Reihenfolge in der Auswahl der Pfändungsobjekte festzulegen und den Schuldner damit stärker zu schützen. So bestimmte die 1774 kurzfristig für die neu hinzuerworbenen galizischen Gebiete erlassene Gerichtsordnung, daß Mobilien vor Immobilien zu pfänden waren[48]. Erst 1776 folgte man in § 298 des Entwurfs[49] (= § 311) dem böhmischen Vorbild und legte sich auf ein unbeschränktes Wahlrecht des Gläubigers fest.

cc) Im 17. und 18. Jahrhundert boten sich einem Schuldner ungezählte Möglichkeiten, den Gang der Vollstreckung zu behindern und den Verlust der gepfändeten Sache hinauszuzögern oder ganz abzuwenden. Gegen nahezu jeden Exekutionsschritt konnte sich der Schuldner mit einem Rechtsbehelf zur Wehr setzen[50].

---

[42] GO Breslau (1591), Art. 59: zunächst Mobilien, dann Immobilien, zum Schluß Forderungen; Tiroler LO (1573), B. II, Titel 63, Bl. 24 f.: Mobilien vor Immobilien; GO Steyr (1622), Art. 67, Abs. 1 (S. 95): zunächst Geld, dann Immobilien, Mobilien, dann Verdienst und Besoldung; ebenso GO Kärnten (1638), Art. 50; AdvO Magistrat Wien (1688), § 1: Mobilien vor Immobilien.

[43] Böhm. LO, Novelle Ferdinand III. (1640), Ff VIII; so auch die sehr vom böhmischen Recht beeinflußte ExO Ö. u. d. E. (1655), 3. Titel, § 3.

[44] Böhm. LO, Novelle Ferdinand III. (1640), Ff VI.

[45] Entwurf 1726, 3. Teil, Titel 25, Bl. 3.

[46] Vgl. 1. Teil, III. Kapitel, 2 c).

[47] StRPr 324/1773 v. 10. Februar: Resolution der Kaiserin auf fünf Vorträge der CompCoon v. 22. und 29. Dezember 1772 und v. 5., 12. und 19. Januar 1773, unter: „ad 10“.

[48] Gal. GO (1774), Art. 6.

[49] OJ HC, Protoc. B. 207, S. 116.

[50] Bis 1734 war in Böhmen gegen die einzelnen Exekutionsschritte die Appellation zugelassen, AppO Böhmen (1734).

Sogleich bei Vornahme der Pfändung, wenn die Vollstreckung begann, durfte er seine Einwendungen vorbringen. Nach dem Entwurf 1726 sollten sogar die Exzeptionen zulässig sein, auf die sich der Schuldner bereits im Prozeß berufen hatte, die er aber dort nicht hatte beweisen können[51]. Nach durchgeführter Schätzung der gepfändeten Gegenstände konnte die „Überschätzung" beantragt werden, d. h. die Überprüfung des Schätzergebnisses durch einen anderen Gutachter[52]. Bis zur Beendigung des Vollstreckungsverfahrens, manchmal noch nach Übergabe der gepfändeten Sache an den Gläubiger, stand dem Schuldner ein Auslöserecht zu[53], das häufig auch Verwandte und Freunde des Schuldners wahrnehmen durften[54]. Nach anderen Gesetzen war der Schuldner zum freihändigen Verkauf der gepfändeten Sache berechtigt[55], oder er konnte ihre Versteigerung beantragen[56]. Bei der Versteigerung hatten seine Verwandten und Freunde, wenigstens aber er selber, ein Vorzugsrecht[57].

Die Prager Kommission hatte im Entwurf 1726 bereits versucht, das Vollstreckungsverfahren effektiver zu gestalten[58]. Dem Schuldner verblieben aber auch nach diesem Entwurf noch genügend Gelegenheiten, den Gang der Exekution zu behindern. So sollten Einwendungen des Schuldners gegen den bereits titulierten Anspruch die Vollstreckung zwar nicht hemmen können, die „letzte Beherrschung", d. h. die Übereignung der Sache an den Gläubiger, durfte nach der Vorstellung der Prager Kommission aber erst erfolgen, wenn das Gericht über diese Einwendungen entschieden hatte. Den Gläubiger wollte man vor möglichen Nachteilen allein dadurch schützen, daß dem Schuldner eine Kaution „de non deteriando" auferlegt und der fünfte Teil der Streitsumme als Strafe festgesetzt wurde, wenn er im Prozeß um die Einwendungen unterlag[59].

Ohne Übertreibung kann man behaupten, daß der Gläubiger vor 1781 de facto einen zweiten Prozeß führen mußte, um im Exekutionsverfahren seine Befriedigung zu erreichen.

---

[51] Entwurf 1726, 3. Teil, Titel 25, Bl. 7 f.

[52] Böhm. LO, Novelle Ferdinand III. (1640), Ff XII; ExO Ö. u. d. E. (1655), 4. Titel, § 3; AdvO St- u. LG Wien (1700), § 3; GO OHofMarsch (1714), § 10; Entwurf 1726, 3. Teil, Titel 25, Bl. 13 f.

[53] Tiroler LO (1573), B. II, Titel 66, Bl. 25; GO Steyr (1622), Art. 69, Abs. 1 (S. 101); GO Kärnten (1638), Art. 52; ExO Ö. u. d. E. (1655), 4. Titel, § 3; AdvO St- u. LG Wien (1700), § 14; Entwurf 1726, 3. Teil, Titel 25, Bl. 15 f.

[54] ExO Ö. u. d. E. (1655), 4. Titel, § 2.

[55] Böhm. LO, G XXIII.

[56] Entwurf 1726, 3. Teil, Titel 25, Bl. 16 ff., wo auch ein Überblick über die vor 1726 geltenden Bestimmungen gegeben wird.

[57] ExO Breslau (1626), Bl. A iiij.

[58] Entwurf 1726, 3. Teil, Titel 25, Bl. 7 f.

[59] Entwurf 1726, 3. Teil, Titel 25, Bl. 8.

Alle an der Kodifizierung der AGO beteiligten Gremien verringerten daher ganz bewußt die Rechtsbehelfe des Schuldners in der Zwangsvollstreckung und damit die mit diesen Rechtsbehelfen notwendig verbundenen Verzögerungen. Während an zahlreichen Stellen in der AGO ein Bemühen um Liberalisierung sichtbar wurde — etwa beim Abbau der Zwangsmittel gegenüber den Parteien[60] —, standen bei der Verfassung des Exekutionsrechts die Interessen des Gläubigers an einer schlagkräftigen Vollstreckung eindeutig im Vordergrund. Dahinter trat die Sorge um den Schutz des Schuldners zurück.

Nach den Bestimmungen der AGO hatten Gläubiger und Schuldner nur noch eine Möglichkeit, die Übernahme der gepfändeten Sache durch den Gläubiger zum Schätzpreis zu verhindern. Beide Parteien konnten bei Gericht die Versteigerung beantragen (§ 324). Einen freien Verkauf durch den Schuldner oder die Auslösung der gepfändeten Sache durch ihn oder seine Verwandten ließ das Gesetz nicht mehr zu. Den Verlust der Sache konnte der Schuldner nur noch dadurch abwenden, daß er seine Schuld vor der Versteigerung beglich.

Für die Durchführung der Versteigerung galten zwingende gesetzliche Bestimmungen. Vertragliche Abmachungen zwischen Schuldner und Gläubiger waren untersagt[61]. Verwandte und Freunde des Schuldners durften bei der Versteigerung ebensowenig bevorzugt werden wie der Schuldner selbst (§ 337). Dieser Bestimmung hatten allerdings die Deputation[62] und Sinzendorf[63] widersprochen. Man befürchtete, mit diesem Verbot erneut in bestehende Privilegien und Landesgewohnheiten einzugreifen[64]. Die CompCoon überstimmte diesen Einwand, weil sie besorgte, durch Sonderrechte des Schuldners, seiner Verwandte oder seiner Gläubiger Kauflustige von den Versteigerungen abzuschrecken und diesen Veranstaltungen einen Teil ihrer Anziehungskraft zu nehmen[65].

Auf die weitere Kontroverse zwischen Deputation und CompCoon über die Zulässigkeit der „Überschätzung“ wurde bereits im Abschnitt über die Kunstverständigen hingewiesen[66].

---

[60] Vgl. 2. Teil, II. Kapitel, 44.).

[61] StRPr 324/1773 v. 10. Februar: Resolution auf fünf Vorträge der CompCoon, vgl. 2. Teil, VII. Kap., Fn. 47.

[62] OJ HC, Protoc. B. 81, S. 387, Sitzung v. 5. Juni 1780.

[63] OJ HC, Protoc. B. 207, S. 131 f., Sitzung v. 20. Dezember 1780.

[64] Die Deputation verwandte ihr wiederholt vorgetragenes Argument, § 326 des Entwurfs (OJ HC, Protoc. B. 207, S. 131) (= § 337) gehöre „ad legislationem“.

[65] OJ HC, Protoc. B. 207, S. 132, Sitzung v. 20. Dezember 1780.

[66] Vgl. 2. Teil, IV. Kapitel, 3 d).

dd) Zwar wurden die Gegenrechte des Schuldners in erheblichem Umfang beschnitten; man erweiterte dagegen den Schutz seiner Person und seiner Familie.

Gemäß § 340 waren die „unentbehrlichen Leibeskleider“ und die „nöthigsten Werkzeuge, womit ein solcher Schuldner sich täglich die Nahrung für sich und seine Familie verschaffen kann“, unpfändbar. „Das übrige nöthige Hausgeräth ... dann ... jenes, so der Schuldner zu seiner Berufsarbeit bedarf, oder dessen Abgang ihm zum besonderen Schaden, oder ... zum Schimpfe gereichen würde ...“, durfte nur in Ermangelung anderer Gegenstände gepfändet werden.

Mit § 340 vergleichbare Vorschriften gab es in den österreichischen Gerichtsordnungen[67], wogegen in den böhmischen Ländern — zumindest im kodifizierten Recht — eine Bestimmung dieses Inhalts fehlte.

Die Deputation beantragte[68], die Anzahl der pfändungsfreien Gegenstände in § 329 des Entwurfs 1776[69] (= § 340) zu verringern, die verbleibenden aber unbedingt und ausnahmslos von der Pfändung auszunehmen. Auch hilfsweise, bei sonst fruchtloser Pfändung, dürfe in sie nicht vollstreckt werden.

Die CompCoon hielt diese Änderung für wenig sinnvoll, da der Schuldner nach ergebnisloser Vollstreckung in Personalarrest genommen werde. Jede Ausdehnung der Pfändungsfreigrenzen bringe ihn dem Entzug seiner persönlichen Freiheit, der ihn und seine Familie sehr viel härter treffe, näher[70].

Es blieb daher in § 340 bei der ursprünglich konzipierten Aufteilung zwischen unpfändbarem und subsidiär pfändbarem Schuldnervermögen.

Wie bei den Unpfändbarkeitsbestimmungen, so wurde auch für den persönlichen Arrest die schuldnerfreundlichere Regelung des österreichischen Rechts bei der Abfassung der AGO den böhmischen Gesetzen vorgezogen. In Österreich konnte der Schuldner immer nur dann in Arrest genommen werden, wenn die Vollstreckung in sein Vermögen fruchtlos geblieben war[71]. Im böhmischen Recht stand es dagegen allein im Belieben des Gläubigers, ob er in das Vermögen oder in die Person des Schuldners vollstrecken wollte[72]. Auch die Prager Kommission

[67] GO OHofMarsch (1714), § 4; Merkantil- u. WechselO IÖ (1722), 1. Titel, § IX, Abs. 12.

[68] OJ HC, Protoc. B. 81, S. 389 f., Sitzung v. 5. Juni 1780.

[69] OJ HC, Protoc. B. 207, S. 133.

[70] OJ HC, Protoc. B. 207, S. 135, Sitzung v. 20. Dezember 1780.

[71] GO OHofMarsch (1714), § 19; Merkantil- u. WechselO IÖ (1722), 1. Titel, § IX, Abs. 19.

[72] Böhm. LO, G XXVIII f.; Mähr. LO, Nr. 258; Böhm. StadtR, C 23.

wollte im Entwurf 1726 hieran im Prinzip nichts ändern[73]. Bei einem „angesessenen“ Schuldner sollte die Verhängung des Arrestes allerdings davon abhängig sein, ob er über genügend Vermögen verfügte. War sein Grundbesitz zu weniger als 75 Prozent belastet oder war er im übrigen hinreichend solvent, so wollte man einen Personalarrest nicht zulassen.

Im Gesamtplan Azzonis war das Wahlrecht des Gläubigers zwischen Personal- und Realexekution noch erwähnt[74]. Holger schlug 1772 in seiner fünften Vorfrage vor, die Personalvollstreckung nur noch subsidiär zuzulassen[75]. Diesem Antrag Holgers stimmte die Hofkanzlei zu[76] und begründete dies damit, daß es für einen Schuldner, der über Vermögen verfüge, das eine ausreichende Deckung für die Realexekution biete, eine unbillige Härte sei, sogleich in den persönlichen Arrest genommen zu werden, ihm damit jeden Kredit zu nehmen und ein weiteres Fortkommen unmöglich zu machen.

Der Vorschlag Holgers fand die Billigung der Kaiserin[77]. Er wurde in § 332 des Entwurfs 1776[78] verwirklicht. Nur unwesentlich verändert ging diese Vorschrift des Entwurfs als § 348 in die AGO ein.

Während der Beratungen der CompCoon und der Deputation zum Personalarrest nach 1776 wurde nur noch über die Dauer des Arrestes gestritten. In § 340 des Entwurfs 1776[79] war als Höchstgrenze für den Arrest ein Jahr festgesetzt. Der italienische Rechtsgelehrte Martini wollte diese Zeit auf zwei Monate senken[80]. Demgegenüber sprach sich die Mehrheit der Deputation für eine Erhöhung auf drei Jahre aus, „da diese bisher gewöhnliche Zeit für den Credit“ besser sei. Nur Goldegg und Kees stimmten für die Begrenzung auf ein Jahr, wollten jedoch Arrestverschärfungen zulassen[81]. Keiner dieser Vorschläge wurde von der CompCoon beraten. Sie beließ es, ohne diese Frage zu diskutieren, bei § 340 des Entwurfs (= § 351)[82].

---

[73] Entwurf 1726, 3. Teil, Titel 27, Bl. 3.

[74] Gesamtplan *Azzoni*, 4. Teil, 16. und 17. Abhandlung, Bl. 110 - 112.

[75] StRPr 2354/1772 v. 22. September: Resolution auf einen Vortrag der CompCoon ohne Datum.

[76] Hofkanzlei, K. 1889: Vortrag der Hofkanzlei zur 5. Vorfrage Holgers v. 19. September 1772.

[77] Hofkanzlei, K. 1889: Vermerk der Kaiserin, auf den Vortrag der Hofkanzlei geschrieben.

[78] OJ HC, Protoc. B. 207, S. 138 f.

[79] OJ HC, Protoc. B. 207, S. 140.

[80] OJ HC, K. 231, NÖ, Fz. 105/1 a: *Martini* zu § 340.

[81] OJ HC, Protoc. B. 81, S. 395 f., Sitzung v. 9. Juni 1780.

[82] OJ HC, Protoc. B. 207, S. 142, Sitzung v. 20. Dezember 1780.

VIII. Kapitel

Arrest, Verbot und Sequestration

Bereits vor Prozeß, Urteil und Exekution konnte der Gläubiger seine Ansprüche gegen den Schuldner unter bestimmten Voraussetzungen durch Arrest, Verbot und Sequestration vorläufig sichern lassen. Während Verbot und Arrest — unterschiedlich allein im Zugriffsobjekt — allgemein dem einstweiligen Schutz von Gläubigerrechten dienten, war die Sequestration ein spezielles Hilfsmittel bei Besitzstreitigkeiten. Um die im Streit der Parteien befindliche Sache dem Zugriff beider Seiten zu entziehen, wurde sie bis zur Beendigung des Prozesses einem Sequester übergeben.

Die Sequestration, geregelt im 30. Kapitel, wies rechtlich nichts Merkwürdiges auf und war auch während der Kommissionsberatungen von nur untergeordnetem Interesse[1]. Die folgende Darstellung beschränkt sich daher auf Arrest und Verbot (28. und 29. Kapitel).

Die vorläufigen Sicherungsmaßnahmen waren im böhmischen und österreichischen Recht verschieden ausgestaltet. Die Vor- und Nachteile beider Systeme bestimmten bis 1772 die Diskussion. Dann fiel durch die Kaiserin die Entscheidung zugunsten der österreichischen Regelung, die später — mit einigen Abänderungen — Eingang in die AGO fand.

1. Die vorläufige Sicherung in Böhmen — der Entwurf von 1726

Nach böhmischem Recht hatte der Gläubiger die Wahl unter vier Sicherungsmaßnahmen, dem „Zuspruch", dem „Verbot", dem „Kummer", der auch „Arrest" genannt wurde, und dem Personalarrest. Mit dem Zuspruch konnte eine Sicherheit an Grundstücken, mit dem Verbot an Forderungen, mit Kummer oder Arrest an Mobilien erlangt werden[2]. Die gegen das Vermögen des Schuldners gerichteten Sicherungs-

---

[1] OJ HC, Protoc, B. 81, S. 362 ff., Sitzung v. 29. Mai 1780; OJ HC, Protoc. B. 207, S. 103 ff., Sitzung v. 8. November 1780 und S. 309 ff., Sitzung v. 28. Februar 1781.

[2] Einen Überblick gibt der Entwurf 1726, 3. Teil, Titel 28, Bl. 1 f. Vgl. außerdem: Böhm, LO, H VII; Mähr. LO, Nr. 268; Böhm. StadtR, G 24 - 33; Böhm. LO, Novelle Ferdinand III. (1640), Ee 31; PO Böhmen (1753), Art. 20; PO Schlesien (1753), Art. 20; PO Mähren (1760), Art. 20.

mittel bewirkten zugunsten des Gläubigers ein Pfandrecht an den Sachen und Rechten des Schuldners[3]. Dieses Pfandrecht sicherte den Gläubiger nicht nur gegen ihm nachteilige Handlungen des Schuldners. Es verschaffte ihm auch einen Vorrang vor anderen Gläubigern. Erstritt der Inhaber einer vorläufigen Sicherheit im nachfolgenden Prozeß ein obsiegendes Urteil, so konnte er aus dem Rang die Vollstreckung betreiben, den er bereits auf Grund von Zuspruch, Verbot oder Kummer innehatte.

Im Entwurf 1726 war keine grundlegende Änderung dieses Verfahrens beabsichtigt. Mit dem neuen Gesetz sollte nur eine Vereinheitlichung erreicht werden, da in den diversen Gesetzen und nicht weniger in der Praxis der Gerichte die Bezeichnungen und erst recht die Verfahrensmodalitäten differierten.

Vorläufige Sicherungsmaßnahmen sollten nur ausnahmsweise verhängt werden dürfen. Der normale Weg, zur Befriedigung einer persönlichen Forderung zu gelangen, sollte wie bisher die Klage mit anschließender Vollstreckung bleiben[4]. Der Zuspruch auf ein Grundstück des Schuldners war in nur drei Fällen vorgesehen: beim Tode des Schuldners, um den Gläubiger vor vermögensverschlechternden Handlungen der Erben zu schützen; bei einer Schuldenbelastung des Grundbesitzes zu mehr als 75 Prozent und gegen einen flüchtigen Schuldner.

Die Forderungen des Schuldners wollte man nur dann mit einem Verbot belegen, wenn der Schuldner keine Grundstücke besaß.

Auf Mobilien sollte der Gläubiger nur greifen dürfen, wenn sich der Schuldner entweder auf der Flucht befand oder wenn er ein eben erst zugezogener Ausländer war[5].

Nur in Ausnahmefällen war der Personalarrest zugelassen. Zuspruch, Verbot und Kummer wurden vom Gericht auf Antrag des Gläubigers ohne Anhörung des Schuldners verhängt. Erst nach vollzogener Sicherung erging an den Schuldner die Aufforderung, sich zum Anspruch des Gläubigers zu äußern. Die Stellungnahme des Schuldners war zugleich seine Klageerwiderung in dem sich unmittelbar anschließenden Prozeß[6]. Auf diese Weise wurde das durch den Antrag des Gläubigers eingeleitete Verfahren binnen kürzester Zeit zum bestätigenden oder aufhebenden Urteil geführt.

Einem nicht im Lande wohnenden Gläubiger wurde eine Sicherheit nur gewährt, wenn er zuvor eine Kaution geleistet hatte. Bei einem

---

[3] Entwurf 1726, 3. Teil, Titel 28, Bl. 9.

[4] Entwurf 1726, 3. Teil, Titel 28, Bl. 3.

[5] Entwurf 1726, 3. Teil, Titel 28, Bl. 3 f.

[6] Entwurf 1726, 3. Teil, Titel 28, Bl. 6 f.

Landesbewohner genügte es, wenn er dartat, daß er dem Beklagten, sollte er im nachfolgenden Prozeß unterliegen, Schadensersatz leisten konnte[7].

2. Die vorläufige Sicherung in Österreich

Im österreichischen Recht waren die Begriffe „Zuspruch" und „Kummer" unbekannt. Die Begriffe „Verbot" und „Arrest" hatten eine vom böhmischen Recht teilweise verschiedene Bedeutung. Anders als in Böhmen verschaffte das Verbot dem Gläubiger eine Sicherung nicht allein aus den Forderungen des Schuldners. Unter „Verbot" verstand man vielmehr die Sicherungsmaßnahme, die sich allgemein gegen das Vermögen des Schuldners richtete, während mit „Arrest" ausschließlich der Personalarrest gemeint war.

Im Gegensatz zum böhmischen Recht erhielt der Gläubiger mit dem Verbot kein Pfandrecht an den Sachen des Schuldners. Die Wirkungen des Verbots waren darauf beschränkt, dem Schuldner die freie Dispositionsmöglichkeit über den beschlagnahmten Gegenstand zu nehmen[8]. Das Verbot sicherte damit den Gläubiger nur gegenüber dem Schuldner, verschaffte ihm aber keinen Vorteil vor anderen Gläubigern. Ein Pfandrecht an Gegenständen des Schuldners und ein Vorrecht im Konkurs wurden im österreichischen Recht nur durch einen Vertrag oder durch die Exekution nach einem ordentlichen Prozeß erworben.

Das Verbot wurde dem Gläubiger nur bewilligt, wenn er glaubhaft machte, daß er gegen den Schuldner einen Anspruch besaß, dessen Realisierung wegen Flucht, Fluchtgefahr oder wegen fehlenden Vermögens gefährdet war[9]. Unter denselben Voraussetzungen konnte der Schuldner in Arrest genommen werden. Beide Sicherungsmittel standen wahlweise nebeneinander. Durch Hinterlegung einer Kaution konnte der Schuldner Verbot und Arrest abwenden[10]. Binnen drei Tagen mußte die vom Gericht bewilligte Sicherheit „justifiziert", d. h. durch ein Urteil bestätigt werden[11].

3. Die Stellungnahmen der CompCoon und der Hofkanzlei zu den vorläufigen Sicherungsmaßnahmen

Mit dem Problem der vorläufigen Sicherung befaßte sich die CompCoon bereits zu Beginn der Kodifizierungsarbeiten in den von Holger

[7] Böhm. LO, H VII; Mähr. LO, Nr. 268; Entwurf 1726, 3. Teil, Titel 28, Bl. 14.

[8] Zusammenstellung *Holger*, Bl. 199 f.; außerdem: AdvO St- u. LG Wien (1700), §§ 22, 106 - 112; G u. TaxO Universität Wien (1724), §§ 34 f.

[9] Zusammenstellung *Holger*, Bl. 200.

[10] AdvO St- u. LG Wien (1700), § 106.

[11] AdvO St- u. LG Wien (1700), § 106.

verfaßten Vorfragen[12]. Dabei ging es in der dritten Vorfrage um die Überlegung, ob man in der AGO nach dem Vorbild des böhmischen Zuspruchs und Kummers dem Gläubiger ein Pfandrecht gewähren oder wie in Österreich die Wirkungen der vorläufigen Sicherung auf einen Schutz gegen schädigende Handlungen des Schuldners beschränken sollte[13]. Die Entscheidung in dieser Frage konnte nicht isoliert getroffen werden. Sie hing zusammen mit einem weiteren Problem, das in der siebten Vorfrage behandelt war und das die sogenannte „Landtafelfähigkeit" von Ausländern betraf.

In Österreich waren ausländische Gläubiger den inländischen insoweit gleichgestellt, als sie „ad securitatem vel hypothecam" ins Grundbuch eingetragen werden durften. Nur Besitz- und Eigentumsrechte an erbländischen Grundstücken waren ihnen verschlossen. In Böhmen durfte ein Ausländer dagegen weder eine Hypothek noch eine Vormerkung noch ein sonstiges Grundstücksrecht vertraglich erwerben. Nur im Wege des Zuspruchs, der einstweiligen Sicherung, konnte auch ein Ausländer in Böhmen in die Landtafel eingetragen werden[14].

Hätte man nun das in Österreich übliche Verbot zum allein zulässigen Sicherungsmittel für alle Erbstaaten erhoben, so hätte man die ausländischen Kreditgeber der letzten Möglichkeit beraubt, in Böhmen ihre Ansprüche grundbuchrechtlich abzusichern. Andererseits war eine allgemeine Landtafelfähigkeit ausländischer Gläubiger nur durch einen Eingriff in die Landesverfassung erreichbar. Die Verfassungen der Länder bildeten aber eine der Grenzen, die die Kaiserin der CompCoon bei ihrer Arbeit gesetzt hatte[15]. Die CompCoon neigte an sich dazu, dem österreichischen Verbot den Vorzug vor den Sicherungsmitteln des böhmischen Rechts zu geben. Sie sah aber keine Möglichkeit, an der Benachteiligung der Ausländer in den böhmischen Ländern etwas zu ändern und wollte auch nicht zu einer weiteren Verschlechterung des auswärtigen Kreditgeschäfts beitragen. Daher beschloß sie mehrheitlich, die böhmische Regelung in die AGO zu übernehmen[16].

---

[12] Vgl. 1. Teil, III. Kapitel, 2 c).

[13] Die Vorfragen selbst sind in den Materialien nicht mehr erhalten. Von einigen Vorfragen sind die Themen und der Inhalt der Voten der CompCoon einem Vortrag der Hofkanzlei v. 19. September 1772 entnommen (Hofkanzlei, K. 1889). Dieser Vortrag befaßt sich mit den Vorfragen 3 - 7. Zu diesen Vorfragen vgl. außerdem: StRPr 2354/1772 v. 22. September.

[14] Hofkanzlei, K. 1889: Vortrag der Hofkanzlei v. 19. September 1772, zur 7. Vorfrage der CompCoon.

[15] Vgl. 1. Teil, II. Kapitel, 2 b).

[16] Die Motive und Entschließungen der CompCoon sind den Ausführungen der Hofkanzlei zur 3. und 7. Vorfrage entnommen, Hofkanzlei, K. 1889.

Dem widersprach die Hofkanzlei in ihrem Gutachten[17]. Es sei richtig, so führte sie aus, daß man die „privilegia et jura statuum" tangiere, wenn man versuche, alle Ausländer landtafelfähig zu machen. Daher sollten zunächst die politischen Stellen zu dieser Frage gehört werden. Wenn deren Stellungnahmen vorlägen, müsse erneut beraten werden. Die Hofkanzlei riet selbst dringend an, wie in Österreich in allen Erbstaaten den Ausländern das Recht zu gewähren, sich vertraglich zu ihrer Sicherung und Befriedigung Grundstücksrechte einräumen zu lassen. Außer in Böhmen sei eine solch ungerechtfertigte Benachteiligung auswärtiger Geldgeber „schwerlich irgendwo anzutreffen". Die Erhaltung und Beförderung des unumgänglich notwendigen ausländischen Kredits gebiete eine Gleichbehandlung aller Gläubiger. Der jetzige Zustand müsse keineswegs als unabänderlich hingenommen werden. Bis 1755 sei in Böhmen sogar für die Bewohner der übrigen Erbstaaten eine Eintragung in die Landtafel untersagt gewesen. Erst die Kaiserin habe hier Abhilfe geschaffen und allen Untertanen den Zugang zur Landtafel auch in Böhmen eröffnet.

Das Verbot werde in Böhmen zudem nicht strikt durchgeführt. Der Erwerb von Grundstücksrechten auf Grund eines Zuspruchs, der auch Ausländern möglich sei, stelle bereits eine Durchbrechung dar. Zusätzlich werde jedem auswärtigen Gläubiger, der unter Vorlage eines Schuldscheines die Eintragung einer Hypothek beantrage, Dispens erteilt.

Im Ergebnis ging die Hofkanzlei bei der siebten Vorfrage davon aus, daß die Ausländer in Zukunft in allen Erbstaaten grundbuchmäßige Sicherungen würden erwerben dürfen. Entsprechend votierte sie zur dritten Vorfrage für eine Übernahme der in Österreich üblichen Sicherungsmittel — Verbot und Arrest — in die AGO. Wenn es jedem Gläubiger erlaubt sei, sich bei Hingabe eines Kredits durch eine Hypothek vertraglich abzusichern, sei es überflüssig, im Wege der einstweiligen Sicherung eine Belastung der Grundstücke der Schuldner zu ermöglichen. Das Kreditgeschäft werde im Gegenteil gefördert, wenn allen Gläubigern „per legem" die Sicherheit gegeben werde, daß ihnen durch einen Zuspruch kein anderer Gläubiger mehr mit einem Recht am Grundstück des Schuldners „vorspringen" könne[18].

Obwohl dies dem Gutachten nicht mit ausreichender Sicherheit entnommen werden kann, wird man die Stellungnahme der Hofkanzlei wohl dahin auslegen müssen, daß es ihr nicht nur um die Beseitigung des böhmischen Zuspruchs und der damit verbundenen Belastung des Schuldnergrundstückes mit einer Hypothek ging. Zur Belebung des

[17] Hofkanzlei, K. 1889.

[18] Hofkanzlei, K. 1889: Anmerkungen der Hofkanzlei zur 3. Vorfrage.

Kreditgeschäfts wollte sie den Grundbesitz völlig dem Zugriff durch vorläufige Sicherungsmaßnahmen entziehen. Für diese Interpretation spricht jedenfalls, daß sowohl nach dem Entwurf 1776[19] als auch nach der AGO (§ 282) der Gläubiger zu seinem vorläufigen Schutz lediglich die Mobilien des Schuldners beschlagnahmen durfte.

Nicht nur im Hinblick auf den Grundbesitz des Schuldners, auch bezüglich seines sonstigen Vermögens hielt die Hofkanzlei das Verbot nach österreichischem Recht für die gerechtere Regelung. Der böhmische Kummer, durch den ein Pfandrecht an den Mobilien des Schuldners enstand, verschlechtere die Ausgangsposition der Gläubiger, die nicht am Ort des Schuldners wohnten. Da ihnen der rechte Einblick in die Entwicklung der Vermögensverhältnisse des Schuldners fehle, erfolge ihr Antrag auf Erlaß eines „Kummerschlages" meist so spät, daß sie nicht nur in der Sicherung ihres Anspruchs, sondern vor allem in seiner Befriedigung hinter den einheimischen Gläubigern zurückstehen müßten. Aber selbst die ortsansässigen Gläubiger lebten in der beständigen Furcht, den rechten Augenblick zur Erwirkung eines vorläufigen Rechtsschutzes zu versäumen und sich daher mit einem schlechteren Rang in der Vollstreckung begnügen zu müssen. Das habe zur Folge, daß alle Gläubiger bereits bei dem geringsten Anzeichen einer Insolvenz gerichtlich gegen den Schuldner vorgingen. Mancher ehrliche und durchaus vermögende Schuldner sei auf diese Weise wegen eines nur vorübergehenden Mangels an Bargeld in den Vermögensverfall getrieben worden. Diese für Schuldner und Gläubiger gleichermaßen mißlichen Konsequenzen könnten vermieden werden, wenn man die Wirkungen des Sicherungsmittels darauf beschränke, den Schuldner an gläubigerfeindlichen Handlungen zu hindern[20].

Die vierte Vorfrage beschäftigte sich mit den Voraussetzungen, unter denen das Gericht dem Antrag auf einen einstweiligen Schutz des Gläubigers stattgeben durfte.

Flucht oder Fluchtgefahr des Schuldners waren im österreichischen Recht die wichtigsten Verbots- bzw. Arrestgründe[21]. In den böhmischen Ländern bewilligten die Gerichte vorläufige Sicherungsmaßnahmen zusätzlich beim Tod des Schuldners[22]. Goldegg und Horten von der CompCoon und, ihnen folgend, die Hofkanzlei hielten in diesem zuletzt genannten Fall, dem Tod des Schuldners, ein Verbot nicht für gerechtfertigt, da an die Stelle des Schuldners die Erben träten und zwischen ihnen und dem Gläubiger eine Schuldenregelung getroffen

[19] § 270 des Entwurfs, OJ HC, Protoc. B. 207, S. 98.

[20] Gutachten der Hofkanzlei zur 3. Vorfrage, Hofkanzlei, K. 1889.

[21] Vgl. 2. Teil, VIII. Kap., Fn. 8.

[22] Vgl. 2. Teil, VIII. Kap., Fn. 3 und Fn. 4.

werden könne[23]. Ein schnelles Eingreifen des Gerichts sei nur bei der Flucht des Schuldners erforderlich, da dieser, ohne selbst greifbar zu sein, Träger seines Vermögens bleibe. Folgerichtig entfalle dieser Verbotsgrund wieder, wenn das Gericht den Konkurs über das Vermögen des Schuldners verhänge. Dann würden die Interessen der Gläubiger durch das Gericht gewahrt und der Grundsatz der „par conditio omnium creditorum" verbiete von diesem Zeitpunkt an die Bevorzugung eines einzelnen Gläubigers.

4. Der Entwurf 1776 und die AGO — die Entscheidung für die österreichische Regelung

Die Kaiserin genehmigte das Gutachten der Hofkanzlei in allen Punkten[24]. Das österreichische Verfahren zur Erlangung eines vorläufigen Rechtsschutzes sollte durch die AGO in allen Erbstaaten gelten. Außerdem war die Kaiserin damit einverstanden, daß die Ausländer in Zukunft auch in Böhmen „landtafelfähig" würden.

Die Entscheidung der Kaiserin wurde nicht mehr revidiert. Im Entwurf 1776 fanden sich nur noch die Begriffe „Arrest" und „Verbot".

a) Arrest und Verbot unterschieden sich nicht nur im Zugriffsobjekt — Person oder Vermögen des Schuldners —, sondern auch in den Voraussetzungen, unter denen sie nach dem Entwurf 1776 vom Gericht verfügt werden konnten.

Gemäß § 262 des Entwurfs 1776[25] konnte der *persönliche* Arrest über diejenigen Schuldner verhängt werden, von denen nicht bekannt war, ob sie im Lande über hinlängliche Zahlungsmittel verfügten, und die *daher* der Flucht verdächtig waren. Auf Anraten der Deputation[26] wurde die Bestimmung in der AGO allgemeiner gefaßt. Auf die mangelnde Zahlungsfähigkeit des Schuldners und den daraus resultierenden Fluchtverdacht wurde nicht mehr abgestellt. Gemäß § 275 war ein Fluchtverdacht schon „wegen der schuldigen Zahlung" — unabhängig von der Liquidität des Schuldners — Arrestgrund. Sachlich dürfte hierin jedoch keine Änderung gelegen haben, da bei einem Schuldner in der Regel nur dann befürchtet werden muß, daß er sich der Schuldenbegleichung entzieht, wenn er zur Zahlung nicht in der Lage ist.

---

[23] Die Ansichten Goldeggs und Hortens sind im Gutachten der Hofkanzlei zur 4. Vorfrage wiedergegeben, Hofkanzlei, K. 1889.

[24] Hofkanzlei, K. 1889: auf den Vortrag der Hofkanzlei geschrieben; außerdem: StRPr 2354/1772 v. 22. September.

[25] OJ HC, Protoc. B. 207, S. 92.

[26] OJ HC, Protoc. B. 81, S. 356, Sitzung v. 12. Mai 1780.

Ein Verbot sollte gem. § 270 des Entwurfs 1776[27], beschränkt auf das bewegliche Vermögen des Schuldners[28], vom Gericht bewilligt werden dürfen, wenn der Schuldner in dem Lande, in dem er Schulden hatte, „nicht genügend angesessen" war. Zu dieser Vorschrift wurden verschiedene Änderungsvorschläge von Mitgliedern der Deputation und CompCoon gemacht[29], die aber alle unberücksichtigt blieben. Seine endgültige, vom Entwurf 1776 inhaltlich vollständig abweichende Fassung erhielt die Vorschrift erst bei der letzten Überarbeitung des Entwurfs durch die CompCoon im Frühjahr 1781[30]. Nach § 283, der § 270 des Entwurfs entsprach, konnten mit dem Verbot nur noch die Mobilien des Schuldners erfaßt werden, die sich im Besitz eines Dritten befanden. Diesem wurde gemäß § 287 untersagt, die Sachen des Schuldners aus der Hand zu geben. Allerdings mußte für den Gläubiger die Gefahr bestehen, in Ermangelung sonstiger Zahlungsmittel und Vermögenswerte des Schuldners bei der Vollstreckung leer auszugehen.

Eine Begründung für diese den Anwendungsbereich des Verbots noch mehr einengende Änderung fehlt im Protokoll der CompCoon.

b) Für Arrest- und Verbotsprozeß galten die im wesentlichen gleichen Grundsätze. Der Gläubiger, der den Antrag auf Erlaß eines Arrestes oder Verbotes stellte, mußte seine Forderung entweder durch eine vom Gegner als richtig anerkannte Urkunde beweisen (§§ 276, 284 = §§ 263, 271 des Entwurfs 1776)[31] oder bei Fehlen ausreichender Beweismittel eine Sicherheitsleistung hinterlegen, die so bemessen war, daß ein eventueller Schaden des Gegners ersetzt werden konnte, wenn der Anspruch unbegründet war (§§ 277, 285 = §§ 264, 272 des Entwurfs 1776)[32].

Zuständig war der Richter der Hauptsache (§§ 278, 286 = §§ 265, 273 des Entwurfs 1776)[33]. Der Schuldner konnte in seiner Wohnung oder in einem Arrestlokal arretiert werden. In jedem Fall mußte der Gläubiger die Kosten hierfür vorstrecken (§ 279 = § 266 des Entwurfs 1776)[34]. Der

---

[27] OJ HC, Protoc. B. 207, S. 98.

[28] Vgl. 2. Teil, VIII. Kap., Fn. 19.

[29] OJ HC, Protoc. B. 81, S. 360, Sitzung v. 29. Mai 1780; OJ HC, Protoc. B. 207, S. 98 f., Sitzung v. 31. Oktober 1780. Der anonyme Gutachter beantragte, § 270 um den folgenden Satz zu erweitern: „... oder wenn jemanden wegen seines auf der Sache habenden Rechtes daran gelegen wäre, sich gegen denselben weitere Ausfolgung zu versichern". (Koller-Akten 5, Nr. 314 zu § 270 f.).

[30] OJ HC, Protoc. B. 207, S. 308, Sitzung v. 28. Februar 1781.

[31] OJ HC, Protoc. B. 207, S. 94, 99.

[32] OJ HC, Protoc. B. 207, S. 94, 100.

[33] OJ HC, Protoc. B. 207, S. 95, 100.

[34] OJ HC, Protoc. B. 207, S. 95.

Schuldner konnte Arrest und Verbot durch Zahlung einer Sicherheitsleistung abwenden (§§ 280, 289 = §§ 267, 276 des Entwurfs 1776)[35].

Mit seinem Antrag auf Erlaß einer vorläufigen Sicherung konnte der Gläubiger die Klageerhebung verbinden. Er mußte die Klage spätestens vierzehn Tage nach Antragstellung einreichen (§§ 281, 290 = §§ 268, 277 des Entwurfs 1776)[36]. Unterließ er dies innerhalb der vorgeschriebenen Frist, so wurden Arrest oder Verbot sofort aufgehoben und dem vorgeblichen Schuldner Schadensersatz in angemessener Höhe zugesprochen (§§ 282, 291 = §§ 269, 278 des Entwurfs 1776)[37]. Gemäß §§ 269, 278 des Entwurfs 1776[38] sollte dem Antragsteller außerdem das „ewige Stillschweigen" auferlegt werden, mit der Folge, daß er seine Forderung niemals mehr hätte geltend machen können. Die versäumte Klageerhebung hätte den Verlust der Forderung bedeutet.

Gegen diese zusätzliche Sanktion hatte der italienische Rechtsgelehrte Tosi Bedenken angemeldet[39]. Auch die Deputation hatte eine Änderung der Vorschrift beantragt[40]. Gegen die Stimmen Froidevos und Martinis folgte die CompCoon dem Vorschlag Tosis und der Deputation und verzichtete in den §§ 282, 291 auf die Aberkennung der Forderung[41].

Weder begründete die Deputation ihren Antrag noch die CompCoon die Änderung. Die Beweggründe lassen sich aber möglicherweise einer vergleichbaren Kritik der Deputation an einer Vorschrift zum Beweis durch Handelsbücher entnehmen[42]. Nach § 114 des Entwurfs 1776[43] sollte ein Kaufmann seine Forderung verlieren, wenn er sie nicht binnen Jahr und Tag vom Schuldner unterschriftlich bestätigen ließe. Mit der Unterschrift des Schuldners bewirkte das Handelsbuch einen vollen Beweis. In dieser Bestimmung hatte die Deputation — ebenfalls auf Anregung Tosis — eine ungerechtfertigte Schlechterstellung des Kaufmanns gegenüber anderen Gläubigern gesehen, die ihre Forderung erst nach 32 Jahren durch die Verjährung verlören. Sie hatte durchgesetzt, daß der Kaufmann ohne die Unterschrift des Schuldners nur das Handelsbuch als Beweismittel, nicht aber die Forderung einbüßte (§ 120)[44].

---

[35] OJ HC, Protoc. B. 207, S. 96, 102.
[36] OJ HC, Protoc. B. 207, S. 96, 102.
[37] OJ HC, Protoc. B. 207, S. 97, 103.
[38] OJ HC, Protoc. B. 207, S. 97, 103.
[39] OJ HC, K. 231, NÖ, Fz. 105/1 a, *Tosi* zu § 269.
[40] OJ HC, Protoc. B. 81, S. 359, 362, Sitzungen v. 12. und 29. Mai 1780.
[41] OJ HC, Protoc. B. 207, S. 97 f., 103, Sitzung v. 31. Oktober 1780.
[42] Vgl. 2. Teil, IV. Kap., Fn. 15.
[43] OJ HC, Protoc. B. 81, S. 182 f.
[44] Vgl. 2. Teil, IV. Kap., Fn. 16.

Diese Begründung läßt sich auf die Änderung der §§ 269, 278 des Entwurfs 1776 übertragen. Einen Gläubiger, der es unterließ, wegen einer tatsächlich bestehenden Forderung rechtzeitig Klage zu erheben, mit der Verpflichtung zu Schadensersatz und Genugtuung zu belegen, war berechtigt. Beides, die trotz fortbestehender Sicherungsmaßnahmen versäumte Klageerhebung und der Ausgleich der Nachteile des Schuldners, stand in einem inneren Zusammenhang. Die zusätzliche Aberkennung der Forderung war dagegen eine über den Zweck des Gesetzes hinausgehende Strafe.

IX. Kapitel

Die Kosten

Das 37. Kapitel ist überschrieben: „Von Gerichtsunkosten". Damit waren nicht allein die bei Gericht anfallenden Kosten gemeint, sondern die Aufwendungen der Parteien insgesamt, insbesondere also auch die Vergütung der Advokaten.

Zwei Gesichtspunkte sind bei der Regelung der Kosten von Interesse: zum einen die Kriterien, nach denen über die Verteilung der Kosten entschieden wurde, zum anderen die besonderen Verfahrensmodalitäten der Kostenentscheidung.

1. Die Kostenverteilung

Nach den Gesetzen der böhmischen Länder war die siegreiche Partei berechtigt, von dem unterlegenen Gegner die Erstattung ihrer Kosten zu verlangen. Sieg oder Niederlage im Prozeß entschied über die Kostenverteilung[1].

In Österreich galt dagegen der Grundsatz, daß jede Partei ihre Kosten selbst zu tragen hatte. Das Gericht konnte allerdings auf Antrag der Parteien eine abweichende Kostenverteilung anordnen, wenn eine Partei den Prozeß „muthwillig und freventlich" begonnen hatte[2]. Partei und Anwalt wurden dann zusätzlich bestraft. Die Verpflichtung einer Partei, die gegnerischen Kosten zu tragen, besaß im österreichischen Recht immer pönalen Charakter[3].

---

[1] Die Formulierungen sind allerdings nicht immer eindeutig. So aber: Böhm. StadtR, C 14 § 1: „Nachdeme das Urteil in rem judicatam erwachsen, soll der Obsieger das Gegentheil oder die Bürgen inner 14.Tagen zur Schaden und Unkostens-Liquidation vorladen lassen ...". Auf diese Vorschrift verwiesen: PO Böhmen (1753), Art. 22; PO Schlesien (1753), Art. 22 und PO Mähren (1760), Art. 22. Undeutlich: Böhm. LO, F XXIX ff. und Mähr. LO, Nr. 213 ff. Von demselben Grundsatz wie die Böhm. StadtR ging auch die GO Steyr (1622), Art. 66, Abs. 1 (S. 93) aus.

[2] Zusammenstellung *Holger*, Bl. 193.

[3] Besonders deutlich wird dieses Prinzip in der Gal. GO (1774), Art. 6: „... ut ... decidere possit, eas videlicet vel parti vitrici adjudicando, vel si utraque pars probabilem litigandi causam habuit, et causa utrique dubia fuerit, invicem compensando".

In ähnlicher Weise knüpfte der Entwurf 1776 in den §§ 398, 399[4] bei der Auferlegung der Kosten an Tatbestände an, die man als leichtfertiges Prozessieren bezeichnen kann. Zum Beispiel mußte die Partei die gegnerischen Kosten übernehmen, die sich zur Hauptsache nicht einließ, die „wider den klaren Buchstaben der Gesezen" stritt oder die erfolglos gegen ein Urteil appelliert hatte. In den übrigen Fällen, in denen dem Verlierer nicht vorgeworfen werden konnte, er habe den Prozeß unüberlegt begonnen oder nachlässig geführt, sollte es dem Ermessen des Richters überlassen bleiben, ob er ihn dennoch in die Kosten verurteilte oder ob er die Kosten gegeneinander aufhob (§ 400 des Entwurfs)[5].

Gegen diese Bestimmungen des Entwurfs 1776 wurde im Prinzip nichts eingewandt. Als übertriebene Härte empfand man lediglich, daß der Appellant nach verlorenem Rechtsmittelprozeß die Kosten zu bezahlen hatte[6]. Nur bei mutwillig eingelegten Appellationen müßten Partei und Anwalt bestraft werden[7]. Dieser Änderungsantrag der Deputation macht deutlich, daß auch die Deputation die Übernahme der Kosten als Strafe ansah.

In ihrer Antwort auf diesen Vorschlag führte die CompCoon das gegenteilige Kriterium für die Verteilung der Kosten — Erfolg oder Mißerfolg im Prozeß — in die Diskussion ein. Es entspreche nur der Billigkeit, daß die Kosten des Gegners, der ohne seinen Willen in den Rechtsmittelprozeß hineingezogen worden sei, von dem in der Appellation Unterlegenen getragen würden[8].

Bei ihrer letzten Beratung dieses Kapitels im Frühjahr 1781 ging die CompCoon noch einen Schritt weiter. Nach dem von ihr neu verfaßten § 400 des Entwurfs 1776 hatte der Verlierer des Prozesses die Kosten des Gegners stets zu zahlen, „ausgenohmen der Richter findete aus besonderen Ursachen diese gegeneinander aufzuheben"[9]. Mit dieser Formulierung, die in § 398 der AGO übernommen wurde, hatte man sich dem Prinzip des böhmischen Rechts, die Kostenverteilung von Sieg oder Niederlage der Parteien abhängig zu machen, weitgehend angenähert.

---

[4] OJ HC, Protoc. B. 207, S. 191.

[5] OJ HC, Protoc. B. 207, S. 194.

[6] So die Deputation: OJ HC, Protoc. B. 81, S. 436, Sitzung v. 16. Juni 1780, und Haan als anonymer Gutachter: Koller-Akten 5, Nr. 314 zu §§ 398 f. Signorini befürchtete, daß die Parteien abgeschreckt würden, gegen ein Urteil Rechtsmittel einzulegen (OJ HC, K. 231, NÖ, Fz. 105/1 a, *Signorini* zu § 398).

[7] So der Vorschlag der Deputation, wiedergegeben im Protokoll der CompCoon: OJ HC, Protoc. B. 207, S. 193.

[8] OJ HC, Protoc. B. 207, S. 193, Sitzung v. 17. Januar 1781.

[9] OJ HC, Protoc. B. 207, S. 343, Sitzung v. 13. März 1781.

2. Die Entscheidung über die Kosten

In den meisten Gerichts- und Prozeßordnungen der Erbstaaten folgte auf den Hauptprozeß ein weiteres Verfahren, in dem es um die Höhe der zu erstattenden Kosten ging[10]. Diese Prozeßverdoppelung hatte man bereits vor 1781 in zwei neueren Gerichtsordnungen, der schlesischen Prozeßordnung von 1753[11] und der galizischen Gerichtsordnung von 1774[12], dadurch vermieden, daß man den Parteien aufgegeben hatte, ihre Kostenaufstellung mit der letzten Satzschrift bzw. bei der Akteninrotulierung dem Gericht vorzulegen. So konnte der Richter im Urteil nicht nur über die Kostenverteilung, sondern auch über die Kostenhöhe entscheiden. Die Bestimmung des § 403 des Entwurfs 1776[13] (= § 403), nach der die Parteien ihre Kosten bereits vor Prozeßbeendigung beziffern sollten, war somit nur die Fortführung einer bereits begonnenen Entwicklung. Meinungsverschiedenheiten bestanden in den Beratungen zu nur einer Verfahrensfrage. In den §§ 398, 402 des Entwurfs 1776[14] war vorgesehen, daß der Richter über die Kosten von Amts wegen entscheiden sollte. Dagegen wollte die Deputation die Kostenentscheidung vom Antrag einer Partei abhängig machen[15]. Diesem Vorschlag pflichtete Holger mit der Begründung bei, der Richter könne niemals „ultra petitum partium" sprechen[16]. Holger und die Deputation wurden aber von der Mehrheit der CompCoon überstimmt[17]. Es blieb bei einer Entscheidung von Amts wegen.

[10] GO Steyr (1622), Art. 66, Abs. 1 (S. 93); Böhm. LO, F XXIX ff.; Mähr. LO, Nr. 213 ff.; Böhm. StadtR, C 14; AdvO St- u. LG Wien (1700), § 16; GO OHof-Marsch (1714), § 31; G- u. TaxO Universität Wien (1724), §§ 57 - 60; Zusammenstellung *Holger*, Bl. 193 f.

[11] PO Schlesien (1753), Art. 11.

[12] Gal. GO (1774), Art. 6.

[13] OJ HC, Protoc. B. 207, S. 195.

[14] OJ HC, Protoc. B. 207, S. 191 f. und 194.

[15] OJ HC, Protoc. B. 81, S. 435 f., Sitzung v. 16. Juni 1780.

[16] OJ HC, Protoc. B. 207, S. 192, Sitzung v. 17. Januar 1781.

[17] OJ HC, Protoc. B. 207, S. 192, Sitzung v. 17. Januar 1781.

X. Kapitel

Die am Prozeß beteiligten Personen: Advokaten und Richter

Die beiden letzten Kapitel der AGO gingen in ihrem Inhalt über eine reine Prozeßordnung weit hinaus. Sie regelten nicht nur die Rechte und Pflichten der Advokaten und Richter im Prozeß. Sie legten auch Richtlinien für ihr Verhalten außerhalb des Prozesses fest und stellten zudem die Bedingungen für die Zulassung zu beiden Berufen und für ihre Ausübung auf.

1. Die Advokaten

Das 38. Kapitel „Von den Advokaten" wurde erst Anfang 1781 verfaßt[1]. Zwar enthielt bereits der Entwurf 1776 ein eigenes Kapitel über die Advokaten[2]. Es blieb aber bei der endgültigen Abfassung und Formulierung unberücksichtigt. Als Vorlage für das neue Kapitel diente vielmehr der Entwurf „zur Regulierung der Advokaten für den hiesigen[3] Gerichtsplatz"[4], der dem Staatsrat von der obersten Justizstelle vorgelegt worden war. Im Mai 1780 hatte die Kaiserin angeordnet, diesen Entwurf einer Advokatenordnung verschiedenen Behörden zur Begutachtung zuzuleiten[5]. Diese Beurteilung war offensichtlich positiv ausgefallen; denn im Januar 1781 trug der Kaiser in einem Billett an Sinzendorf der CompCoon auf, „aus dessen (sc. des Entwurfs) dritten und vierten Theil ein besonderes zur Gerichtsordnung gehöriges Kapitel zur Vorschrift für die Advokaten (zu) fasse(n), oder soweit (s)ie überhaupt mit diesen Anträgen nicht verstanden wäre ... (ihm) darüber (i)hre gutächtlichen Erinnerungen vor(zu)lege(n)"[6].

Der Entschluß, das Kapitel über die Advokaten im Entwurf 1776 durchgreifend zu ändern, muß aber noch zur Regierungszeit Maria

---

[1] Zu seiner Entstehung vgl. auch *Fischer*, S. 57 f.

[2] Das 39. Kapitel: OJ HC, Protoc. B. 207, S. 197 ff., §§ 409 - 421 des Entwurfs 1776.

[3] d. h. Wiener.

[4] So der Kaiser in einem Billett an Sinzendorf, StRPr 27/1781 v. 2. Januar.

[5] Der Verfasser dieses Entwurfs ist nicht bekannt. Zur Anordnung der Kaiserin vgl. StRPr 831/1780 v. 9. Mai.

[6] StRPr 27/1781 v. 2. Januar.

Theresias gefaßt worden sein. Bereits im Juni 1780 hatte die Deputation nämlich auf eine Stellungnahme zu diesen Vorschriften mit der Begründung verzichtet, daß „ein anderer Vorschlag den Stellen um ihr Gutachten angeschlossen worden" sei[7]. Da die Deputation im Januar 1781 aufgelöst wurde[8], war sie an der Kodifizierung des neuen Kapitels nicht mehr beteiligt.

In ihre Beratungen bezog die CompCoon alle vier Teile des Entwurfs der Advokatenordnung ein. Sie beschränkte sich nicht auf den dritten und vierten Teil, auf die der Kaiser in seinem Billett an Sinzendorf hingewiesen hatte. Im 38. Kapitel der AGO ist diese Einteilung des Entwurfs in vier Abschnitte noch erkennbar, auch wenn diese Anordnung nicht konsequent durchgehalten wurde.

a) Thema des ersten Teils dieses Entwurfs war die Zulassung der Advokaten zu den Gerichten überhaupt und zu den einzelnen Instanzen.

Nach dem Entwurf war vorgesehen, nur einer bestimmten Anzahl von Advokaten die Berufsausübung zu gestatten — für Wien war eine Begrenzung auf 36 oder 50 Advokaten in der Diskussion[9] — und ihre Zulassung auf das Auftreten bei einer bestimmten Instanz zu beschränken.

Mit Ausnahme von Kees lehnte die CompCoon die Festsetzung einer Höchstzahl aller bei Gericht tätigen Anwälte ab[10]. Man sah hierin — anders als beim Erlaß von Gesetzen und Dekreten früherer Zeiten, in denen ein solcher „numerus clausus" bestanden hatte[11] —, kein wirksames Instrument mehr zur Steuerung von Mißständen, wie sie häufig die Folge einer unzureichenden Ausbildung und eines übertriebenen Profitstrebens waren. Die CompCoon glaubte vielmehr, daß sich die Anzahl der Advokaten am besten ohne staatliche Einflußnahme aus sich heraus reguliere. Man vergrößere vielmehr zum Nutzen der Allgemeinheit und insbesondere der Mandanten die Auswahl und damit auch das Angebot tüchtiger Anwälte, wenn man alle Bewerber ohne objektive Beschränkungen zur Berufsausübung zulasse. Vielleicht fänden sich dann Anwälte, die bereit seien, sich in der Provinz niederzulassen oder Streitsachen anderer Gerichtszweige, wie der Militärge-

---

7 OJ HC, Protoc. B. 81, S. 439 f., Sitzung v. 16. Juni 1780.

8 Vgl. 1. Teil, VI. Kap., Fn. 40.

9 OJ HC, Protoc. B. 207, S. 221, Sitzung v. 31. Januar 1781. Kees hatte für Wien eine Beschränkung auf 36 Advokatenstellen vorgeschlagen. Bis diese Zahl erreicht sei, solle nur jede dritte Advokatenstelle besetzt werden, vgl. hierzu *Fischer*, S. 58.

10 OJ HC, Protoc. B. 207, S. 218 ff., Sitzung v. 31. Januar 1781.

11 AdvO LandmarschG, NÖ (1638); StRPr 2946/1761: Resolution v. 17. September; Hofdekret v. 14. Dezember 1736, zitiert nach *v. Domin-Petrushevecz*, S. 27.

richte, zu übernehmen. Mancher Anwalt würde sich eventuell mit einer Sollizitatorenstelle zufriedengeben. Es gäbe möglicherweise sogar Anwälte, die sich um arme Klienten bemühten[12].

In der AGO wurde daraufhin auf eine zahlenmäßige Begrenzung der Anwaltstellen verzichtet[13].

Der Entwurf der Advokatenordnung sah — wie es vor 1781 allgemein üblich war — vor, daß die Zulassung zum Advokatenberuf grundsätzlich nur zum Auftreten bei der unteren Instanz berechtigte. Zur Vertretung der Mandanten bei den Appellations- und Revisionsgerichten bedurfte es einer zusätzlichen Bestallung.

In der CompCoon war umstritten, ob man diese unterschiedliche Behandlung der Anwälte in den einzelnen Instanzen beibehalten wollte. Eine knappe Mehrheit sprach sich auch in diesem Punkt für den Entwurf der Advokatenordnung aus. Die Möglichkeit eines Aufstiegs von der unteren zu den übergeordneten Instanzen stelle einen Anreiz dar. Zudem könne man auf diese Weise einen besseren Einfluß auf die Zulassung der Advokaten zu den Obergerichten nehmen[14].

Dagegen stimmten mit unterschiedlichen Argumenten Kees, Horten und Sinzendorf. Die Einführung strengerer Prüfungen, wie man sie zur Zeit plane, mache zusätzliche Leistungsnachweise als Bedingung für den Zugang zu den Rechtsmittelgerichten überflüssig. Man müsse ausserdem den Vorteil bedenken, den die Parteien dadurch hätten, daß sie von einem Anwalt in allen Instanzen betreut werden könnten[15].

Die Mehrheit der CompCoon ließ sich durch diese Einwände nicht umstimmen. Man wollte die Zulassung zu einem übergeordneten Gericht vom Bestehen einer Prüfung abhängig machen, die ein Advokat erstmals nach mindestens zweijähriger Praxis abzulegen berechtigt sein sollte. Es war beabsichtigt, daß selbst mehrfaches Nichtbestehen dieser Prüfung ohne Einfluß auf die Berufsausübung bei dem Untergericht blieb[16].

Der Kaiser entschied sich jedoch für die Meinung der Minderheit in der CompCoon[17]. Gemäß § 411 mußte jeder Bewerber, der die subjektiven Voraussetzungen erfüllte, zur Advokatur zugelassen werden, „ohne auf eine Anzahl, oder auf einen Unterschied der Gerichte zu sehen".

---

[12] OJ HC, Protoc. B. 207, S. 218 - 221, Sitzung v. 31. Januar 1781.

[13] So die Entscheidung des Kaisers, StRPr 681/1781 v. 23. März.

[14] OJ HC, Protoc. B. 207, S. 222, Sitzung v. 31. Januar 1781.

[15] OJ HC, Protoc. B. 207, S. 224, Sitzung v. 31. Januar 1781.

[16] OJ HC, Protoc. B. 207, S. 226 ff., Sitzung v. 31. Januar 1781.

[17] StRPr 681/1781 v. 23. März.

b) Die persönlichen Voraussetzungen, die jeder Bewerber für die Aufnahme in den Advokatenstand erfüllen mußte, wurden so, wie sie im Entwurf der Advokatenordnung festgesetzt waren, fast unverändert in die §§ 410, 411 übernommen[18]. In wenigen Punkten wurden die an die Bewerber gestellten Anforderungen gemildert[19].

Jeder Advokat mußte an einer erbländischen Universität promoviert haben. Nur zur Zulassung bei den Ortsgerichten genügte der Nachweis einer sonstigen Universitätsprüfung[20]. Vor der Niederlassung als selbständiger Anwalt war weiterhin ein Praktikum bei einem anderen Anwalt vorgeschrieben (§ 411)[21]. Schließlich hatte jeder Bewerber eine Aufnahmeprüfung abzulegen, die sich nicht nur auf sein theoretisches und praktisches Wissen bezog, sondern auch seinen Charakter, seine Sitten und seinen Lebenswandel einschloß (§ 411)[22, 23].

c) Der weitaus größte Teil der Bestimmungen des 38. Kapitels (§§ 412-422) regelte das Verhältnis zwischen den Advokaten und ihren Mandanten sowie die Rechte und Pflichten des Anwalts im Prozeß. Das

---

[18] Zum 2. Teil der Advocatenordnung vgl. OJ HC, Protoc. B. 207, S. 230-236.

[19] Dies geschah teilweise auf Veranlassung der CompCoon (OJ HC, Protoc. B. 207, S. 232, Sitzung v. 31. Januar 1781: Statt dreijähriger Probezeit wurde nur noch ein Praktikum ohne Mindestzeit verlangt), teilweise durch den Kaiser selbst (StRPr 681/1781 v. 23. März: Auf eine Wiederholung der Aufnahmeprüfung im Abstand von vier Jahren wurde verzichtet).

[20] Dies war in ähnlicher Weise bereits vor 1781 von den Advokaten verlangt worden: Zusammenstellung *Holger*, Bl. 172 ff.; Patent v. 4. April 1755 (CA V, S. 994).

[21] Vgl. hierzu AdvO LandmarschG, NÖ (1638); Zusammenstellung *Waldstetten*, 4. Teil, 4. Abhandlung, 1. Abschnitt.

[22] Diese Aufnahmeprüfung war in älteren Gerichtsordnungen ebenfalls vorgesehen: AdvO LandmarschG, NÖ (1638); Rescriptum v. 10. September 1714 (*Kernlein*, S. 14); Edict v. 1. März 1725 für Wien (CA II, S. 257); Zusammenstellung *Waldstetten*, 4. Teil, 4. Abhandlung, 1. Abschnitt.

[23] Im Gesamtplan *Azzoni*, 4. Teil, 4. Abhandlung, 1. Abschnitt, Bl. 83, findet sich eine Beschreibung der Eigenschaften, die ein Anwalt besitzen sollte: gelehrt, erfahren, ehrbaren Wandels, dem nächsten zu dienen bereit, getreu, aufrichtig, emsig, unverdrossen, vorsichtig, standhaft, ehrerbietig gegenüber dem Richter, leutselig gegen jedermann, glimpflich, verträglich, uneigennützig und „was sonsten rechtschaffenen Leuthen zusteht“.
Wie man demgegenüber zur damaligen Zeit die wirklichen Verhältnisse im Anwaltsberuf einschätzte, zeigt eine Bemerkung Seilerns, des Präsidenten der OJSt, in seinem bereits zitierten Vortrag (vgl. 1. Teil, V. Kap., Fn. 2) vom 30. März 1780: “... diese (sc. die Advokaten) sind ein unentbehrliches Übel in einem Staate, weil es Partheyen gibt, die nicht einmal ihr Geschäft ordentlich und deutlich vorzutragen wissen; und Richter gibt, die in den Rechten belehrt werden müssen. Allein, wenn bei Aufnehmung der Advocaten, wie dermal, mit einiger zu großer Leichtigkeit fürgegangen wird, wenn ihre Anzahl, wie dermal, zu sehr anwächst, wenn gegen sie mit einer großen Nachgiebigkeit sich benommen wird: so werden sie dem Staate ein wirklich gefährliches Übel“.

Schwergewicht lag eindeutig bei den Pflichten. Der Handlungs- und Entscheidungsspielraum der Advokaten war sehr eingeschränkt. Ein Advokat durfte Rechtsstreitigkeiten nur führen, wenn sie gerecht, billig und erfolgversprechend waren (§ 412). Fakten und Beweismittel mußte er sofort erforschen und schriftlich zusammenstellen (§§ 412 - 414). Ohne wichtigen Grund durfte er die Vertretung in einem Rechtsstreit nicht vorzeitig aufgeben (§ 419). Selbst wenn erhebliche Ursachen für eine Beendigung der anwaltlichen Betreuung vorlagen, mußte der Prozeß fortgeführt werden, bis die Übernahme durch einen anderen Advokaten gesichert war (§ 419).

Mehr noch als durch die Vielzahl an Vorschriften — die meisten Pflichten waren für einen verantwortungsbewußten Anwalt ohnehin selbstverständlich — erfolgte eine Beschneidung der anwaltlichen Handlungsfreiheit durch die Strafandrohungen, mit denen die einzelnen Bestimmungen bewehrt waren (§§ 428, 429). Derjenige, der einen Prozeß übernahm, in dem er offenbares Unrecht verteidigte, sollte mit einer Geldstrafe belegt werden. Unter Umständen drohte ihm ein zeitweiliges oder dauerndes Berufsverbot. Für die Verhängung einer Strafe war es gleichgültig, ob er das Mandat aus Unwissenheit oder aus Gewinnsucht übernommen hatte (§ 428). Nicht weniger hart wurden Verfehlungen der Advokaten in ihrer privaten Lebensführung geahndet (§ 429).

Dennoch muß man, verglichen mit den Strafandrohungen der Gesetze früherer Jahrzehnte, von einer Mäßigung sprechen. So stand im böhmischen Recht auf Kollusion mit dem Gegner eine Strafe an „Leib oder Leben“[24].

d) Gemäß § 423 war es den Advokaten bei Strafe untersagt, sich von dem Mandanten für die erfolgreiche Beendigung des Prozesses ein besonderes Honorar versprechen zu lassen. Partei und Anwalt mußten vielmehr ein Entgelt vereinbaren, das sich nach dem „wesentlichen Verdienste“ des Anwalts an dem Rechtsstreit richtete (§ 426). Was das Gesetz unter dem „wesentlichen Verdienst“ verstand, war in § 429 festgelegt. Entscheidend war einmal die persönliche Mühe, die der Advokat hatte aufwenden müssen, um Behauptungen zu belegen und Beweismittel herbeizuschaffen. Es waren außerdem sein Fleiß, sein Einsatz und seine Genauigkeit bei der Anwendung der gesetzlichen Bestimmungen von Bedeutung. Nicht zuletzt kam es auf die Vermögensverhältnisse der Partei an.

Die Höhe des vereinbarten Entgelts wurde vom Gericht kontrolliert. Mit der letzten Satzschrift oder auf der letzten Tagsatzung mußte der

---

[24] Böhm. LO, B LI; Mähr. LO, Nr. 111; Böhm StadtR, B 27, § 2; Zusammenstellung *Waldstetten*, 4. Teil, 4. Abhandlung, 8. Abschnitt.

Advokat seine Kostenrechnung vorlegen (§ 424). Hielt das Gericht die eingesetzten Beträge für überhöht, so konnte es sie im Urteil herabsetzen. Von Amts wegen wurden jedoch nur die Kosten überprüft, die die unterlegene Partei dem Gegner bzw. dessen Advokaten erstatten mußte. Das Honorar, das eine Partei ihrem eigenen Anwalt schuldete, wurde nur auf ihren Antrag hin einer gerichtlichen Nachprüfung unterzogen (§ 425). Die differenzierte Behandlung der fremden und der eigenen Anwaltskosten war ein Kompromiß zwischen der im Entwurf der Wiener Advokatenordnung vorgesehenen Regelung und einem mehrheitlich gefaßten Entschluß der CompCoon. Nach dem Entwurf sollte der Richter das Entgelt des Advokaten immer im Urteil festsetzen[25]. Dem hielt die Mehrheit der CompCoon entgegen, daß dies eine Entscheidung des „judex non imploratus" wäre, die obendrein ohne Anhörung der Parteien getroffen würde[26]. Nur Sinzendorf und Kees stimmten dem Vorschlag im Entwurf der Advokatenordnung zu. Mit der Festsetzung der Advokatenkosten im Urteil erspare man den Beteiligten einen zusätzlichen „Moderierungsprozeß" zwischen Anwalt und Partei. Eine solche Vorschrift schütze überdies die Mandanten, die sich sehr häufig scheuten, gegen ihren eigenen Anwalt gerichtlich vorzugehen[27]. Diese Argumente blieben bei der Abfassung des § 425 jedoch unberücksichtigt.

Sieht man von dieser Kontroverse um § 425 und der gegenüber der Vorlage erfolgten Änderung einmal ab, so wurden die §§ 423 - 427 über die Vergütung der Advokaten im wesentlichen wörtlich aus dem Entwurf übernommen[28]. Indem man die persönliche Mühe des Advokaten und sein Engagement zur Richtlinie für die Berechnung des Honorars machte, folgte man damit eher den entsprechenden Regelungen im österreichischen als im böhmischen Recht, ohne allerdings den in Österreich üblichen Abrechnungsmodus genau zu übernehmen. Während sich nämlich in Böhmen das Entgelt des Advokaten nach dem Streitwert bestimmte[29], rechnete der Advokat in Österreich nach den einzelnen, von ihm vorgenommenen Tätigkeiten ab. Auch die verschiedenen Möglichkeiten des gerichtlichen Vorgehens, beispielsweise die Klageart,

---

[25] So der 3. Paragraph des 4. Teils dieses Entwurfs; vgl. OJ HC, Protoc. B. 207, S. 258.

[26] OJ HC, Protoc. B. 207, S. 258, Sitzung v. 14. Februar 1781.

[27] OJ HC, Protoc. B. 207, S. 259, Sitzung v. 14. Februar 1781.

[28] Zum 4. Teil des Entwurfs vgl. OJ HC, Protoc. B. 207, S. 256 ff.

[29] Böhm. LO, B LII: 2,5 % vom Streitwert bis 1000 Schock Groschen; darüber hinaus wurde der Prozentsatz geringer. Böhm. StadtR, B 33: 3,5 % vom Streitwert bis 1000 Schock Groschen; bei höheren Streitwerten wurde der Prozentsatz ebenfalls geringer.

beeinflußten die Höhe seines Honorars. Die Bezahlung war wenigstens indirekt vom Arbeitsumfang abhängig[30].

Die CompCoon stimmte dieser Bestimmung des Entwurfs ohne Aussprache zu[31]. Der Kaiser genehmigte sie mit der Begründung, es sei gerechter, die Kosten nach der Arbeitskraft als nach dem Streitwert zu bestimmen, da „die Verwirrung der Acten auch öfters bey einer Sache von 50 fl weit größer seyn kann, als bey 100 000 fl"[32].

2. Die Richter

Das 39. Kapitel „Von dem Richter" war weit knapper gefaßt als das über die Advokaten. Auch waren die Voraussetzungen für die Zulassung zum Richterberuf weniger streng als die für die Aufnahme in den Advokatenstand. So genügte zur Einstellung als Richter das Zeugnis einer erbländischen Universität (§ 430). Bei einem Advokaten mußte es in der Regel das Doktorat sein (§ 410). Eine Aufnahmeprüfung war für den Richter — anders als beim Advokaten — nicht zwingend vorgeschrieben. Auf diese Prüfung konnte verzichtet werden, wenn der Bewerber bereits „Proben (seiner) Fähigkeit und Erfahrenheit" abgelegt hatte (§ 431).

Diese unterschiedliche Strenge hatte ihren Grund nicht darin, daß man die besseren Juristen zum Advokatenberuf heranziehen wollte. Die größere Sorgfalt bei der Auswahl der Advokaten war nur eine Reaktion auf die Mißstände, die in diesem Beruf im 18. Jahrhundert herrschten und für die die zahlreichen Resolutionen, Dekrete und sonstigen Anordnungen aus dieser Zeit ein beredtes Zeugnis sind[33]. Über den Richterberuf und seine Ausübung finden sich in den Gesetzessammlungen dieser Zeit dagegen nur wenige Vorschriften[34]. Im Entwurf 1726 war kein Kapitel über die Richter vorgesehen. Der Gesamt-

---

[30] Vgl. Zusammenstellung *Holger*, Bl. 172 ff.; ähnlich bereits die Tiroler LO (1573), B. II, T. 13, in der auf die Länge des Rechtsstreits abgestellt wurde.

[31] OJ HC, Protoc. B. 207, S. 260 f., Sitzung v. 14. Februar 1781.

[32] Resolution des Kaisers, wiedergegeben im Sitzungsprotokoll der CompCoon v. 10. April 1781, OJ HC, Protoc. B. 207, S. 431 f.

[33] Die schlechte Meinung, die man von den Advokaten, aber teilweise auch von den Richtern hatte, spiegelt sich auch in den Vorträgen Becks, des Lehrers Erzherzog Josephs, wider (§ 20 der Vorträge in: *Conrad*, FS Lentze, S. 81).

[34] *Anonymus*, Deutsches Museum, S. 27 (wohl Svarez; so jedenfalls *Sprung*, Ruhen des Verfahrens, S. 716, Fn. 44, unter Bezugnahme auf *Erik Wolf*, Große Rechtsdenker der deutschen Geistesgeschichte, 4. Aufl., 1962, S. 462) erklärt die unterschiedliche Handhabung damit, daß der österreichische wie schon der gemeine Prozeß fest in der Hand der Parteien und damit der Advokaten gelegen habe, weniger in der Hand der Richter. Daher seien strengere Auswahlkriterien bei den Advokaten erforderlich gewesen. Aus demselben Grund habe man ihre Zahl nicht beschränken dürfen.

plan Azzonis beschränkte sich auf eine Regelung der Stellung des Richters im Prozeß[35]. Erst im Entwurf 1776 umfaßten die Vorschriften zusätzlich die persönlichen Voraussetzungen und Qualifikationen des Richters[36]. CompCoon und Deputation äußerten sich nur kurz zu diesem Kapitel. Nach Ansicht der Deputation gehörte es nicht in die AGO[37]. Die Gerichtsordnung richte sich als Gesetz an die Parteien. Zur Regelung der Pflichten des Richters müsse eine besondere Richterinstruktion erlassen werden. Zudem überschreite dieses Kapitel den Rahmen einer Verfahrensordnung. Die CompCoon wies diese Einwände, die der wiederholt zum Ausdruck gekommenen gegensätzlichen Auffassung der Deputation zum Charakter und zum Inhalt der AGO entsprachen, ohne Aussprache und Begründung zurück[38].

Außer den Voraussetzungen für den Beruf des Richters und den Gründen, die eine Zulassung verboten — schuldhafter Konkurs (§ 432), gerichtliche Erklärung zum Verschwender (§ 432) und Begehung eines landgerichtlichen Verbrechens (§ 433) — waren in den §§ 436, 437, den beiden letzten Bestimmungen der AGO, auch bestimmte berufliche Pflichten des Richters geregelt.

Nach § 436 mußte der Richter am Ende des Jahres alle die Prozesse in einem Verzeichnis zusammenfassen, die länger als ein Jahr bei ihm anhängig waren. Diese Liste mußte er, zusammen mit einer Aufstellung der erledigten und neu anhängig gemachten Streitsachen, bei der übergeordneten Instanz einreichen. Mit dieser Vorschrift wollte man Einfluß auf die Länge der Prozesse nehmen.

Von größerer Gewichtigkeit war § 437. In der ursprünglichen Fassung im Entwurf 1776 war dem Richter vorgeschrieben gewesen, nach dem Buchstaben der Gesetze Recht zu sprechen „und unter keinem erdenklichen Vorwande einer Billigkeit, Auslegung, eines widrigen Gebrauchs, und dergleichen davon abzuweichen". Bei Zweifeln am Sinn einer Bestimmung hätte der Richter die Entscheidung des Hofes einholen müssen.

Auf Veranlassung von Kees[39] wurde diese starre Formulierung dahin geändert, daß der Richter urteilen solle nach dem „wahren und allge-

---

[35] Gesamtplan *Azzoni*, 4. Teil, 2. Abhandlung, Bl. 79 ff.: Vorgesehen waren Bestimmungen über die Vernehmung der Parteien und Zeugen, über die Erhebung der Beweise und die Abfassung der Urteile. Auch Befangenheitsgründe, z. B. Verwandtschaft und Freundschaft, waren aufgezählt.

[36] OJ HC, Protoc. B. 207, S. 347 ff.

[37] OJ HC, Protoc. B. 81, S. 440 ff., Sitzung v. 16. Juni 1780.

[38] OJ HC, Protoc. B. 207, S. 198 f., Sitzung v. 17. Januar 1781.

[39] Daß diese Änderung auf Kees zurückging, steht zwar nicht sicher fest, läßt sich aber auf Grund zweier Tatsachen vermuten: zum einen findet sich diese Änderung in der Handschrift von Kees ins Protokoll geschrieben (OJ

meinen Verstande der Worte dieses Gesetzes". Unter keinem erdenklichen Vorwand durfte von der klaren Vorschrift dieser Gerichtsordnung abgewichen werden, weder mit der Begründung, daß ein Unterschied zwischen den Worten und dem Sinn des Gesetzes bestehe, noch damit, daß dies entgegen der Schärfe des Rechts die Billigkeit erfordere. Bei begründeten Zweifeln mußte auch nach der neuen Fassung des § 437 die Entschließung des Hofes eingeholt werden. Der Richter durfte jedoch ohne vorherige Rücksprache von der Gerichtsordnung abweichen, wenn er einen Fall zu entscheiden hatte, der in dem vorliegenden Gesetz nicht erfaßt war, der aber mit einem dort geregelten Fall „eine vollkommene Ähnlichkeit" besaß. Dann durfte er die in der AGO enthaltene Vorschrift bei der Entscheidung zugrunde legen.

Damit war nicht nur die Möglichkeit der Analogie im Gesetz ausdrücklich vorgesehen. Vor allem war das Gebot, nach dem Buchstaben des Gesetzes zu urteilen — und damit das Verbot einer sinngemäßen Auslegung —, ersetzt worden durch die Anordnung, nicht auf die Buchstaben, sondern auf den „Verstand" der Vorschrift zu schauen. Trotz der durch diese Änderung erreichten größeren Flexibilität in der Anwendung der AGO behielt die Vorschrift für die Praxis, worauf Sperl[40] zu Recht hinweist, eine erheblich hemmende Wirkung.

HC, Protoc. B. 81, S. 443); zum anderen hatte Kees seit 1780 immer stärkeren Einfluß auf die Kodifizierung genommen. Seine Meinung hatte in vielen Fragen den Ausschlag gegeben.

[40] *Sperl*, I. Band, I. Teil, S. 16. Zu den nachteiligen Auswirkungen dieses Artikels, einer Überflutung der AGO mit Nachtragsgesetzen, vgl. *Ogris*, S. 573. Allerdings entsprach dieses Auslegungsverbot — auch das muß bei der häufig gegen § 437 vorgebrachten Kritik berücksichtigt werden — einer Tendenz der Zeit. Nach der Lehre des Absolutismus war die Gesetzgebung ein Majestätsrecht, das durch ein Auslegungsrecht keine Aufweichung erfahren durfte. Vgl. hierzu *Conrad*, Deutsche Rechtsgeschichte, Bd. II, S. 383 f.

Schlußbetrachtung

Das Jahr 1781 war für die Entwicklung des deutschen Prozeßrechts ein bedeutsames Jahr. Neben der AGO in Österreich wurde in Preußen das „Corpus Juris Fridericianum“ publiziert. Dies legt einen Vergleich nahe. Betrachtet man die Literatur zu diesen beiden Prozeßordnungen, so drängt sich der Eindruck auf, daß die AGO im Verhältnis zu dem modernen, ja progressiven preußischen Gesetz nur eine Fortschreibung des vom gemeinen Recht stark geprägten böhmischen Prozeßrechts ist[41].

Eine solche Wertung wäre in doppelter Weise verfehlt.

Die CompCoon hat sich bei ihren Arbeiten nicht damit begnügt, das böhmische Rechtssystem zu übernehmen. Die österreichischen Elemente sind in der AGO unverkennbar. Betrachtet man — nur beispielhaft — auf der einen Seite den schriftlichen Prozeß, der dem böhmischen Recht entnommen wurde, und andererseits das System der vorläufigen Sicherung, das man nach dem Vorbild des österreichischen Prozesses gebildet hatte, so kann man durchaus von einer gelungenen Synthese beider Verfahrensordnungen sprechen.

Auch müßte sich wegen der inkommensurablen historischen Bedingungen, unter denen beide Gesetze entstanden sind, eine Gegenüberstellung immer auf den Inhalt der Vorschriften beschränken. Ein vergleichendes Werturteil könnte die unterschiedlichen Voraussetzungen beider Kodifizierungsvorhaben und die daraus resultierenden voneinander abweichenden Zielsetzungen nicht hinreichend berücksichtigen. Im Gegensatz zu Preußen war Österreich ein Staat, der unter seiner Herrschaft viele Völker vereinigte, von denen jedes eine eigene Sprache, Kultur und Tradition, aber auch ein eigenes und unterschiedlich weit entwickeltes Rechtssystem besaß. Anders als in Preußen fehlte in Österreich das Fundament, auf dem neue und gar „revolutionierende“ Vorstellungen entwickelt und in der Gesetzgebungsarbeit umgesetzt werden konnten. Es bestand vielmehr die Notwendigkeit, ein Mindestmaß an Einheitlichkeit zu schaffen bzw. zu erhalten, um diese Völker regieren zu können, um den Handel zwischen ihnen und zu dritten Ländern zu entwickeln und insgesamt die Grundlage einer effektiven

---

[41] So gibt auch *Anonymus*, Deutsches Museum, S. 23 f., dem preußischen Gesetz als dem moderneren den Vorzug.

Politik, nicht zuletzt einer nutzbringenden Wirtschaftspolitik zu schaffen[42].

Dieses Ziel einer Vereinheitlichung durch die Kompilation des bestehenden Rechts hatte die Kaiserin der Gesetzgebungskommission vorgegeben. Die CompCoon hat diese Aufgabe erfüllt und ein allen Staaten gemeinsames Prozeßrecht geschaffen. Das Ergebnis war ein sprachlich knapp und klar gefaßtes Gesetz mit für die Praxis tauglichen Regelungen. Das Recht der Erbstaaten hatte ein zusätzliches integrierendes Moment hinzugewonnen.

[42] *Anonymus*, Deutsches Museum, S. 29, erkennt an, daß, gemessen an der von Preußen grundverschiedenen Zwecksetzung der Kodifizierung — Vereinheitlichung in Österreich, Schaffung eines völlig neuen Verfahrens in Preußen —, die AGO als ein „der deutschen Gesetzgebung Ehre machen(des)“ Gesetz anzusehen sei.

Quellen und Literatur

(Abgekürzte Zitierweise ist durch Kursivdruck gekennzeichnet)

A. Ungedruckte Quellen

I. Österreichisches Staatsarchiv

Abt. Allgemeines Verwaltungsarchiv, Wien

1. Oberste Justiz, Hofcommission, zitiert nach Karton und Faszikel, bei den Protokollbüchern nach Buch und Seite.
2. Oberste Justiz, Niederösterreich, zitiert nach Karton und Faszikel.
3. Hofkanzlei, Staatsarchiv des Innen und der Justiz, VI B 1, Böhmen - 1788, zitiert nach Karton.

II. Österreichisches Staatsarchiv

Abt. Haus-, Hof- und Staatsarchiv, Wien

1. Staatsratsprotokolle, zitiert nach laufender Nummer, Jahr und Datum.
2. Staatsrat, Patente und Zirkularien, zitiert nach Karton.
3. Koller-Akten, zitiert nach Karton und Nummer.
4. Nachlaß Kees, Hofkommission in Gesetzessachen, Varia, zitiert nach Karton und Faszikel.
5. Handschriftenabteilung, nähere Angaben im Gesetzesregister.

B. Gedruckte Quellen und Literatur

Anonymus: Kurze Vergleichung der neuen preußischen, mit der neuen österreichischen Prozeßordnung, in: Deutsches Museum, Erster Band, Jänner bis Junius 1782, S. 21 ff., Leipzig *(Deutsches Museum)*.

Anonymus: Zur Geschichte des österreichischen Civilgerichtsverfahrens, NZ 1863, 177 ff. *(NZ 1863)*.

Beidtel, Carl: Handbuch des österreichischen Gerichtsverfahrens, Erster Band: Das ordentliche Verfahren in Streitsachen, Wien 1853.

Canstein, Raban Freiherr von: Lehrbuch der Geschichte und Theorie des österreichischen Civilprozeßrechtes, Erster Band, Berlin 1880.

Chorinsky, Carl Graf von: Der österreichische Exekutivprozeß, Wien 1879.

Codex Juris Bavarici Judiciarii de anno MDCCLIII, 2. Auflage, München 1771.

Codex Juris Bohemiae, Tomi V, Pars 2: Constitutiones Regni Bohemiae Anno 1627 reformatae, herausgegeben von Hermenegildus Jirecek, Prag, Wien, Leipzig 1888.

Codex Juris Bohemici, Tomi V, Pars 3: Constitutiones Margraviatus Moraviae Anno 1628 reformatae, herausgegeben von Hermenegildus Jirecek, Prag, Wien, Leipzig 1890.

Codicis Austriaci ordine alphabetico compilati Pars prima, Das ist: Eigentlicher Begriff und Innhalt, Aller unter deß Durchleuchtigisten Ertz-Hauses zu Oesterreich; Fürnemblich aber der Allerglorwürdigisten Regierung Ihro Röm. Kayserl. auch zu Hungarn, und Böheimb Königl. Majestät Leopold I, Ertz-Hertzogens zu Oesterreich, außgangenen, und publicirten, in das Justitz- und Politzey-Wesen, und was einem oder andern anhängig ist, einlauffenden Generalien, Patenten, Ordnungen, Rescripten, Resolutionen, Edicten, Decreten und Mandaten: wie auch in Publicis, Politicis, Civilibus u. Criminalibus emanirten Statuten, und Satzungen; so viel solche insonderheit beede Ertz-Hertzogthumb Oesterreich unter und ob der Enns betreffen: und sowohl auß verschiedenen Registraturen, Cantzleyen, General-Büchern, als beglaubten Manuscripten dermahlen zuerwerben, und auffzubringen gewesen, zu gemeinsamen Nutzen mit besondern Fleiß zusammen getragen, und das Erstemahl zu Druck gelassen; Anno MDCCIV cum Gratia et Privilegio Sac. Caes. Majest., Gedruckt zu Wienn *(CA I, S. . . .)*.

Codicis Austriaci, Pars Secunda *(CA II, S. . . .)*.

Supplementum Codicis Austriaci: Sammlung Oesterreichischer Gesetze und Ordnungen, wie solche von Zeit zu Zeit ergangen und Publiciret worden, so viele deren über die in Parte I u. II Codicis Austriaci eingedruckten bis auf das Jahr 1720 weiter aufzubringen waren. Gesammlet, und in diese Ordnung gebracht von S. G. H., Leipzig 1748 *(CA III, S. . . .)*.

Supplementum Codicis Austriacis Pars II: Sammlung Oesterreichischer Gesetze und Ordnungen, wie solche von Zeit zu Zeit ergangenen und publiciret worden, so viele deren vom Jahr 1721 bis auf Höchst-traurigen Tod-Fall der Römisch-Kayserlichen Majestät Caroli V aufzubringen waren. Gesammlet, und in diese Ordnung gebracht, von Sebastian Gottlieb Herrenleben, Wien 1752 *(CA IV, S. . . .)*.

Supplementum Codicis Austriaci oder Chronologische Sammlung aller vomm 20ten Oktober 1740 als vom Anbeginne der angetretenen glorreichesten Regierung der Allerdurchlauchtigst-Großmächtigsten Römischen Kaiserinn zu Hungarn und Böheim Königinn, Erzherzoginn zu Oesterreich Mar. Theresiae, bis letzten Dezember 1758. In Publicis, Politicis, u. Commercialibus, und zum Theile auch Justitialibus, dann Kameral- und Militarwesen erlassenen Generalien, Patenten, Satz-Ordnungen, Rescripten, Resolutionen, dann Landesobrigkeitlichen Edicten, Mandaten und Dekreten, soviel solche das Erzherzogthum Oesterreich unter, und ob der Enns betreffen, zu allgemeinen Wissenschaft und Nutzen mit besonderm Fleiße auf allerhöchsten Befehl zusammengetragen unter beständiger Leitung Ihrer Kaiserl. Königl. Majestät wirklichen Hofraths u. N. Oe. Regierungskanzlers, Thomas Ignaz Freyhern von Pöck, *Fünfter Theil,* Wien 1777 *(CA V, S. . . .)*.

Conrad, Hermann: *Staatsgedanke und Staatspraxis* des aufgeklärten Absolutismus, in: Rheinisch-westfälische Akademie der Wissenschaften, Geisteswissenschaftliche Vorträge, G 173, Jahresfeier am 19. Mai 1971, Opladen 1971.

— *Deutsche Rechtsgeschichte,* Band II, Karlsruhe 1966.

— Das Zivilrecht im Rechtsunterricht für den Erzherzog Joseph, in: Festschrift Hans Lentze, Innsbruck, München 1969 *(FS Lentze)*.

Des Aller-Durchlauchtigsten, Großmächtigsten Fürsten und Herrn, Herrn Friedrich Augusti ... Erläuterung und Verbesserung der bißherigen Prozeß- und Gerichts-Ordnung, Dresden 1724.

Des Löblichen Fürstenthums Steyer Gerichtsordnung, reformirt im Jahre 1622, nachgedruckt zu Grätz 1761.

Domin-Petrushevecz, Alphons von: Neuere österreichische Rechtsgeschichte, Wien 1869.

Engelmann, Arthur: Der Civilprozeß, Geschichte und System, Zweiter Band: Geschichte des Civilprozesses, Drittes Heft: Der romanisch-kanonische Prozeß und die Entwicklung des Prozeßrechts in Deutschland bis zum Erlaß der deutschen Civilprozeßordnung, Breslau 1895 *(II, 3)*.

Erneuerte Prozeß- und Executions Ordnung, Wie solche nach der in Sachen ergangenen a. h. Resolution bey dem k. k. Stadt- und Landgericht der Haupt- und Residenz-Stadt Wien zu Abstell- und Vermeidung aller Verlängerungen in denen Civil-Verfahrungen künftighin beobachtet werden solle, Wien 1761.

Fischer, Alfred: Das österreichische Doktorat der Rechtswissenschaften und die Rechtsanwaltschaft, Innsbruck, München 1974.

Födransperg, Anton Edler von: Praktische Beobachtungen über die allgemeine Gerichtsordnung, 2. Auflage, Wien 1788.

Hampeis, E. M.: Chronologische Epigraphik der Friedhöfe Wiens, Erster Band, Wien 1833.

Hänsel, Philipp Heinrich: Über den Beweis durch Handelsbücher im Civilprozeß, Leipzig 1830.

Harrasowsky, Philipp Harras Ritter von: Geschichte der *Codification* des österreichischen Civilrechts, Wien 1868.

— Die *Rechtsmittel* im Civilprocesse nach dem gegenwärtigen Stande der Gesetzgebung, Wien 1879.

— Die *Umarbeitungen* des Codex Theresianus, I. Band, Wien 1886.

Höslinger, Robert: Die gemeinrechtlichen Quellen des Codex Theresianus in der von Holger besorgten Zusammenstellung, in: Österreichisches Archiv für Kirchenrecht, 1. Jahrgang, Heft 1, Wien 1950, S. 72 ff.

Justizgesetzsammlung, Joseph des Zweyten, Römischen Kaisers, Gesetze und Verfassungen im Justiz-Fache für Böhmen, Mähren, Schlesien, Österreich ob und unter der Enns, Steyermark, Kärnthen, Krain, Görz, Gradisca, Triest, Tyrol und die Vorlande, in den ersten vier Jahren seiner Regierung, Wien 1817 *(JGS Nr. ...)*.

Kamshoff, Otto: Oberrohrbach in Vergangenheit und Gegenwart, Korneuburg 1914.

Kees, Franz Georg Edler von: Kommentar über Joseph II allgemeine Gerichtsordnung, Wien 1789.

Kernlein, Grana veteris et novae legis Bohemicae, Prag 1741. Des Alt- und Neuen Bohmischen Gesatzes Den Enthalt der verneuerten Könglichen LO, St. Wenzels-Vertrags, Bergwercks-Vergleich, Novellen, Declaratorien,

Stadt Rechten, Kayser- und Königlich-Josephinisch-Peinlicher Hals-Gerichts-Ordnung, dann verschiedener sowohl an das Königreich Böheimb, Markgraffthum Mähren, als auch Herzogthum Ober- und Nieder-Schlesien Allergnädigst ergangenen in das Judiciale, Politicum et Militare einlauffenden Königl. Rescripten, Sanctionen, Statthalterlisch- und Ober-Ambtlichen Decreten, adjectis annotationibus praeticis vorstellend.

Klein-Bruckschwaiger, Franz: Zur Entstehung der allgemeinen Gerichtsordnung, in: Juristische Blätter 1967, S. 192 ff. *(Jur. Bl., 1967).*

Kleinheyer, Gerd / *Schröder*, Jan: Deutsche Juristen aus fünf Jahrhunderten, Karlsruhe, Heidelberg 1976.

König, Bernhard: Konformität, Aktenwidrigkeit und offenbare Gesetzwidrigkeit im zivilgerichtlichen Verfahren, Wien, New York 1975.

de Luca, Ignatz: Justizcodex, 3. Band, Wien 1794.

Maasburg, M. Friedrich von: Die Proceß-Ordnung für Böhmen vom 23. Januar 1753, Wien 1886 *(PO Böhmen).*

— Geschichte der *Obersten Justizstelle* in Wien, 1749 - 1848, 2. Aufl., Prag 1891.

Mayrhofer, Joseph Anton: Anmerkungen über die allgemeine Gerichtsordnung, Linz 1793.

Mittermaier, C. J. A.: Der gemeine deutsche bürgerliche Prozeß in Vergleichung mit dem preußischen und französischen Civilverfahren und mit den neuesten Fortschritten der Prozeßgesetzgebung, *3. Beitrag*, Bonn 1821.

Neu reformierte Landesordnung der Fürstlichen Graffschaft Tirol v. 14. 12. 1573.

Nippel, Franz Xaver: Erläuterung der allgemeinen Gerichts-Ordnung vom 1. Mai 1781, Wien, 1. Bd., 1845, 2. Bd., 1847.

Österreichische National-Encyklopädie in 6 Bänden, *2. Band*, Wien 1835.

Ogris, Werner: Die Rechtsentwicklung in Cisleithanien 1848 - 1918, in: Die Habsburgermonarchie 1848 - 1918, Bd. II, S. 538 ff., Wien 1975.

Ott, Emil: Beiträge zur Receptions-Geschichte des Römisch-Canonischen Processes in den böhmischen Ländern, Leipzig 1879.

Project des Codicis Fridericiani Marchici oder eine nach Sr. Königlichen Majestät von Preussen selbst vorgeschriebenen Plan entworfene Cammergerichts-Ordnung v. 1748, Königsberg und Mittau 1766.

Protabevera, Carl Joseph: Materialien für Gesetzeskunde und Rechtspflege in den österreichischen Erbstaaten, Erster Band, Wien 1814 *(Materialien I).*

Rizy, Johann Sigmund: Anmerkungen zur allgemeinen Gerichtsordnung für Böheim, Mähren, Schlesien, Oesterreich ob und unter der Enns, Steyermark, Kärnthen, Krain, Görz, Gradiska, Triest, Tyrol und die Vorlande und zur allgemeinen Konkursordnung für eben diese k. k. teutschen Erbländer, Wien 1786.

Rosenberg / Schwab: Zivilprozeßrecht, begründet von Leo Rosenberg, fortgeführt von Karl Heinz Schwab, 12. Auflage, München 1977.

Scheidlein, Georg: Erläuterungen über die allgemeine bürgerliche Gerichtsordnung, Erster und zweyther Theil, 2. Auflage, Wien 1825.

Schima, Hans: Die Versäumnis im Zivilprozeß, Leipzig, Wien 1928.

Schmauß, Johann Jacob: Corpus Juris Publici S. R. Imperii Academicum, enthaltend des Heiligen Römischen Reichs deutscher Nation Grundgesetz nebst einem Auszug der Reichs-Abschiede, anderer Reichsschlüsse und Vergleiche. Neue Auflage durch Heinrich Gottlieb Franken und Gottlieb Schumann, Leipzig 1774.

Sperl, Hans: Lehrbuch der bürgerlichen Rechtspflege, I. Band, I. Teil, Wien 1925.

Sprung, Rainer: Die Entwicklung der zivilgerichtlichen *Begründungspflicht,* in: Die Entscheidungsbegründung in europäischen Verfahrensrechten und im Verfahren vor internationalen Gerichten, Wien, New York 1974, S. 43 ff.

— Studien zum *„Ruhen des Verfahrens“,* in: Festschrift Nikolaus Grass, I. Band, Innsbruck, München 1974, S. 70 ff.

Sprung, Rainer / *König,* Bernhard: *„Jura novit curia“* und rechtliches Gehör, in: Juristische Blätter, 1976, S. 1 ff.

Suttinger, Joannes Baptista: Consuetudines Austriacae, Nürnberg 1716.

Unterschiedliche Ordnungen der Stadt Breslau im Herzogthumb Schlesien de Anno 1626, Breslau 1644.

Voltelini, Hans von: Der Codex Theresianus im österreichischen Staatsrat, in: Festschrift zur Jahrhundertfeier des Allgemeinen Bürgerlichen Gesetzbuches, Wien 1886, S. 35 ff.

Wanggo, Cajetan: Erläuterung der allgemeinen Gerichts- und Concursordnung in den böhmisch-österreichisch-deutschen Erblanden, Grätz 1807.

Weingarten, Johann Jacob von: Kurtz begriffener Ausszug Der Verneuerten LO, Novellen und Declaratorien dess Königreichs Böheimb und Marggraffthumb Mähren Mit Anführung so der Böhmischen — als etwelcher anderer Städt-Länder- und allgemeiner Recht, Prag 1671.

— Möglichster Kurtze nach verfaster Auszug von Bömischen Stadt-Rechten, mit Anzeigung derer in selbten einstimmigen Texten, und wo in der verneuerten K. LO, Novellen, Deklaratiorien, Königl. Appellationes, und Königl: Stadt-Instruction, Gott- Geist- und Allgemeinen Kays. Rechten, Guldenen Bull, und Peinlichen Halss-Gerichts-O Kayser Carl des Fünfften, Prag 1667.

Wurzbach, Constantin von: Biographisches Lexikon des Kaiserthums Österreich, 4. Teil, Wien 1858, 11. Teil, Wien 1864.

Zeiller, Franz Edler von: Jährlicher Beitrag zur Gesetzeskunde und Rechtswissenschaft in den Oesterreichischen Erbstaaten, Vierter Band, Wien 1809 *(Beitrag zur Gesetzeskunde IV).*

Gesetzesregister

Übersicht über die im zweiten Teil der Darstellung verwandten Gesetze, Entwürfe und Zusammenstellungen in chronologischer Reihenfolge:

1573 Neu reformierte Landesordnung der Fürstlichen Graffschaft Tirol v. 14. Dezember 1573 *(Tiroler LO (1573), ... (Buch, Titel und Blatt))*.

1588 Die Königlichen Stadt-Rechte im Erb-Königreich Böheimb v. 1588, *in:* Weingarten, Möglichster Kurtze und Verfaster Auszug von Böhmischen Stadt-Rechten *(Böhm Stadt R, ... (A 1, § ... — Z ...)*.

1591 Der Kayserlichen Stadt Breslaw Verneuerte Gerichts-Ordnung und Process v. 18. März 1591, *in:* Unterschiedliche Ordnungen der Stadt Breslau im Herzogthumb Schlesien de Anno 1626 *(GO Breslau (1591), ... (Artikel))*.

1622 Des Löblichen Fürstenthums Steyer Gerichtsordnung, reformiert im Jahre 1622 *(GO Steyr (1622), ... (Artikel, Absatz, Seite))*.

1626 Der Kayserlichen und Königlichen Stadt Breslaw Exekutions Ordnung oder Hülfsprocess, *in:* Unterschiedliche Ordnungen der Stadt Breslau im Herzogthumb Schlesien de Anno 1626 *(ExO Breslau (1626), ... (Blatt))*.

1627 Vernewerte Landes-Ordnung des Erb-Königreichs Böhaimb v. 1627, *in:* Codex Juris Bohemici, Tomi V, Pars 2 *(Böhm. LO, ... (A I - Z VI))*.

1628 Vernewerte Landes-Ordnung deroselben Erb-Marggraffthumbs Mähren v. 1628, *in:* Codex Juris Bohemici, Tomi V, Pars 3 *(Mähr. LO, ... (Nr.))*.

1638 Advocaten-Ordnung bey dem Löblichen Land-Marschallischen Gericht v. 27. März 1638 für Niederösterreich, *in:* CA I, S. 19 ff. *(AdvO LandMarschG NÖ (1638))*.

1638 Gerichts Ordnung deß Löblichen Erzherzogthumbs Khärndten, aufs Neue reformiert und verbössert, im Jar 1638, *in:* Handschriftenabteilung des HHStA, Nr. B 384 *(GO Kärnten (1638), ... (Artikel))*.

1640 Novellierung der Böhmischen Landesordnung v. 1627 aus dem Jahre 1640 durch Ferdinand III, *in:* Weingarten, Kurtz begriffener Ausszug Der Verneuerten Landes-Ordnung *(Böhm. LO, Novelle Ferdinand III. (1640) ... (Aa - Zz))*.

1654 Abschied der Röm. Kayserl. Majest. und Gemeiner Stände auf dem Reichs-Tag zu Regenspurg, 1654 (Jüngster Reichsabschied), *in:* Schmauß, Corpus Juris Publici, S. 953 ff. *(JRA, ... (§§))*.

1655 Executions-Ordnung Ferdinand III. v. 27. Juli 1655 für Österreich unter der Enns, *in:* CA I, S. 299 ff. *(ExO Ö. u. d. E. (1655), ... (Titel und §§))*.

1669 Revisions-Ordnung verneuert v. 14. Mai 1669 für Österreich unter und ob der Enns, *in:* CA II, S. 248 ff. *(RevO Ö. u. u. o. d. E. (1669))*.

1669 Gerichts- und Landts-Rechts Ordnung des Löblichen Erz Hörzogthumbs Khärnthen v. 1699, *in:* Handschriftenabteilung des HHStA, weiß 572 *(GO Kärnten (1669) ... (Artikel und Folium)).*

1677 Gerichts-Ordnung Consistorii Episcopalis Viennensis ohne Datum, gegen 1677, *in:* CA I, S. 430 ff. *(Bischöfliche GO Wien (1677)).*

1681 Gerichtsordnung für die Stände und Untertanen des Erzherzogtums Österreich unter der Enns und für die Advokaten bei der niederösterreichischen Regierung und beim landmarschallischen Gericht v. 28. März 1681, *in:* CA I, S. 25 ff. *(GO Ö. u. d. E. (1681) ... (§§)).*

1688 Advocaten-Ordnung bey dem Wiennerischen Stadt Magistrat v. 12. März 1688, *in:* CA I, S. 35 ff. *(AdvO Magistrat Wien (1688) ... (§§)).*

1700 Advocaten-Ordnung bey dem Wiennerischen Stadt- und Land-Gericht, ohne Datum, gegen 1700, *in:* CA I, S. 41 ff. *(AdvO St- u. LG Wien (1700), ... (§§)).*

1704 Appellations- und Advokatenordnung für Schlesien v. 13. März 1704, *in:* Kernlein, S. 29 ff. (siehe Quellen und Literatur) *(App- u. AdvO Schlesien (1704)).*

1712 Revisions-Ordnung für Mähren v. 7. Januar 1712, *in:* OJ HC, K. 231, Fz. G, St. 2368 *(RevO Mähren (1712)).*

1714 Obrist Hof-Marschallische Gerichts-Ordnung v. 13. Juli 1714, *in:* CA III, S. 750 ff. *(GO OHofMarsch (1714), ... (§§)).*

1717 Wechsel-Gericht und Ordnung v. 31. August 1717 für Österreich unter der Enns, *in:* CA III, S. 881 ff. *(WechselGO Ö. u. d. E. (1717) ... (Titel und §§)).*

1722 Inner-Oesterreichische Mercantil- und Wechsel-Ordnung v. 20. Mai 1722, *in:* CA IV, S. 49 ff. *(Merkantil- u. WechselO JÖ (1722), ... (Titel, §§, Absätze)).*

1724 Gerichts- und Tax-Ordnung der Wienerischen Universität v. 28. November 1724, *in:* CA IV, S. 234 ff. *(G u. TaxO Universität Wien (1724), ... (§§)).*

1724 Sächsische Prozess- und Gerichts-Ordnung v. 1724, *in:* Des Aller-Durchlauchtigsten ... Fürsten ... Prozess- und Gerichts-Ordnung *(SächsGO (1724), ... (Titel und §§)).*

1726 Entwurf einer Prozeßordnung aus dem Jahre 1726, 3. Teil eines geplanten Gesetzeswerkes für die böhmischen Länder, *in:* OJ HC, K. 4, Fz. 1/1 f - 3 a *(Entwurf 1726, 3. Teil, ... (Titel, Blatt — Blattangaben vom Verfasser)).*

1734 Appellationsordnung für Böhmen v. 16. April 1734, *in:* Kernlein, S. 40 ff. *(AppO Böhmen (1734)).*

1748 Project des Codicis Fridericiani Marchici oder eine nach Sr. Königlichen Majestät von Preussen selbst vorgeschriebenen Plan entworfene Cammergerichts-Ordnung v. 1748 *(Preussische CGO, ... (Titel und §§)).*

1753 Kayserlich Königliche Pragmatica, die Neue Process-Ordnung betreffend vom 23. Januar 1753, *in:* Maasburg, Die Proceß-Ordnung für Böhmen vom 23. Januar 1753 *(PO Böhmen (1753), Art. ...).*

1753 Entwurf 1753, Gesamtplan des Codex Theresianus von Azzoni, *hier:* Vierter Teil: Ordnung gerichtlichen Verfahrs, *in:* OJ HC, K. 43, Entwurf 1753 *(Gesamtplan Azzoni, ... (Abhandlung, Abschnitt, Blatt — Blattangaben vom Verfasser)).*

1753 „Inwieweit das Landrecht des Erzherzoghtums Österreich vom gemeinen Recht unterschieden seye, Zusammenstellung des österreichischen Rechts durch Holger, *in:* OJ HC, K. 17, Fz. 10/13 *(Zusammenstellung Holger, ... (Blatt — Blattangaben vom Verfasser)).*

1753 Auszüge der hauptsächlichen Abfällen des Mährischen von dem allgemeinen Römischen Recht, Zusammenstellung des mährischen Rechts durch Waldstetten, alle Angaben beziehen sich nur auf den vierten Teil der Zusammenstellung, *in:* OJ HC, K. 17, Fz. 10/13 *(Zusammenstellung Waldstetten ... (Abhandlung, Abschnitt)).*

1753 Prozess-Ordnung für Schlesien v. 24. Oktober 1753, *in:* OJ HC, K. 131, Fz. G, St. 5220 *(PO Schlesien (1753), ... (Artikel)).*

1753 Codex Juris Bavarici de anno MDCCLIII *(Codex Juris Bavarici, ... (Kapitel und §§)).*

1758 Neuverfaßte Handlungs- und Falliten-Ordnung v. 19. Januar 1758, *in:* CA V, S. 1207 ff. *(Handlungs- u. FallitenO (1758), ... (Artikel und §§)).*

1758 Gerichtsordnung für Niederösterreich v. 10. Mai 1758, *in:* OJ HC, K. 131, Fz. G, St. 5579 *(GO Nö (1758)).*

1760 Process-Ordnung für das Marggrafthum Mähren de dato 28. Juli 1760, *in:* OJ HC, K. 131, Fz. G, St. 5739 *(PO Mähren (1760), ... (Artikel)).*

1760 Appellations Ordnung für alle Gerichte in Österreich unter der Enns v. 8. August 1760, *in:* OJ HC, K. 131, Fz. G, St. 5741 *(AppO f. Ö. u. d. E. (1760)).*

1760 Appellations Ordnung für Österreich ob der Enns v. 30. Dezember 1760, *in:* OJ HC, K. 131, Fz. G, St. 5758 *(AppO Ö. o. d. E. (1760)).*

1761 Erneuerte Prozeß- und Executionsordnung, Wie solche nach der in Sachen ergangenen a. h. Resolution bey dem K. K. Stadt- und Landgericht der Haupt- und Residenz-Stadt Wien zu Abstell- und Vermeidung aller Verlängerungen in denen Civil-Verfahrungen Künftighin beobachtet werden solle, v. 1761 *(P u. ExO Wien (1761)).*

1763 Wechsel Gerichtsordnung für Niederösterreich v. 1763, *in:* de Luca, III, S. 664 *(Wechsel GO Nö (1763)).*

1774 Gerichtsordnung für Galizien und Lodomerien v. 15. Juni 1774, *in:* OJ HC, K. 131, Fz. G, St. 7814 *(Gal. GO (1774), ... (Artikel)).*

1776 Entwurf der allgemeinen Gerichtsordnung von 1776, *in:* OJ HC, Protoc. B. 81 und 207 *(Entwurf 1776, ... (§§)).*

1780 Entwurf zur Regulierung der hiesigen Advokaten v. 1780, *in:* OJ HC, Protoc. B. 207, S. 217 ff. *(Entwurf einer Advokatenordnung).*

1781 Allgemeine Gerichtsordnung v. 1. Mai 1781, *in:* Joseph des Zweyten Gesetze und Verfassungen im Justizfache unter Nr. 13 (S. 6 ff.) *(AGO ... (§§)).*

Personen- und Sachregister

FSC
www.fsc.org
MIX
Papier | Fördert gute Waldnutzung
FSC® C083411

Kolibri 360 GmbH
Ferdinand-Jühlke-Straße 7
99095 Erfurt, Deutschland
produktsicherheit@kolibri360.de

Druck:
CPI Druckdienstleistungen GmbH
im Auftrag der
Kolibri 360 GmbH
Ferdinand-Jühlke-Str. 7
99095 Erfurt